TAI YANG HUA XI LIE CON

太阳花系列丛书



# 快乐的运动会

## 启智学校以生活为核心的主题教学案例集

陈凯鸣 黎丽琼 等 著

上海社会科学院出版社
SHANGHAI ACADEMY OF SOCIAL SCIENCES PRESS

**图书在版编目(CIP)数据**

快乐的运动会：启智学校以生活为核心的主题教学案例集/陈凯鸣等著. —上海：上海社会科学院出版社，2016

(太阳花系列丛书/陈凯鸣主编)

ISBN 978-7-5520-1088-6

Ⅰ.①快... Ⅱ.①陈...②黎... Ⅲ.①弱智儿童—儿童教育—特殊教育—教案(教育)—汇编 Ⅳ.①G764

中国版本图书馆 CIP 数据核字(2015)第 301931 号

快乐的运动会：启智学校以生活为核心的主题教学案例集

著　　者：陈凯鸣　黎丽琼等
责任编辑：杜颖颖
封面设计：黄婧昉
出版发行：上海社会科学院出版社
　　　　　上海顺昌路 622 号　邮编 200025
　　　　　电话总机 021-63315900　销售热线 021-53063735
　　　　　http://www.sassp.org.cn　E-mail:sassp@sass.org.cn
排　　版：南京展望文化发展有限公司
印　　刷：上海景条印刷有限公司
开　　本：710×1010 毫米　1/16 开
印　　张：18.5
字　　数：290 千字
版　　次：2016 年 10 月第 1 版　　2016 年 10 月第 1 次印刷

ISBN 978-7-5520-1088-6/G·440　　　　定价：65.00 元

# “太阳花系列丛书”编委会名单

# 《快乐的运动会：启智学校以生活为核心的主题教学案例集》编写组名单

**主　编**：陈凯鸣、黎丽琼
**副主编**：朱敏燕、梁佩忠、梁颖茵、曹丽敏

**陈凯鸣**，广州市越秀区启智学校校长、越秀区基础教育系统名校长，曾担任中国教育学会特殊教育分会委员、中国残疾人康复协会智力残疾康复专业委员会常务理事、广东省残疾人康复协会副主任委员等社会职务。11年来，她心怀大爱，带领全体教职员工辛勤耕耘，为特殊孩子、家庭点燃生活的希望，为促进社会和谐作出卓越的贡献，启智学校现已成为全国特殊教育学校中课程改革的龙头学校。

**黎丽琼**，双学士，特殊教育专业高级教师，广州市越秀区启智学校副校长，主要研究特殊教育教学管理、智障儿童课程与教学。

**朱敏燕**，毕业于南京特殊教育师范学校，广州市越秀区启智学校副校长，小学数学高级教师，长期担任职高部教学工作，熟悉智障学生的身心特点，有丰富的教学管理经验。

**梁佩忠**，特殊教育专业一级教师，广州市越秀区启智学校教导处副主任。担任班主任工作超过10年，具有丰富的教学经验。主要研究智障儿童课程与教学、戏剧教学与游戏治疗。

**梁颖茵**，本科学历，语文一级教师，广州市越秀区启智学校教导处副主任，目前从事低年段智障儿童教学管理工作及融合教育研究。

**曹丽敏**，广州市越秀区启智学校德育副主任，华南师范大学特殊教育学院、广州体育学院特殊教育专业兼职教师。专业方向为跨专业合作模式的运作，体适能课程的开发和实施，自闭症康复课程建设。

# 总序一 *Total order*

改革开放以后，特别是进入21世纪后，我国的特殊教育得到党和政府的高度重视和关注，特殊教育事业和学科以及师资培养得到了很大发展。广大第一线的特殊教育工作者积极参与特殊教育的改革和创新探索，不仅特殊教育的普及率有了很大提高，一些地方已经做到和普通教育同步发展。从学前到基础、高中、职业和高等特殊教育已初步形成了有中国特色的体系。到2015年，全国义务教育的特殊教育学校已近两千所，学生近40万人。特殊教育事业发展的同时，特殊教育学科也在发展，有自己特色适合中国地方情况的理论正在形成。

值得欣喜的是最近看到由第一线特殊教育机构领导和老师总结和撰写的大批论文发表，更有一批专著问世。在我手边的就是建校近30年的广州越秀区启智学校老师总结的《在以人为本指导下的培智学校改革探索》《新形势下培智学校经营手册》等书。这些书是他们建校30年来，特别是近10年教育教学改革创新工作的总结。他们根据国家教育形势的发展，特别是学生成员的变动（主要是原来轻度智力落后学生变为落后程度为中重度和孤独症为主的学生），探索改革过去的教育教学途径、内容、方式方法和管理方法。他们在原有基础上认识新的教育对象的特点，不只是看到他们的弱点，也看到他们的长处和发展可能性，即要贯彻和执行统一的国家的教育培养目标又根据学生的实际情况安排有特点的达到方法和内容。也就是既有与普通学生的共性，又有教育对象的特殊性，把二者统一和融合。他们还注意吸收国外和外地对他们适合的理论、观点和经验，把一切好东西为我所用。这开阔了他们的思维和增加了前进的动力。从他们书中可以读到教育学、心理学、社会学等学科中的理论原则的实际事例，为中国特殊教育的教育学心理学的发展提供了新的基础事例。

我很希望我国近两千所学校都能在继承、创新的教育改革中总结出有自己特色的专著，这不仅使中国特殊教育事业发展，更丰富发展了有中国特色的特殊教育学科和理论，培养出更多的中国自己的特殊教育专家。这样就在人才和理论上在世界上最大的特殊教育国家成为世界上最强的特殊教育国家，使中国对世界的特殊教育、对人类文明作出我们应有的贡献！

后生可畏，后生超越前人，“青取之于蓝而青于蓝，冰水为之而寒于水”（荀子劝学篇）。这是自然规律，也是客观现实。年老的特殊教育工作者也这样期盼年轻的特殊教育工作者为残疾人的特殊教育发展和中国特色特殊教育学科的形成和发展作出成绩！祝福我国年轻的一代特殊教育工作者！

朴永馨

2015年10月

北京京师园

总序二 | *Total order two*

# 一事精致，便能动人

如果说春天是万物复苏，那么这群处处为了特殊孩子而奉献的特教人的每一季应该都是春天。

“心心在一艺，其艺必工；心心在一职，其职必举。”这群可爱的特教老师，为了孩子能过上高品质的生活，倾一生的时光与精力，倾一生的思维与智慧，倾一生的执着与追求。有人说，特教老师是用生命去点燃自己，照亮学生。其实，黾勉苦辛，朝乾夕惕，不气馁、不放弃，把一件事做到完美、做到极致，那么你就能超越梦想、成就辉煌。

正如广州市越秀区启智学校这群可爱的老师们，在建校30周年之际，提炼出“太阳花系列丛书”。我在这套丛书中，不仅能看到具体的案例，还能看到特殊教育路上的辛勤工作。

最终，我们欣然发现，在启智学校的老师们孜孜不倦的努力下，日复一日，年复一年，老师和学生都在不断成长，最终绽放生命的光彩！

我相信，成功需要带领人，有越秀区启智学校里这样一群追梦的特教人，必定会带领我区教育追梦者超越梦想、成就辉煌！

陈　军

广州市越秀区教育局局长

2015年11月

## 让每个人成为最好的自己

启智学校的使命是捍卫特殊孩子的受教育权利。让每个孩子在专业支持下,享有适合的教育,过上有品质的生活。启智学校的愿景是让每个人成为最好的自己,让每个人都可以在自身的基础上得到最大的发展。基于以上的使命和愿景,广州市越秀区启智学校从1985年办学至今,开展了一系列的改革,其中课程改革一直是学校的重点工作。

我校的课改分为四个阶段:从分科教学,改编教材——个别化教育为核心的课程改革——康复专业课程的引进课堂——跨专业合作模式的研究。近十年来,随着课程改革的层层深入,教学效果也越来越高,得到了家长、同行的肯定,摸索了一条"以个别化教育为核心"的中国式特殊教育的发展道路。

课程改革有效性的重要指标是课堂教学效能,教学是否帮助学生提升能力,提高其独立性与参与度,学生的IEP目标是否高效达成,让每一个学生成为最好的自己。学校实行包班制的人员安排,包班老师与艺能科、康复科老师围绕学生IEP目标进行跨专业的合作教学,在IEP的导向下,开展以生活为核心的主题活动,重视功能性,共同解决学生在功能性活动当中遇到的困难。为孩子未来的生活奠基必要的技能。

目前国内很多学校一直徘徊在分科和综合教学;先目标后教材和先教材后目标的思量当中,在具体的活动中如何落实好学生的IEP目标,同一主题下如何体现个别差异,老师如何开展教学等问题非常困扰着广大一线特殊教育工作者,启智人敢为天下先的改革精神,积极实践个别化教育计划为核心的课程的探索之路,以每一个孩子的特殊教育需求为核心，立体全方位配设适合的课程内容，在实践中不断探索总结，终于找到有效可行之路。借启智学校30周年的盛典，把学校传统主题《快乐的运动会》整理出来，从设计思路、设计流程以及实施的各个环节进行了详细的说明，并以案例的形式把低年部、中年部、高年部和职业高中四大部分的教学设计完整地呈现出来。有别于一般的教学规划，创新之处在于让人一目了然地看到主题教学活动与IEP目标的高度匹配，以及随着教学的进程目标的连贯性与贯通性的体现。

本书由陈凯鸣和黎丽琼设计编写思路与写作提纲，最后统一定稿。第一章为主题活动设计思路，介绍了运动会主题的设计思路，主题实施时各部门的合作、启智学校班级教学、艺能科教学、康复专业的教学要求及各专业间老师在教学上的分工与配合等。第二章至第五章以案例的形式介绍了启智学校低年部、中年部及高年部以及职业高中班运动会主题的实施流程与相关要求。各章撰写人员具体分工如下：第一章由陈凯鸣、黎丽琼完成，第二章的第一节由梁颖茵、常艳艳、谢嘉玲、梁丽宜撰写，第三章第一节由黎丽琼、苏燕芳、黎嘉妍、余娟瑜、梁苑钧、马蕊撰写，第四章第一节由梁佩忠、梁秀连、林佩瑜 、李康嫦、麦安琪、罗雅撰写，第五章由朱敏燕、陈果意、梁溥编写，第二章第二、第三节，第三章第二、第三节和第四章的第二节由陈凯鸣、曹丽敏、黎丽琼、王睿、贾浪、游小平、刘荣杰、张淑玲、李志勇、陈玉言、肖琪、陈凯声、黄绮玉、梁娟、彭飞、刘思琳、梁琼予、梁媛媛、邝艺清、黎耀斌撰写。

踏着众多特教前辈的足迹前行，除了由衷感谢他们对启智学校的关爱与帮助，也期待本书能对一线教育工作者有实质的参考借鉴作用，受能力所限，恳请批评指正。

谨以本书答谢长期以来帮助过我们的专家、同行以及用心工作在一线的特殊教育工作者。

黎丽琼　陈凯鸣

2015年11月

# 目录

Contents

# 前言 | *Foreword*

校运会是启智学校的传统活动，它不仅是一场体现“勇敢尝试，争取胜利”特奥精神的运动竞技，我们还通过这次全员参与的校运会活动，让学生学会自我选择，服务他人；借助不同的活动平台进行自我展示，建立自尊自信，培养良好的集体荣誉感。启智学校在校运会中秉持“你行我也行”的理念，通过设计系列的教学活动，让每个学生都能参与适合的运动项目，提升体适能，运动休闲的能力。同时，学生在体验计时员、安保员等不同角色的过程中，拓宽生活经验，促进全面发展。

| 第一章 |

# 运动会的主题设计思路

学生的障碍类别多样化，能力和需求不一，校长室统筹属下部门：教导处、德育处、办公室、科研处行政共同讨论、制定规划校运会的目的内容，拟定出校级方案、主题树（见附件：1－1）。

教导处因应学校的工作重点，各年部的主管行政带领老师们就年部的教育重点，结合本班学生的 IEP 来细化运动会的主题树，设计相匹配的教学活动。

这就要求老师们做好规划，整个实施流程“级组研讨—制定班级主题树—实施教学—总结反馈”环环相扣，每一步都涉及部门间的合作，专业间整合，师师、师生、亲师的沟通，在这个主题的开展过程中，发挥启智人的团结协作精神，每个人都做到最好的自己。

借助这些教学活动来促成学生的 IEP 目标有效达成。各年部在学校方案、校级主题树的指引下展开了深入的级组研讨，共同体验特奥精神，各班将主题树继续细化，针对学生的 IEP 目标，依照学生的能力，鼓励他们参与到校运会的各个环节。最后校运会将以一场盛大的运动会作为统整活动。

德育处则负责设计运动会的活动方案（见附件 1－2），各阶段流程，包括：宣传海报制作，比赛项目，开幕式、闭幕式设计，秩序册的制定，比赛及志愿服务的设备、设施的准备和维护，老师的任务分工，医疗准备，广播站建设，环境设计、宣传，志愿者招聘和培训等。

# 第一节 班级教学实施的程序与相关问题

班级教学实施包括目标汇总与分配、班级学期教学计划、安排课程表、教学设计、教学实施和回顾修正等步骤(见图表 1-1)。

**图表 1-1 启智学校 IEP 实施流程**

## 一、班级教学实施

### (一) IEP目标汇总和分配

将全班各个学生的IEP目标按领域、长期目标和相近短期目标进行汇总,然后把目标分配到例行性活动、艺能科(绘画与手工、唱游与律动、运动与保健)、康复科(情绪、语言、知动、动作康复)和主题活动中执行。如果有个别学生的目标在以上教学活动中未能达成,则安排补救性教学。

IEP目标可以在例行活动、艺能科、康复科中进行的,则尽可能在这些活动中教授;余下的目标在主题活动和常规课(如晨点课等)中完成。

### (二) 班级学期教学计划

根据全班学生的IEP合理安排班级的教学活动,除常规活动外,还需确定班级学期教学计划及每个主题的教学周计划,使教学活动有序实施,让个别化教育目标得到落实。班级教学计划包括以下内容:

1. 班级目标汇总与分配表;
2. 班级学期教学计划;
3. 主题树;
4. 主题教学周计划;
5. 教学活动设计。

教师在主题教学周计划中,应把目标分配到每周的活动中,并要求体现目标的贯通性及递进性。由于学校的教学管理采用包班制,每个班配备3—4名教师进行班级教学及管理工作,为了提高课堂实效性,在实施教学时根据教学内容将师生分组,组内教学时,教师要因应学生的能力和需求设计适合的教学内容。

### (三) 安排课程表及教师分工

各班根据班级教学计划形成各班级的课程表和学生个人课表,然后有计划地开展教学活动。

班级课程表是把集体学习、小组学习和个别训练进行合理安排，同时对班主任老师的工作和职责进行合理分配。

学生个人课表是根据每一个学生 IEP 中的学习需求，合理安排其一周的学习或训练，同时列明在不同学习或训练中的相关负责老师及职责。

（四）班级教学活动设计和实施教学

教学计划使学生 IEP 目标具体化和功能化，设计教学活动，同时选择适当的教学策略，整合教学资源。

教学活动的形式包括集体教学、小组教学和个别训练。教师在教学前要做好教学预设，教学过程中因应学生的状况及时作出调整，教学后做好反思，从而优化课堂教学。

在教学实施的过程中班级教师、艺能科教师和康复科共同合作讨论出最佳的教学实施安排与教学策略，并且以包班、协同教学、班级支持的形式运作。

（五）回顾和修正

在教学实施中，做好教学的过程性评价及学生学习的过程性评价，主题结束后对目标达成情况做阶段性的评鉴。

主题教学反思根据学生在整个单元中 IEP 的达成情况，从整体上检讨单元教学内容的设计，教学策略的运用，教学资源的协调统合，以及检讨学生个别化教育计划的制定是否符合学生的情况，制定出更适合于达成学生 IEP 且更利于学生学会生活的单元计划。

## 二、艺能科教学实施

按照班主任老师分配的 IEP 目标，结合班级主题活动及本学科的课程体系，补充学科目标，合理规划教学活动，将目标落实到每周。

在教学实施中，做好教学的过程性评价及学生学习的过程性评价，主题结束后对目标达成情况做阶段性评鉴。

艺能科的教学实施流程参考班级教学流程。艺能科教学规划包括以下内容：

1. 艺能科学期教学计划；

2. 艺能科教学周计划；

3. 艺能科教学活动设计。

## 三、职业高中班教学实施

职业高中班采用职业陶冶课程和美好生活课程双轨并行运作模式，职业陶冶课程侧重于培养学生的工作技能，美好生活课程则侧重于培养他们的生活适应与休闲能力，因此学生在学习职业陶冶课程时也不能忽视学生的休闲活动。在课程实施时会因应学生的相关训练目标与学校传统活动、情境做整体设计。在参与学校传统活动时除了每周安排固定教学时段，还因应学生需求选择并设计合适的活动，如醒狮拜年、艺术节、运动会等。

在本学期校运会活动中，职业高中班的教学目标定位如下：能够选择观看自己感兴趣的运动项目作为休闲方式，掌握更多的运动技能去参与运动项目，培养学生健康运动的休闲方式；通过了解各年级服务对象在运动会上的需求，规划并提供相应的服务，从而提升职业技能。针对上述教学目标，职业高中班设计了系列小主题活动，包括校运会预热、我们爱运动、运动会的商机、我是市场调查员、广而告之等 11 个小主题。每周安排一次主题教学课，让每一个学生都能了解校运会并且以各自的不同能力、不同角色参与到校运会当中。

职训班的教学实施流程参考班级教学流程。职业高中班教学规划包括以下内容：

1. 班级目标汇总与分配表；

2. 班级学期教学计划；

3. 主题树；

4. 主题教学周计划；

5. 教学活动设计。

# 第二节　专业组教学实施的程序与相关问题

## 一、专业组教学实施的基本程序及说明(见图表 1－2)

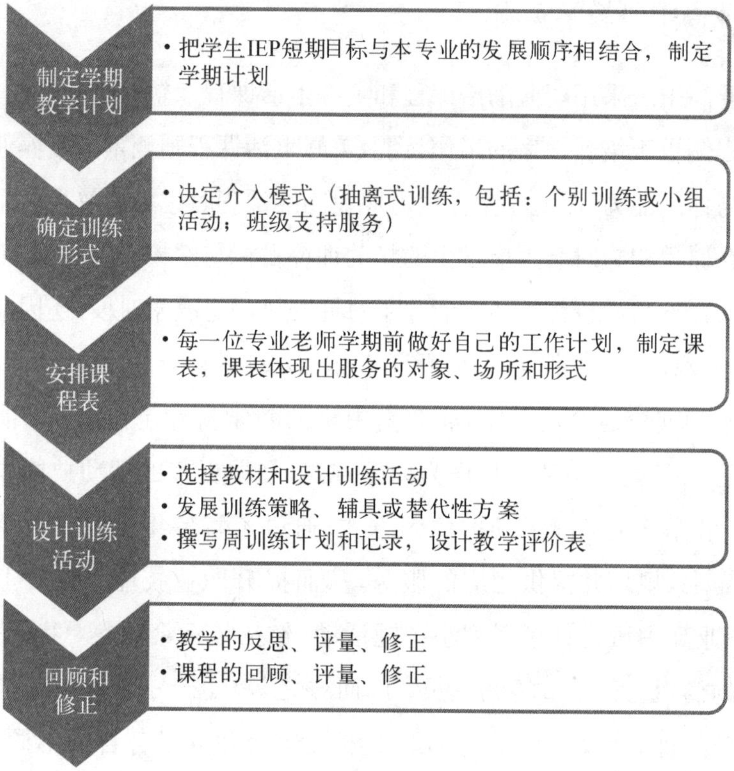


**图表 1－2　专业组教学实施的流程**

## 二、专业组课程运作模式(见图表 1－3)

**图表 1－3　抽离训练与班级支持的侧重点**

| 专业组别 | 抽离训练目的 | 班级支持目的 |
|---|---|---|
| 动作康复组 | 提升姿势控制能力、移动能力、身体协调能力，为完成日常的基本活动奠定动作基础 | 辅助班级有需求的学生处于适合的学习姿势及适当的参与日常的生活和学习 |

续　表

| 专业组别 | 抽离训练目的 | 班级支持目的 |
| --- | --- | --- |
| 知觉动作组 | 增强学生的视觉、听觉、触觉、味觉、嗅觉、前庭和本体觉六个向度的能力，加强综合运用感知觉的能力，以满足日常生活以及认知学习的需求 | 辅助班级有需求的学生有适合的警醒度及良好的学习状态参与班级教学及日常生活 |
| 情绪行为管理组 | 建立基本的配合能力、人际互动的能力、独立参与活动的能力为参与日常的生活和学习奠定行为的基础，同时解决或减少影响其生活或学习的需要处理的行为问题，支持其建立良好的行为基础 | 帮助班级有需求的学生建立良好的常规，同时将训练目标泛化到日常的教学中，改善部分学生的问题行为 |
| 语言训练组 | 建立基本的沟通系统，提升其语言理解和表达的能力，为参与日常的生活和学习奠定交流的基础 | 依学生的语言理解能力，调整教师语言的难易程度，帮助班级有需求的学生理解班级生活常用对话，理解课堂学习内容。创设及增加沟通机会，让学生能与班级教师及同学通过多元化的沟通方式表达丰富的沟通功能，如表达需求、告知、分享等 |

（一）抽离训练的条件（见图表 1－4）

**图表 1－4　抽离训练的条件**

| 专业组别 | 抽　离　条　件 |
| --- | --- |
| 动作康复组 | 1. 不能独立坐。<br>2. 能坐，但在摆位下进行。<br>3. 能坐，但不能躺坐转换。<br>4. 不能独立站。<br>5. 能站，但在摆位下进行。<br>6. 需扶物才能站。<br>7. 能站，需扶物才能进行坐站转换。<br>8. 不能行走。<br>9. 能行走，但行走品质差，不能走一段距离（如 2 米）。<br>10. 能使用轮椅，但需人扶坐到轮椅上。<br>11. 不能蹲。 |

续表

| 专业组别 | 抽离条件 |
| --- | --- |
| 动作康复组 | 12. 能蹲，但需摆位进行。<br>13. 能蹲，需扶物。<br>14. 能蹲，但不能进行蹲的转换。<br>15. 不能独立上下楼梯。<br>16. 能上楼梯，不能下楼梯。<br>17. 能上下楼梯，需扶物。 |
| 知觉动作组 | 1. 视觉<br>(1) 较难追视眼前的人或物品。<br>(2) 视觉处理上有明显困难(如会遮住眼睛或眯眼睛来避开适当的光)，经环境及活动调整后仍无法适应5分钟内的班级教学。<br>2. 听觉<br>听觉处理上有明显困难(如会用双手捂耳朵避免听到大部分声音或喜欢奇怪的声响)，经环境及活动调整后仍无法适应5分钟内的班级教学。<br>3. 触觉<br>(1) 身体被碰触时没有反应(触觉机警度)。<br>(2) 触觉处理上有明显困难(如被碰触后有情绪化的反应、只用指尖拿取物品或特别喜欢触摸某些材质的物品)，经环境及活动调整后仍无法适应5分钟内的班级教学。<br>4. 前庭及本体觉<br>(1) 具备基本的身体动作能力，但在运用方面存在明显困难，且困难不是由于能力不足或张力引起的(如不知道如何搬起桌子，跨越障碍时要停止在障碍前思考动作，用力过度或不足、容易摔倒)经环境及活动调整后仍无法满足日常生活。<br>(2) 前庭或本体觉处理上有明显困难(如对使力的活动过度排斥或偏好、喜欢自转、排斥双脚离开地面)，经环境及活动调整后仍无法适应5分钟内的班级教学。<br>5. 味嗅觉<br>味嗅觉处理上有明显困难(如喜欢某种特殊气味或味道，闻到刺激性气味也没有反应)，经环境及活动调整后仍无法适应5分钟内的班级教学。 |
| 情绪行为管理组 | 1. 在团体学习和生活中存在困难<br>(1) 听懂但是不能配合老师完成指令。<br>(2) 对外界的人、环境关注度很低，不能很好地从外界获得信息，调整自己的行为。<br>(3) 对外界环境的改变不能接受。<br>(4) 对情绪的调控能力低，不容易被安抚。 |

**续　表**

| 专业组别 | 抽　离　条　件 |
|---|---|
| 情绪行为管理组 | 2. 正向行为支持个案接案标准<br>(1) 造成本身及他人身体的伤害。<br>(2) 造成环境或物品的破坏。<br>(3) 严重妨碍本身及他人的日常活动。<br>(4) 严重危害家庭、学校及社会安全。<br>(5) 行为的出现已经有一段时间，且经常发生。 |
| 语言训练组 | 1. 对指令、简单句理解困难<br>2. 无口语<br>3. 语汇表达的量很少<br>4. 能够仿说词汇，不会运用<br>5. 难以参与班级的主题活动<br>6. 口功能问题 |

（二）班级支持原则或方法（见图表1－5）

**图表1－5　班级支持原则或方法**

| 专业组别 | 班级支持原则或方法 |
|---|---|
| 动作康复组 | 1. 维持正确的姿势控制进行课程活动：<br>➢ 以正确坐姿进行课程活动，椅子高度以双足着地为宜（小腿长度）、椅子深度比大腿长度长2厘米、桌子高度以双膝盖屈曲90度伸进桌子底下为宜；足踝背屈90度，膝关节屈曲90度，髋关节屈曲90度。坐姿形式：独立坐姿进行活动、双手扶持物品坐姿进行活动、单手扶持物品坐姿进行活动、坐摆位椅进行活动等。<br>➢ 以正确站姿进行课程活动，站立宽距与肩同宽、双足跟要在同一水平线上、足踝背屈90度、膝关节伸直、髋关节伸直、颈背部伸直。站姿形式：独立站姿进行活动、双手扶持物品站姿进行活动、单手扶持物品站姿进行活动、站站立架进行活动等。<br>2. 上肢控制的课程活动：肘支撑进行活动、双上肢伸直支撑进行活动、双上肢交替抬手进行活动、双上肢推移物品进行活动、双上肢提拿物品进行活动、双上肢投掷物品进行活动、双上肢（拍、打、击、敲）进行活动、双上肢精细操作进行活动、双上肢辅具协助下进行活动等。<br>3. 下肢控制的课程活动：双脚站立进行活动、单脚站立进行活动、交替踏步进行活动、双脚跳进行活动、单脚跳进行活动、上下阶梯进行活动、跑步进行活动、蹲姿进行活动、蹲走进行活动、蹲跳进行活动、双下肢助行器协助下进行活动等。 |

续 表

| 专业组别 | 班级支持原则或方法 |
|---|---|
| 知觉动作组 | 1. 利用多感官活动开展教学：如认识物品时，利用多种感官进行教学。认识身体部分时，结合音乐律动拍打或触摸对应的身体部位。<br>2. 教材教具的操作及运用方面：教具要呈现在学生视野范围内、在简单背景下呈现文字教材、让学生碰触的教具要符合学生触觉接收的特点不要引起触觉防御。<br>3. 物理环境的调整方面：右耳听损的学生要安排在授课老师的右边、为有触觉需求的学生设立触觉区、视觉寻求的学生课室要把过多的玩具、书本收纳好以减少不必要的视觉刺激。<br>4. 感觉餐单：利用课间等时间执行特定的活动以满足学生感知觉方面的需求。 |
| 情绪行为管理组 | 1. 物理环境调整：为学生提供适合的位置，如注意力低的学生坐靠近老师的位置；减少环境中的不必要刺激，如班级环境中吸引学生的条状物品；区域的合理划分，如情绪处理区及个人工作区设置在安静少扰及安全的地方。<br>2. 视觉提示操作与运用：利用明显的标志来设置班级环境中视觉提示，如排队的标志；提供适宜的图片，如集体课时提供大而清晰，突出重点的图片；利用学生能理解的物品或图片制作个人课表。<br>3. 预防行为问题发生策略：为学生提供适合的位置，如学生感觉热就会有情绪，可安排其坐在风扇底下；减少环境中的干扰，调整他人说话的语气；协助班级老师了解学生行为问题发生前的先兆。<br>4. 协助班级制定活动设计内容：简化学习内容，协商呈现教具的时机及助教老师辅助时机。<br>5. 制定班级紧急行为处理方案(在班级明显地方贴紧急联系人，教导班级老师及学生自我保护技能)。 |
| 语言训练组 | 1. 沟通方式的支持：能够进行口语表达的学生鼓励其进行口语表达，未能进行口语表达的学生，增加沟通方式，如手势动作、图片沟通等。<br>2. 沟通功能的支持：利用班级日常活动的各个机会，根据学生的兴趣及能力，引导学生表达需求、表示拒绝、要求协助、告知、分享等，扩充学生的沟通功能。<br>3. 沟通内容的支持：根据学生的语言能力，考虑是在语言同一水平上的量的丰富度扩充或者是语言复杂度的提升。<br>4. 沟通对象的支持：引导学生与班级不同学生及老师进行沟通内容、沟通功能、沟通方式的泛化。<br>5. 在午餐时间入班支持：对进食有困难的学生进行口腔按摩，增加口腔外部及内部的刺激；选择适合学生进食的食物质地，对食材进行处理(流状、泥状、半固体、固体等)；辅助学生进食，诱发双唇抿的动作，舌头侧送食物、咀嚼食物、舌头后送食物及吞咽等。 |

（三）班级召会机制

专业服务的班级召会机制是当班级老师遇到一些突发状况、紧急事件、长期困扰的问题、在IEP会议中已讨论但在班级教学执行时效果不佳的问题或者近期出现的新问题时，而且学生的行为影响到他的生活和学习、老师教学、危及他人及自身安全时，则需召会康复专业组老师介入并提供支援等服务。

专业服务的班级召会机制不是班级老师与康复科老师沟通的全部途径，日常的研讨和定期的综合研判分析会议都是沟通渠道。（见图表1－6）

**图表1－6　班级老师召会不同专业组的条件**

| 康复科组别 | 班级老师召会不同专业组的条件 |
| --- | --- |
| 动作康复组 | 1. 学生因意外（如骨折等）需要动作干预（如摆位、姿势转换、配辅具等）；<br>2. 学生因手术需要动作干预（如摆位、姿势转换、配辅具等）。 |
| 知觉动作组 | 1. 发现学生长期有严重自我刺激行为，且经干预未得到有效解决，或者近期内有加重的现象；<br>2. 发现学生近期内出现的较严重的感知觉寻求现象（如特别喜欢闻某种气味等）。 |
| 情绪行为管理组 | 1. 发现学生近期有严重情绪问题，如抑郁、躁郁、过分自卑、畏缩等；<br>2. 发现学生近期出现睡眠障碍、厌食症、食僻等心理问题；<br>3. 发现学生近期出现攻击他人的现象，并造成他人的困扰或损伤，且经老师日常观察未发现确切原因；<br>4. 发现学生近期出现自我伤害的行为（如拔头发、咬自己），并造成一定程度的伤害，且经老师日常观察未发现确切原因；<br>5. 发现学生近期有离家出走的行为，且超过一次；<br>6. 发现学生近期出现校园霸凌的现象（如打同学、抢夺同学的物品等）；<br>7. 发现学生近期出现过分沉迷于某项活动或事物（如网络迷恋、玩尿等）；<br>8. 发现学生近期经常在公开场合自慰，且对他人造成较大的困扰；<br>9. 学生近期出现裸体现象，且超过一次。 |
| 语言训练组 | 1. 发现学生近期吃饭时经常呛到或呕吐；<br>2. 发现学生近期有严重的咳嗽或明显的啰音；<br>3. 学生因吸入性肺炎就医后需要支援服务；<br>4. 发现学生近期的语言理解及表达能力严重下降。 |

续 表

| 康复科组别 | 班级老师召会不同专业组的条件 |
| --- | --- |
| 性教育组 | 1. 发现学生近期经常在公开场合自慰，但未对他人造成太大的困扰；<br>2. 发现学生近期过分迷恋某个老师或同学，且影响他人的正常生活（如一天跟着老师，导致老师无法教学等）。 |
| 辅具及作业治疗组 | 1. 发现学生近期手部功能严重下降；<br>2. 发现学生的辅具在使用时未达到预期效果，且调整后未见效；<br>3. 发现学生因具体工作情境的变化而需要工作再设计或调整辅具。 |
| 校　医 | 1. 发现学生出现癫痫问题，而之前并无此现象；<br>2. 其他。 |

| 第二章 |

# 低年部的运动会主题实施

## 第一节　班级教学活动设计

### 一、班级目标汇总表(见附件 2－1)

### 二、班级学期教学计划表(见附件 2－2)

### 三、班级主题树(见附件 2－3)

### 四、主题教学活动周计划

**2015 学年上学期二年级(3)班主题活动周计划**

主题名称：快乐的运动会　日期：11 月 16 日至 12 月 31 日

教师：常艳艳、梁丽宜、谢嘉玲

| 教学目标<br>(以周活动为单位的教学目标) | 活动计划 | 教学资源 |
|---|---|---|
| 1.3.1 能触摸不同材质物品(斌)<br>2.1.2 能以手掌抓握物品(妍)<br>4.3.1 能读出字卡,如项目文字名称<br>4.3.2 能以字卡回答问题(远),如项目文字名称<br>4.3.3 增加图卡与字卡配对(宇),如项目图字配对 | 第一周(11 月 16—20 日)：我能认识运动项目<br>活动一：回顾及预告校运会<br>1. 回顾上届的校运会,了解流程。<br>2. 通过上届校运会图片和视频的回顾,预告运动会主题。<br>A 组：能用简单句表达图片内容； | 上届运动会照片及视频、校运会项目视觉标志,月历 |

续 表

| 教 学 目 标<br>（以周活动为单位的教学目标） | 活 动 计 划 | 教学资源 |
|---|---|---|
| 4.3.4 能写简单的汉字（然）<br>5.1.1 增加对动作指令有适当反应：牵手会向前走（斌）<br>5.1.2 能对简单的指令做适当的反应（轩）<br>5.2.1 增加常用名词理解的量（欣、睿），如项目名称<br>5.4.1 增加含形容词复杂句理解的量（然、明），如飞快的、灵活的；快的、慢的<br>5.5.1 增加短语表达的量（轩），如篮球、足球<br>5.5.2 能使用简单句告知事件（然、恺），如谁在做什么活动<br>5.6.1 增加含连接词表达的量（恺）<br>5.7.1 能用句型条与人沟通（远），如能用句型条“拍＋篮球”<br>6.1.1 能用多种方式表达需求（妍）<br>6.2.1 能遵守游戏的规则（欣、睿、远）<br>7.1.1 发展自己的休闲活动（明、文、轩、妍、宇、远），如项目 | B组：能用动宾短语表达图片内容；<br>C组：能仿说词汇；<br>D组：看到自己的照片及听到自己的名字时会举手（妍）；感受比赛场景的声音（斌）。<br>3. 在月历上12月27日打圈，旁注“校运会”。<br>活动二：理解项目相关的名称<br>1. 月历：划去旧的日期，视觉显示离“校运会”又临近一天了。<br>2. 学生通过图卡和视频去认识比赛项目。<br>A、B组：做图片和文字配对；<br>C组：做图片和图片配对；<br>D组：接受触摸大龙球表面材质，感受在球上弹动。<br>3. 在作品区共同贴出比赛项目相应的字卡、图卡。预告班牌、班级海报、我们的生活书都将从大家在作品区中积累的素材中组合产生。<br>活动三：理解活动规则<br>1. 月历显示校运会倒计时。<br>2. 理解与项目规则相关的名词（起跑线、跑道、终点线、起跳线）。<br>A、B组：说出标志物；<br>C组：指出相应标志物；<br>D组：在辅助下从起跑线走向终点线。<br>3. 理解动词。伴随音乐玩游戏，让学生理解动词跑和跳：<br>A组：看字卡，做相应动作；<br>B组：看图片，做相应动作；<br>C组：看图片、听指令，做相应动作； | 项目图字卡片、大龙球，在课室内设置作品区<br><br>教学场地：操场跑道<br>跑道相关标志照片、哨子、发令旗、“跑、跳”的视觉标志等 |

**续　表**

| 教　学　目　标<br>（以周活动为单位的教学目标） | 活　动　计　划 | 教学资源 |
| --- | --- | --- |
| | D组：握住“跳”的标志（妍），能在辅助下拿起画有“跑”的标志布块（斌）。<br>4. 理解指令（“预备，跑！”旗号、哨声）。<br>A层：听口令做动作；<br>B组：看手势或旗号做动作；<br>C组：在身体辅助下，看手势或旗号做动作；<br>D组：牵手会向前走（斌），能以举手表示走不走（妍）。<br>活动四：报名参加喜欢的体育项目<br>1. 月历显示校运会倒计时。<br>2. 复习跑、跳类比赛项目名称和视觉标志。<br>3. 表达选择参加的赛事。<br>A组：读出项目字卡；填报名表上的班别（然）；<br>B组：能用图片回答问题；<br>C组：能指认项目；<br>D组：能感知弹动的感觉（斌），能以表情表示对活动的喜爱（妍）。<br>4. 把班级报名情况表贴到作品区。 | 音乐“跳跳跳、跑跑跑”<br>项目字、图卡<br>月历倒计时环节放到晨间点名使用 |
| 1.3.1　能触摸不同材质物品（斌）<br>2.1.2　能以手掌抓握物品（妍）<br>4.3.1　能读出字卡，如项目文字名称<br>4.3.2　能以字卡回答问题（远），如项目文字名称<br>4.3.3　增加图卡与字卡配对（宇），如项目图字配对<br>4.3.4　能写简单的汉字（然）<br>5.1.1　增加对动作指令有适当反应：牵手会向前走（斌）<br>5.1.2　能对简单的指令做适当的反应（轩）<br>5.2.1　增加常用名词理解的量（欣、睿、远、宇），如项目名称 | 第二周（11月23—27日）：我能认识运动员<br>活动一：认识运动项目<br>1. 通过弹跳球比赛检测旧知掌握情况。<br>2. 引出新的运动项目：篮球、足球，通过上届校运会的图片和视频，回顾曾参加过的篮球足球项目。<br>3. 理解项目相关的名称，学生通过图卡和视频去认识项目。<br>A组：用简单句说出参加过的活动；<br>B组：用动宾短语说出参加过的活动； | 篮球、足球项目视频、图片<br>篮球和篮球的实物、图卡、字卡，几种球类的图片及文字，站点标志 |

续 表

| 教 学 目 标<br>（以周活动为单位的教学目标） | 活 动 计 划 | 教学资源 |
|---|---|---|
| 5.2.2 增加动词理解的量（明、远、宇）<br>5.4.1 增加含形容词复杂句理解的量（然、明）如飞快的、灵活的；快的、慢的<br>5.5.1 增加短语表达的量（轩）：篮球、足球<br>5.5.2 能使用简单句告知事件（然、恺），如谁在做什么活动<br>5.6.1 增加含连接词表达的量（恺）<br>5.7.1 能用句型条与人沟通（简单句）（远），如能用句型条“拍＋篮球”<br>6.1.1 能用多种方式表达需求（妍）<br>6.2.1 能遵守游戏的规则（欣、睿、远）<br>7.1.1 发展自己的休闲活动（明、文、轩、宇、远、妍），如项目 | C组：指认相应的球；<br>D组：抱篮球（斌），推球（妍），把项目名称字卡或项目标志粘贴到作品区。<br>4. 理解动词：投、接、传、踢，通过游戏感知动作，再做字卡或词卡与动作的配对，理解相关动词并结合 1—5 数与量教学。<br>篮球接龙游戏：传、接。<br>投篮游戏：投。<br>射门游戏：踢。<br>A组：能根据文字做相应动作；<br>B组：能做图片做动作；<br>C组：模仿做动作；<br>D组：身体辅助下做动作。<br>活动二：理解活动规则<br>1. 理解与项目规则相关的名词（篮筐、龙门）。<br>A、B组：能说出标志物；<br>C组：能指出相应标志物；<br>D组：能接受触摸龙门。<br>2. 理解指令：站点、投几次、踢几次。<br>A组：理解 5 以内数与量的关系，如踢 5 次；<br>B组：看手势做动作；<br>C组：在身体辅助下，看手势做动作；<br>D组：牵手会向前走（斌），举手表示选择，如走、不走（妍）<br>3. 拍下场地的标志物品照片，打印贴在作品区。<br>活动三：报名<br>1. 表达选择参加的赛事。<br>A组：读出项目字卡；填报名表上的班别（然）； | <br><br><br><br><br><br><br><br><br><br><br><br><br><br><br><br><br>教学场地：篮球场、足球场<br><br><br><br><br><br><br><br><br><br><br><br><br><br><br><br><br><br>报名表、项目标志、数字卡片 |

续　表

| 教　学　目　标<br>（以周活动为单位的教学目标） | 活　动　计　划 | 教学资源 |
|---|---|---|
| | B 组：用图片回答自己的选择；<br>C 组：指出自己的报名项目；<br>D 组：能感知弹动的感觉（斌），能以表情表示对活动的喜爱（妍）。<br>2. 统计项目人数：<br>A 组：说出各项报名人数；<br>B 组：点数项目报名人数；<br>C 组：配对数字。<br>3. 把报名统计表贴在作品区。 | |
| 1.3.1　能触摸不同材质物品至少 4 种（斌）<br>2.1.2　能以手掌抓握物品（妍）<br>4.3.1　能读出字卡，如项目文字名称<br>4.3.4　能写简单的汉字（然）<br>5.1.1　增加对动作指令有适当反应：牵手会向前走（斌）<br>5.1.2　能对简单的指令做适当的反应（轩）<br>5.2.1　增加常用名词理解的量（欣、睿）：运动员、啦啦队、加油锤<br>5.2.1　增加常用名词理解的量（远、宇），如运动员、啦啦队、加油锤<br>5.2.2　增加动词理解的量：摇（远、宇）<br>5.3.1　增加含连接词理解的量（欣），如先站点，再投球<br>5.5.1　增加短语表达的量（轩），如加油<br>5.5.2　能使用简单句告知事件（然、恺），如谁在做什么活动<br>6.1.1　能用多种方式表达需求（妍）<br>6.2.1　能遵守游戏的规则（欣、睿、远） | 第三周（11 月 30 日—12 月 4 日）：我能认识啦啦队（观众角色）<br>活动一：复习运动员相关技能（跑、跳、踢、投）<br>A 组：踢、投相应的次数；<br>B 组：看手势指令做相应动作；<br>C 组：在身体辅助下，看手势做动作；<br>D 组：牵手会向前走（斌），举手表示选择，如走、不走（妍）。<br>活动二：认识啦啦队<br>1. 复习运动项目，引出本周内容：学做啦啦队。<br>2. 通过视频，了解啦啦队的角色特点。<br>A 组：说出啦啦队角色的特点，会呐喊的，有道具的，有肢体的动作等；<br>B 组：说出啦啦队的动词：呐喊、摇；<br>C 组：模仿动作，表达对角色的理解；<br>D 组：能拍屁股坐下（斌），能抓握沙锤（妍）。<br>活动三：准备啦啦队道具<br>1. 制作助威道具。<br>A 组：认识助威道具 3 种，如沙锤、响筒、加油牌等；制作加油牌，在牌子上书写“加油”字样； | 项目图片、文字、海报背景板、颜料笔<br><br>啦啦队视频；沙锤、闪光棒、响筒、串铃、通草球、加油牌等道具<br><br>材料：小饮料瓶、沙子、豆子、鼓、沙锤<br>半成品交美术课完成装饰 |

续 表

| 教 学 目 标<br>(以周活动为单位的教学目标) | 活 动 计 划 | 教学资源 |
|---|---|---|
| 7.1.1 发展自己的休闲活动(明、文、轩、宇、远、妍),如项目 | B组:按工序图提示,制作、装饰沙锤;<br>C组:完成制作沙锤的部分工序,如模仿动作放沙进瓶子;<br>D组:辅助下能拍鼓(斌);能抓握沙锤(妍)。<br>2. 拍摄制作过程的照片,贴作品区。<br>活动四:扮演啦啦队员角色<br>1. 学习啦啦队的助威方法。<br>A组:用道具打出节奏,喊口号;<br>B组:摇动沙锤,跟着喊口号;<br>C组:举起、摇动加油牌;<br>D组:辅助下拍鼓(斌),能抓握沙锤(妍)。<br>2. 啦啦队内分工。<br>3. 拍照、打印、贴在作品区。<br>活动五:观看接力赛,分辨观众与啦啦队的角色<br>1. 作为观众,能根据跟随班牌指引到达大本营。<br>A组:配对数字对号入座(欣、睿)找到相应数字的位置(然、恺);<br>B组:听老师口语指令坐下;<br>C组:听老师口语指令及手势坐下;<br>D组:能拍屁股坐下(斌)。<br>2. 作为啦啦队,能看助威标志喊出口号或做助威动作。<br>A组:能边呐喊边摇沙锤;<br>B组:听老师口语指令做“摇”动作;<br>C组:看助威标志做“摇”的动作(明),看助威标志举起摇动加油牌(轩、文);<br>D组:接受触摸沙锤(斌),能抓握沙锤(妍)。<br>3. 评选最佳表演奖。<br>4. 拍照、打印、贴在作品区。 | 助威道具<br>音乐课上排练加油操<br><br>教学场地:操场<br>贴有1—5数字的凳子、数字卡片<br><br>助威道具、助威标志;奖状 |

**续　表**

| 教　学　目　标<br>(以周活动为单位的教学目标) | 活　动　计　划 | 教学资源 |
|---|---|---|
| 1.3.1　能触摸不同材质物品至少 4 种(斌)<br>2.1.2　能以手掌抓握物品(妍)<br>4.3.1　能读出字卡,如项目文字名称<br>4.3.3　增加图卡与字卡配对(宇),如项目图字配对<br>4.3.4　能写简单的汉字(然)<br>5.1.1　增加对动作指令有适当反应:牵手会向前走(斌)<br>5.2.1　增加常用名词理解的量(欣、睿):运动员、啦啦队、加油锤<br>5.2.1　增加常用名词理解的量(远、宇),如运动员、啦啦队、加油锤<br>5.2.2　增加动词理解的量:摇(远、宇)<br>5.3.1　增加含连接词理解的量(欣),如先站点,再投球<br>5.3.2　能对简单的指令做适当的反应(轩)<br>5.5.1　增加短语表达的量(轩):加油<br>5.5.2　能使用简单句告知事件(然、恺),如谁在做什么活动<br>6.1.1　能用多种方式表达需求(妍)<br>6.2.1　能遵守游戏的规则(欣、睿、远)<br>7.1.1　发展自己的休闲活动(明、文、轩、宇、远、妍),如项目 | 第四周(12 月 7—11 日):我能认识观众的角色<br>活动一:复习啦啦队知识及相关技能<br>1. 通过照片回顾自己在啦啦队中的分工。<br>2. 复习啦啦队的助威方法。<br>A 组:能伴随节奏律动操控道具并喊口号;<br>B 组:能喊口号;<br>C 组:能举牌;<br>D 组:辅助下能拍(斌),能抓握沙锤(妍)。<br>3. 评出优秀表现奖。<br>4. 拍照、打印、贴在作品区。<br>活动二:认识观众<br>1. 通过视频,了解观众的角色特点。<br>A 组:说出观众角色的特点,在指定位置会安静坐好、适当表达需求、对号入座;<br>B 组:理解坐好、对号入座、适当表达需求;<br>C 组:在提示下坐好、适当表达需求;<br>D 组:能拍屁股坐下(斌),能举手表达选择要或不要(妍)。<br>2. 张贴门票、观众席的图片在作品区。<br>3. 布置搜集观众会随身带的物品下节课带回。<br>活动三:观众准备<br>1. 讨论观众要准备的物品,把带回的物品进行分类。<br>2. 使用物品清单进行各种准备。<br>A、B 组:能通过文字清单准备物品,如帽子、水、毛巾、纸巾、票;<br>C 组:依据图片清单准备物品; | 照片<br>奖状<br><br>视频<br>门票<br>带编号的凳子<br><br>门票、扇子、衣服、帽子、伞、太阳镜的图卡和词卡<br>物品清单底板 |

**续 表**

| 教 学 目 标<br>(以周活动为单位的教学目标) | 活 动 计 划 | 教学资源 |
| --- | --- | --- |
| | D组：能举手表达选择，如要或不要(妍)。<br>3. 在作品区贴出观众准备物品的图片和词卡。<br>活动四：扮演观众角色<br>1. 学习做观众。<br>A、B组：能凭票入座；<br>C、D组：能跟随到指定位置就座；<br>2. 拍摄大家坐在大本营的照片，打印，贴在作品区。 | 教学场地：操场班级大本营的区域<br>门票，带编号的凳子 |
| 1.3.1 能触摸不同材质物品，如颜料(斌)<br>2.1.2 能以手掌抓握物品(妍)<br>4.2.2 能做1—5数与量对应(然、欣、恺、睿)，如卡片数与量<br>4.3.2 能以字卡回答问题(远)，如项目文字名称<br>4.3.3 增加图卡与字卡配对(宇)，如项目图字配对<br>4.3.4 能写简单的汉字(然)<br>5.1.1 增加对动作指令有适当反应：牵手会向前走(斌)<br>5.2.1 增加常用名词理解的量(远、宇)，如运动员、啦啦队、加油锤<br>5.3.2 能对简单的指令做适当的反应(轩)<br>5.5.1 增加短语表达的量(轩)，如图片内容<br>5.5.2 能使用简单句告知事件(然、恺)，如谁在做什么活动<br>6.1.1 能用多种方式表达需求(妍)<br>7.1.1 发展自己的休闲活动(妍)，如项目 | 第五周(12月14—18日)：复习前四周学习的内容，选择素材做成海报、班牌<br>活动一：回顾前四周照片及视频<br>1. 回顾前四周活动。<br>A组：用简单句说出图片内容；<br>B组：用动宾短语表达图片内容；<br>C组：用简单词汇表达图片内容；<br>D组：看到自己的照片及听到自己的名字时会举手(妍)，感受比赛场景的声音(斌)。<br>2. 预告本周海报制作任务。<br>活动二：分类前四周照片<br>1. 按活动类别分类摆放照片。<br>A组：做5以内的数与量配对；<br>B组：做图片与文字配对；<br>C组：做图片与图片配对；<br>D组：做指印、掌印画。<br>2. 选出各类活动中的精彩照片。<br>活动三：拼装海报<br>把昨天选出的分类素材加工贴在海报底板上。<br>A组：能书写项目文字；<br>B组：能做图片和文字拼贴； | 作品区中积累的前四周的照片资料，相关活动视频<br>作品区中积累的前四周的照片资料，分类标志<br>班牌、海报的后期装饰在美术课上完成 |

续　表

| 教　学　目　标<br>(以周活动为单位的教学目标) | 活　动　计　划 | 教学资源 |
| --- | --- | --- |
| | C组：能做图片与图片配对；<br>D组：用不同材质做指印、掌印画。<br>活动四：拼装班牌，制作倒计时牌<br>1. 用之前选好的素材拼装班牌。<br>A组：能书写项目文字；<br>B组：能做图片和文字拼贴；<br>C组：能做图片与图片配对；<br>D组：用不同材质做指印、掌印画。<br>2. 制作十天倒计时牌。<br>A组：能书写数字；<br>B组：按顺序牌数字；<br>C组：能涂数字颜色；<br>D组：用不同材质做指印、掌印画。<br>活动五：出场式准备<br>1. 使用十天倒计时牌，预告运动会开幕式临近。<br>2. 选择衣服、道具、头饰、扮演角色。<br>A组：5以内数与量对应；<br>B组：通过图片表达喜欢的类型；<br>C组：指出喜欢的类型；<br>D组：触摸不同材质道具。<br>3. 把大家讨论选出的服装、道具、头饰等拍摄下来贴作品区。 | 作品区的素材<br>倒计时牌的底板<br><br>倒计时牌 |
| 1.3.1　能触摸不同材质物品：布(斌)<br>2.1.1　能用前三指抓起小物品(睿、恺)：按泡泡枪<br>2.1.2　能以手掌抓握物品(妍)<br>2.2　提升肢体的肌耐力(睿)：举牌<br>4.2.1　能认识数字1—5<br>4.3.2　能以字卡回答问题(远)：站点号数<br>5.1.1　增加动宾词组理解的量(轩、文)：去排队 | 第六周(12月21—27日)：我会参加校运会并回顾，我会参加校运会出场式、制作倒计时牌<br>活动一：学习进退场(走动线)<br>1. 引导学生通过视频了解运动会除了运动项目外，还有出场式，预告本周主题内容是彩排出场式。<br>2. 练习依照动线走场。<br>A组：听指令排队、起步走、立正，并跟随班牌走； | 海草、角色标志、大本营海报板及宣传海报(由美术组提供)<br>定点标志<br>拍摄视频 |

续 表

| 教 学 目 标<br>（以周活动为单位的教学目标） | 活 动 计 划 | 教学资源 |
|---|---|---|
| 5.1.2 能对简单指令做出适当反应（轩）<br>5.2.2 增加动词理解的量：抛接球（远、宇）<br>5.5.1 能使用简单句告知事件（然、恺），如谁在做什么活动<br>6.2.1 能遵守游戏的规则（远） | B组：听指令排队、起步走、立正；<br>C组：听指令或根据手指指示做相应动作，如去排队+手势；<br>D组：手握海草，跟随队伍行进。<br>3. 回顾一日视频，讨论调整。<br>活动二：复习进退场（走动线）、定点站立<br>老师通过动线复习，让学生巩固对排队、起步走、立正理解，然后学习定点站立。<br>1. 熟悉表演区域，根据视觉提示找定点。<br>A、B组：听指令找数字点并站好；<br>C组：能找到自己的照片并站好；<br>D组：手握海草。<br>2. 同学们站到定点后，听指令做动作，举班牌（睿）。<br>A组：当音乐开始后按泡泡（恺、睿）、读口号（然、欣）；<br>B组：听指令抛接球；<br>C组：听指令拿布、举起布、放下布；<br>D组：手握海草。<br>3. 视频回顾，讨论调整。<br>4. 评选优秀表现奖。 | 相应项目标志班牌、定点标志、布、泡泡枪、球、海草奖状 |

评 鉴 表

| 短 期 目 标 | 然 | 欣 | 恺 | 睿 | 远 | 宇 | 明 | 轩 | 文 | 斌 | 妍 |
|---|---|---|---|---|---|---|---|---|---|---|---|
| 1.3.1 能触摸不同材质物品至少4种 | | | | | | | | | | * | |
| 1.3.2 能把玩不同材质的物品至少5分钟 | | | | | | | | | | * | |
| 2.1.1 能用前三指抓起小物品 | | | | * | | | | | | | |

**续 表**

| 短 期 目 标 | 然 | 欣 | 恺 | 睿 | 远 | 宇 | 明 | 轩 | 文 | 斌 | 妍 |
|---|---|---|---|---|---|---|---|---|---|---|---|
| 2.1.2 能以手掌抓握物品 | | | | | | | | | | | * |
| 4.2.1 能认识数字 1—5 | | * | | * | | | | | | | |
| 4.2.2 能做 1—5 数与量对应 | * | * | * | * | * | * | | | | | |
| 4.3.1 能读出字卡至少 10 个 | * | * | * | * | | | | | | | |
| 4.3.2 能以字卡回答问题至少 10 个 | | | | | * | | | | | | |
| 4.3.3 增加图卡与字卡配对至少 5 个 | | | | | | * | | | | | |
| 4.3.4 能写简单的汉字，至少 10 个 | * | | | | | | | | | | |
| 5.1.1 增加对动作指令有适当反应至少两个 | | | | | | | | | | * | |
| 5.2.1 增加常用名词理解的量至少 10 个 | | * | | * | * | * | | | | | |
| 5.2.2 增加动词理解的量至少 5 个 | | | | | * | * | * | | | | |
| 5.2.3 增加理解形容词的量，至少 10 个 | * | * | | * | * | * | | | | | |
| 5.3.1 增加动宾词组理解的量，至少 5 个 | | | | | | | | * | * | | |
| 5.3.2 能对简单的指令做适当的反应 | | | | | | | | * | | | |
| 5.4.1 增加含形容词复杂句理解的量，至少 5 句 | * | | | | | | * | | | | |
| 5.5.1 增加短语表达的量至少 5 个 | | | | | | | | * | | | |
| 5.5.2 能使用简单句告知事件 | * | | * | | | | | | | | |
| 5.6.1 增加含连接词表达的量，至少 2 种（先……再……，首先……接着……） | | | * | | | | | | | | |
| 5.7.1 能用句型条与人沟通（简单句） | | | | | * | | | | | | |
| 6.1.1 能用多种方式表达需求 | * | | * | | | | | | | | * |
| 6.2.1 能遵守游戏的规则 | | * | | | * | * | | | | | |
| 7.1.1 发展自己的休闲活动至少 2 种 | * | * | * | * | * | * | * | * | * | | * |
| 0—完全困难或没有反应；1—在部分肢体协助下可以达成或偶有反应；2—需在辅具使用下可以独立完成或需口头提示下即可独立完成；3—独立完成且质量良好。 | | | | | | | | | | | |

备注：标 * 号代表该学生有此目标。

## 五、课堂教学活动设计

### “我会玩篮球”教学活动设计

执教者：常艳艳、梁丽宜、谢嘉玲

**教学对象分析：**

本班是二年级障碍类型多样的学生，共 11 人。学生年龄在 7 到 9 岁之间。班级学生的能力差异较大，为了使每个学生在最近发展区中得到最佳的教学效果。结合学生 IEP，创设情境，采用分层教学的形式开展教学，于是将本班学生分成以下 4 个教学层次：

A 组学生有：然(自闭)、欣(智障)、恺(脑瘫—徐动型)、睿(脑瘫—痉挛型)4 人。

学生能配合他人进行日常活动，有较强的动作模仿能力。他们都有增加语汇，使用短语、简单句表达的需求，也有点数认识文字等认知任务。

B 组学生有：远(自闭)、宇(自闭)2 人。

学生具有基本的动作能力，听从指令及配合他人的能力需提高。能理解简单的两步指令。他们都有增加语汇，使用短语、简单句表达的需求，也有点数、做图文配对的认知任务。

C 组学生有：明(自闭)、轩(自闭)、文(智障)3 人。

学生具有较稳定的情绪，能听从一些日常简单的指令，在提示下可以配合他人。轩的警醒度偏低，肌耐力较弱，需加强锻炼。

D 组学生有：斌(视动听多重障碍生)、妍(脑瘫—混合痉挛及徐动)2 人。

斌：无语言能力，对动作指令理解是目前的发展需要。该生的学习途径以触觉为主。

妍：会用手掌抓握物品，但张开手掌的控制能力较弱。处于头颈控制阶段。喜欢夸张的声音和表情。呼叫其名字时会笑。

**教材分析：**

本节课选自主题“快乐的运动会”，本主题共分为 6 个小主题，分别是：

1. 我能认识跑跳运动项目;2. 我能认识球类运动项目及运动员角色;3. 我能认识啦啦队角色;4. 我能认识观众角色;5. 我能进行校运会前准备;6. 我能参加校运会出场式。这节课属于《认识球类运动项目及运动员角色》里的一个复习活动,针对学生不同的能力需求而设计教学内容,如数与量的对应、对动词理解等,根据学生现阶段配合他人的能力,重点训练他们在任务单的辅助下执行指令的能力。

**教学目标:**

| 组　别 | 教　学　目　标 |
|---|---|
| A组 | 1. 掌握5以内数与量的关系,如投5次 |
| | 2. 增加动词理解的量,如投、拍、传 |
| | 3. 增加文字理解,如投、拍、传 |
| B组 | 1. 增加文字理解,如投、拍、传 |
| | 2. 增加动词理解的量,如投、拍、传 |
| C组 | 1. 能对简单指令做出适当反应,如投球 |
| | 2. 根据图片做相应动作 |
| | 3. 发展自己的体育休闲活动,如投篮球 |
| D组 | 能对简单的动作指令有反应,如拉手向前走、举手 |

**教学重点、难点:**

重点:配合他人指令、遵守规则。

难点:A组掌握5以内数与量对应,如投5下;

B组根据文字做动作;

C组根据图片做动作;

D组理解动作指令,如拉手向前走(斌)、举手(妍)。

**教学准备:**

活动流程图、篮球、视觉提示文字点、篮筐、保健球、任务单。

**教学过程：**

| 教　学　过　程 | 设计意图及支持策略 |
| --- | --- |
| 一、激趣导入<br>1. 老师展示上一节课投、拍、传篮球的照片，让学生回顾自己参与的篮球活动，师随机表扬能积极参与活动的学生，引发学生的兴趣。<br>A组：能用简单句表达图片内容；<br>B组：能用动宾短语表达图片内容；<br>C组：能仿说词汇； | 通过照片回顾，提升学生表达的动机。 |
| D组：看到自己的照片及听到自己的名字时会举手及笑(妍)；聆听拍球的声音(斌)。<br>2. 预告本节课环节：<br>复习投、拍、传—分组游戏—奖励时间。 | 通过熟悉的活动，检测旧知理解情况。 |
| 二、复习检测<br>1. 游戏一：我会玩篮球。<br>请学生做出“投篮球，拍篮球，传篮球”这 3 个动作，师随机检查学生对这 3 个动词的理解情况。<br>2. 游戏二：我会玩保健球。<br>师派发每人一个保健球，生听指令做动作。宣布规则：<br>(1) 看老师的指示牌举起就开始，放下就停止。 | 迁移情境，检测学生是否真正理解的“投、拍、传”3个动词。<br>若学生不能理解，则做补救教学。 |
| (2) 留意指示牌上的内容做动作。<br>师示投球图片及“拍”字，生拍球；<br>师示投球图片及“投”字，生投球；<br>师示投球图片及“传”字，生传球。 | 用任务单辅助学生理解指令，在多次的练习中熟悉并遵守相关指令，以突破重点。 |
| 三、分层达标<br>1. 师请一名学生示范，讲解游戏要求：<br>抽卡—定点站好—做动作。<br>2. 生分组联系，师随机辅导、检测：<br>A组(常老师负责)：生抽取文字任务单，站在定点上，依内容做动作，如“投 3 下”“拍 2 下”。<br>B组(张老师负责)：生抽取文字任务单，站在定点上，依内容做动作，如“投”“拍”。<br>C组(谢老师负责)：生抽取图片任务单，在手势提示下定点站好，在少量协助下做动作，如抽到“投球”图片就作出投球动作。<br>D组(梁老师负责)：先抱球再在身体辅助下投球。 | A组：理解文字指令，练习 5 以内数与量对应。用边拍边数的策略突破难点。<br>B组：理解文字指令。用边读边做的策略突破难点。<br>C组：理解图片指令。以身体辅助的策略突破难点。<br>D组：增加触觉和动作经验以突破难点。 |

续　表

| 教　学　过　程 | 设计意图及支持策略 |
| --- | --- |
| 3. 小结：各组指导老师点评生对指令的执行情况，根据学生的表现发放代币作奖励。<br>四、总结：<br>1. 回顾活动，分享感受：<br>师问：你是怎么玩篮球、保健球的？你最喜欢的玩法是什么？<br>A、B组以简单句回答；C组指出喜欢的卡片做动作示意回答；D组用表情表示喜欢。<br>2. 总结：<br>点评学生对篮球拍、投、传3种玩法的掌握情况；<br>鼓励学生集中注意力，遵从指令，在日后的活动或比赛中有更好的表现。 | 老师让各组学生用适合自己的方式表达想法、感受，增强他们表达的自信心和表达的能力。 |

评　鉴　表

| IEP　目　标 | 然 | 欣 | 恺 | 睿 | 远 | 宇 | 轩 | 文 | 明 | 斌 | 妍 |
| --- | --- | --- | --- | --- | --- | --- | --- | --- | --- | --- | --- |
| 掌握5以内数与量的关系，如投5次 | * |  | * |  |  |  |  |  |  |  |  |
| 增加动词理解的量，如投、拍、传 | * | * | * | * | * | * |  |  |  |  |  |
| 增加文字理解，如投、拍、传 | * | * | * | * | * | * |  |  |  |  |  |
| 能对简单指令做出适当反应，如投球 |  |  |  |  |  |  | * | * | * |  |  |
| 根据图片做相应动作 |  |  |  |  |  |  | * | * | * |  |  |
| 能有自己的体育休闲活动，如投篮球 |  |  |  |  |  |  | * | * | * |  |  |
| 能对简单的动作指令有反应，如拉手向前走、举手 |  |  |  |  |  |  |  |  |  | * | * |
| 0—完全困难或没有反应；1—在部分肢体协助下可以达成或偶有反应；2—需在辅具使用下可以独立完成或需口头提示下即可独立完成；3—独立完成且质量良好。 |  |  |  |  |  |  |  |  |  |  |  |

备注：标*号代表该学生有此目标。

# 第二节 艺能科教学活动设计

## 一、绘画与手工课

### （一）绘画与手工课学期教学计划

**广州市越秀区启智学校（2015学年度上学期）学期绘画与手工组教学计划表**

二年级（3）班　教师：王　睿

| 周次 | 一 | 二 | 三 | 四 | 五 | 六 | 七 | 八 | 九 | 十 | 十一 | 十二 | 十三 | 十四 | 十五 | 十六 | 十七 | 十八 | 十九 | 二十 | 二十一 |
|---|---|---|---|---|---|---|---|---|---|---|---|---|---|---|---|---|---|---|---|---|---|
| 日期 | 9/1—9/5 | 9/6—9/12 | 9/13—9/19 | 9/20—9/26 | 9/27—10/3 | 10/4—10/10 | 10/11—10/17 | 10/18—10/24 | 10/25—10/31 | 11/1—11/7 | 11/8—11/14 | 11/15—11/21 | 11/22—11/28 | 11/29—12/5 | 12/6—12/12 | 12/13—12/19 | 12/20—12/26 | 12/27—1/2 | 1/3—1/9 | 1/10—1/16 | 1/17—1/23 |
| 单元主题 | 开心上学校 | | 欢贺中秋 | | | 我爱祖国 | | | | 秋天来了 | | 快乐的运动会 | | | | | | | 开开心心过寒假 | | |
| 小主题 | 1. 我的假期生活故事书（一、二）<br>2. 假期回顾（二） | | 1. 轻黏土月饼（三）<br>2. 制作灯笼（四、五） | | | 1. 闪亮的星（六）<br>2. 红旗飘飘（七）<br>3. 美丽的祖国——水粉画（八、九） | | | | 秋天的落叶（十、十一） | | 1. 运动健将之发型（十二）<br>2. 运动健将之丰富的表情（十三）<br>3. 运动健将之运动姿态（十四）<br>4. 运动健将之漂亮的衣服（十五）<br>5. 我们爱运动（十六）<br>6. 球场之球筐（十七）<br>7. 运动会（十八） | | | | | | | 1. 我是小画家——以喜欢的主题作画（十九）<br>2. 参观博物馆（二十） | | IEP检核会议 |

## （二）绘画与手工课教学周计划

**2015 学年上学期二年级(3)班绘画与手工课教学周计划**

主题名称：快乐的运动会　日期：11 月 2 日至 12 月 31 日　执教者：王睿

<table>
<tr><td colspan="3">IEP 目标：<br>1.3.1　能接受用手能触摸不同材质物品(斌)<br>2.3.1　能打开虎口抓握物品(妍)<br>2.1.1　用前三指抓起小物品(睿)<br>2.1.1　能打开各式包装纸(明、轩、文)<br>4.1.2　能认识 2 种以上的形状(然、宇、文)<br>4.2.1　增加颜色的认识至少 3 种(欣、远)<br>4.2.1　能做点连线(粗线)(恺、轩)<br>4.4.1　能书写自己的名字(然)<br>4.3.1　能在大图形内着色(恺、轩)<br>2.1.1　能折叠物品(然、宇)<br>2.1.1　能折纸(欣、远—对边)<br>7.1.1　能参与熟悉活动(恺)<br>6.1.1　能与同伴进行合作性的活动(全)</td></tr>
<tr><th>教　学　目　标<br>(以周活动为单位的教学目标)</th><th>活　动　计　划</th><th>教学资源</th></tr>
<tr><td>1. 能接受用手触摸纸团(斌)<br>2. 能在协助下打开虎口拿握团圆的纸张(妍)<br>3. 能拿小纸条、小纸团粘贴(睿)<br>4. 能撕长条(明、轩、文)<br>5. 将正方形纸撕开成长方形(然、宇、文)<br>6. 能撕长条或者团圆纸张粘贴制作发型<br>7. 通过欣赏和设计发型,感受艺术美,体验创作的乐趣</td><td>第一周“运动健将之发型”<br>一、导入<br>给运动员设计好看的发型<br>二、课件,欣赏各种发型<br>三、示范做法<br>四、学生自己设计发型<br>A 组：鼓励用多种方法做不同发型,可根据演示的撕长条、团圆纸张等方法做头发粘贴于“头部”来做发型设计(然、远、欣、睿)<br>B 组：用正确的方法撕纸,鼓励观察方形撕开变成两个长方形,或长方形撕开形状的变化,用撕好的纸张做发型设计(宇、明、轩、恺、文)<br>C 组：提供团圆的纸张,学生只需再抓握团紧,放于胶面粘贴(斌、妍)<br>五、评价<br>1. 说说自己的发型的颜色,头发的形状,说说别人的<br>2. 老师点评</td><td>彩色纸张,头型,乳胶</td></tr>
</table>

续 表

| 教 学 目 标<br>（以周活动为单位的教学目标） | 活 动 计 划 | 教学资源 |
|---|---|---|
| 1. 摸立体五官的材料（斌）<br>2. 能拿握立体五官材料（研）<br>3. 能用点连线画表情（恺、轩）<br>4. 能拼贴出表情（宇、远、明、文）<br>5. 能添画出表情（然、欣、睿）<br>6. 能善于观察别人的表情，理解别人的心情，学会关心他人 | 第二周“运动健将之丰富的表情”<br>一、心情与表情<br>动画表现表情，引导学生说和思考心情与表情的关系<br>二、表情表情，我来变（辩）<br>1. 辨认表情<br>2. 变魔术<br>小魔术师变出不同表情，并且用顺口溜让学生掌握表情特征<br>3. 表情搭配游戏<br>三、动手画画<br>A组：能添画出表情，完成的作品写上名字，或粘贴名字（然、远、欣、睿）<br>B组：能点连线描出或者拼贴出表情（宇、明、轩、恺、文）<br>C组：能通过多媒体感受表情变化，在辅助下拿立体的五官，放在的相应的凹槽（斌、妍）<br>四、总结与展示 | Flash课件、学生用电脑、没有脸部五官的头型纸、黑色水性笔 |
| 1. 能接受触摸粗长条（斌）<br>2. 能在协助下拿握粗长条（研）<br>3. 能拿长方形粘贴（睿）<br>4. 能撕方形（明、轩、文）<br>5. 能用长方形拼贴运动图案，如踢球、跑步（然、宇、文）<br>6. 能剪或撕长方形，用长方形粘贴拼组运动动作（然、远、欣、睿、宇、明、轩、恺、文）<br>7. 能通过艺术活动激发学生对生命、对生活的热爱 | 第三周“运动健将之运动姿态”<br>一、导入<br>1. 启智运动会会有的运动项目<br>2. 这些运动项目会有些什么动作<br>二、新授<br>1. 以美激趣，欣赏视频图片（以往运动会）<br>2. 将运动动作简化、抽象成简单图案，老师示范如何用长方形图形拼贴成不同的运动动态图案<br>三、学生制作<br>1. 第一、二周完成了运动员头部的基础上，本周用长方形图形拼贴表示不同运动形态的图案<br>2. A组：学生选择自己喜欢的运动项目；先用剪刀剪出长方形，然后再用长方形拼贴出表示运动的图案（然、远、欣、睿） | 报纸、彩纸、剪刀 |

续　表

| 教　学　目　标<br>（以周活动为单位的教学目标） | 活　动　计　划 | 教学资源 |
|---|---|---|
| | B组：学生先撕出长方形图片，然后在图案线条上方贴长方形（宇、明、轩、恺、文）<br>C组：能在协助下拿粗长条依照着线条摆放粘贴运动动作（斌、妍）<br>四、展示<br>1. 说一说自己做的是什么运动<br>2. 选择运动器材粘贴上去<br>3. 老师点评 | |
| 1. 能用前三指或四指拿握笔涂画（睿）<br>2. 能在协助下拿握纸团拓印（妍）<br>3. 能用蜡笔点连线描绘出曲线（恺，轩）<br>4. 能用颜料铺底色（恺，轩）<br>5. 能画线条或形状，完成作品后描写自己名字（然）<br>6. 能用油画棒与水彩结合的形式作装饰（然、远、欣、睿、宇、明、轩、恺、文）<br>7. 用“油画棒水彩图案”来作装饰，体验装扮的乐趣 | 第四周“运动健将之漂亮的衣服”<br>一、情境导入，揭题<br>我们在运动的人们还没有漂亮的衣服，请同学们帮他们设计<br>二、新授<br>(1) 衣服花纹的欣赏<br>(2) 魔术变变，油画棒与水彩颜料结合绘画的神奇效果<br>(3) 教师示范，示例用油画棒画的图案以及用水彩颜料画底色<br>三、学生自己创作<br>A组：用油画棒画线条、形状，水彩颜料大块涂色，表现出油画棒与水彩结合绘画的特色，提示前三指或四指握笔，完成的作品写上名字，或粘贴名字（然、远、欣、睿）<br>B组：做点连线或涂鸦来描绘图案，尽量能将衣服用颜料上满颜色（宇、明、轩、恺、文）<br>C组：用纸团粘取颜料涂抹或印，尝试换颜色，增加画面效果（斌、妍）<br>四、评价<br>1. 说说自己的发型，说说别人的<br>2. 老师点评 | 油画棒、水彩颜料 |
| 1. 能用折叠的方法制作蝴蝶和房子（然、宇、欣、远—对边）<br>2. 能用三角形、方形拼贴成蝴蝶和花草（然、宇、文）<br>3. 能给大块花草涂色（恺、轩） | 第五周“我们爱运动”<br>一、导入<br>1. 回顾前几周的教学内容，环境布置时除了运动的人，我们还可以添加一些背景作装饰 | 彩纸、乳胶、毛线、棉花、油画棒、运动的图片，装饰的作品等 |

续 表

| 教 学 目 标<br>（以周活动为单位的教学目标） | 活 动 计 划 | 教 学 资 源 |
|---|---|---|
| 4. 分组合作完成一组运动场景（全）<br>5. 通过体育氛围的环境布置，激发学生对体育的热爱，对体育运动会的向往 | 2. 引导学生想一想，说一说可以做什么来装饰<br>二、赏析、探索、操作<br>1. 欣赏漂亮的环境装饰品实物与图片展示<br>2. 了解我们教室环境布置制作的方式和技法<br>3. 分组制作，和同组合作完成一个场景<br>A组：用折叠、形状拼贴等多种方式作装饰（然、远、欣、睿）<br>B组：用折叠、涂色、形状拼贴中的一种方式装饰（宇、明、轩、恺、文）<br>C组：参与到制作中（斌、妍）<br>三、展示、评价、延伸<br>1. 将背景图案粘贴于教室<br>2. 粘贴相关的运动项目<br>3. 同学们说出或指出自己喜欢的场景<br>4. 老师总结 | |
| 第六周和第七周制作球场微景观 | | |
| 1. 能揉捏黏土（斌）<br>2. 能抓握球形黏土（研）<br>3. 能拿长条做球网（睿）<br>4. 能用长条根据点连线的提示粘贴球网（恺，轩）<br>5. 能用黏土搓长条（宇、明、文）<br>6. 能用黏土搓长条，制作球网（然、远、轩、恺、欣、睿）<br>7. 能感受轻黏土这种材料的特性，增强手部操作能力，培养学生制作的兴趣 | 第六周“球场之球筐”<br>一、情景导入<br>运动会中很多球类运动，如足球、篮球，这些运动会需要的器材有哪些<br>二、新授<br>1. 球类运动的视频图片观赏<br>2. 老师展示黏土制作的运动微场景<br>3. 球网的观察<br>4. 老师示范搓长条，制作球网，网状如何拼组，如何根据提供的点连线粘贴长条组成球网，如何用压、按的方法制作草地 | 篮球与足球运动视频和图片、黏土 |

续　表

| 教 学 目 标<br>（以周活动为单位的教学目标） | 活 动 计 划 | 教学资源 |
| --- | --- | --- |
| | 5. 学生制作<br>A 组：用黏土搓长条，自己制作篮球与足球的球网或依据老师提供的点连线提示来粘贴球网（学生在透明纸上粘贴球网，然后将透明纸粘贴在做好的球筐上）<br>然、远、轩、恺、欣、睿用黏土搓长条制作球网<br>宇、明、文用黏土搓长条<br>B 组：感受轻黏土的材质，用手抓一抓、压一压（斌、妍）<br>三、点评，欣赏 | |
| 1. 能拿小圆形拼组足球（睿）<br>2. 能知道球的形状是圆形（然、宇、文）<br>3. 知道用白色和黑色的黏土制作足球（欣、远）<br>4. 能与人合作完成微景观（全）<br>5. 能在协助下用手按压黏土（斌、妍）<br>6. 能用黏土搓圆，制作足球或篮球（然、远、欣、睿、宇、明、轩、恺、文）<br>7. 熟悉轻黏土这种材料的特性，增强手部操作能力，感受完成一件完整作品的成就感，提升自信 | 第七周“球场”<br>一、情景导入<br>回顾上节课内容，球筐做好了，这节课来制作球<br>二、新授<br>1. 看一看篮球与足球，观察球的图片了解球的形状与颜色<br>2. 老师展示黏土制作的球<br>3. 老师示范<br>4. 学生尝试搓圆<br>5. 学生制作：<br>A 组：制作足球（用黑色和白色的小球拼组成）（然、远、欣、睿）<br>B 组：制作篮球（用圆形和长条制作）（宇、明、轩、恺、文）<br>C 组：做场景中的场地（斌、妍）<br>三、学生合作将球筐、球和老师准备的运动的人摆放于相应的球场，完成运动的黏土微景观 | 篮球与足球运动视频和图片、黏土 |

**评 鉴 表**

| IEP\专业目标 | 然 | 远 | 欣 | 睿 | 宇 | 明 | 轩 | 恺 | 文 | 斌 | 妍 |
|---|---|---|---|---|---|---|---|---|---|---|---|
| 1. 能接受用手触摸纸团 | | | | | | | | | | * | |
| 2. 能在协助下打开虎口拿握团圆的纸张 | | | | | | | | | | | * |
| 3. 能拿小纸条、小纸团粘贴 | | | | * | | | | | | | |
| 4. 能撕长条 | | | | | | * | * | | * | | |
| 5. 能将正方形纸撕开成长方形 | * | | | | * | | | | * | | |
| 6. 能用撕长条或者团圆粘贴等方法设计发型 | * | * | * | * | * | * | * | * | * | | |
| 7. 能摸立体的五官的材料 | | | | | | | | | | * | |
| 8. 能拿握立体五官材料 | | | | | | | | | | | * |
| 9. 能点连线画表情 | | | | | | | * | * | | | |
| 10. 能拼贴出表情(宇、远、明、文) | | * | | | * | * | | | * | | |
| 11. 能添画出表情 | * | | | | | | | | | | |
| 12. 能在协助下拿握粗长条 | | | | | | | | | | | * |
| 13. 能拿长方形粘贴 | | | | * | | | | | | | |
| 14. 能撕方形 | | | | | | * | * | | * | | |
| 15. 能用长方形拼组运动动作形态 | * | | | | * | | | | * | | |
| 16. 能剪或撕长方形,用长方形粘贴拼组运动动作形态 | * | * | * | * | * | * | * | * | * | | |
| 17. 能用前三指或四指拿握笔涂画 | | | | * | | | | | | | |
| 18. 能在协助下拿握纸团拓印 | | | | | | | | | | * | |
| 19. 能用蜡笔点连线描绘出曲线 | | | | | | | * | * | | | |
| 20. 能用颜料铺底色 | | | | | | | * | * | | | |
| 21. 能画线条或形状,完成作品后描写自己名字 | * | | | | | | | | | | |
| 22. 能用油画棒与水彩结合的形式作装饰 | * | * | * | * | * | * | * | * | * | | |
| 23. 能用折叠的方法制作蝴蝶和房子 | * | * | * | | * | | | | | | |
| 24. 能用三角形、方形拼贴成蝴蝶和花草 | * | | | | * | | | | * | | |
| 25. 能给大块花草涂色 | | | | | | | * | * | | | |

续　表

| IEP\专业目标 | 然 | 远 | 欣 | 睿 | 宇 | 明 | 轩 | 恺 | 文 | 斌 | 妍 |
|---|---|---|---|---|---|---|---|---|---|---|---|
| 26. 能与人合作制作一组运动场景 | * | * | * | * | * | * | * | * | * | * | * |
| 27. 能揉捏黏土 | | | | | | | | | | * | |
| 28. 能抓握球形黏土 | | | | | | | | | | | * |
| 29. 能用前三指拿长条做球网 | | | | * | | | | | | | |
| 30. 能用长条在点连线的提示下粘贴成球网(恺、轩) | | | | | | | * | * | | | |
| 31. 能用黏土搓长条(宇、明、文) | | | | | * | * | | | * | | |
| 32. 能用黏土搓长条,制作球网(然、远、轩、恺、欣、睿) | | | | | | | * | * | | | |
| 33. 能拿小圆形拼组成足球图案 | | | | * | | | | | | | |
| 34. 能知道球的形状是圆形 | * | | | | * | | | | * | | |
| 35. 知道用白色和黑色的黏土制作足球 | | * | * | | | | | | | | |
| 36. 能在协助下用手按压黏土 | | | | | | | | | | * | * |
| 37. 能用黏土搓圆,制作足球或篮球 | * | * | * | * | * | * | * | * | * | | |
| 38. 能与人合作完成微景观制作 | * | * | * | * | * | * | * | * | * | * | * |
| 0—完全困难或没有反应;1—在部分肢体协助下可以达成或偶有反应;2—需在辅具使用下可以独立完成或需口头提示下即可独立完成;3—独立完成且质量良好。 | | | | | | | | | | | |

备注:标 * 号代表该学生有此目标。

### (三) 绘画与手工课教学活动设计

## "表情表情我知道"教学活动设计

执教者:王　睿

**教学内容分析:**

"表情表情我知道"是我校校运会主题单元活动中的内容。表情是人物情绪比较直观的表现,在运动场上我们时常能看到失败或者喜极而泣的泪水、成功的笑容、失误的懊恼或与人产生摩擦而生气的表情,在制作运动的人的系列活动中,人物的表情的理解能更好地让学生感受运动的精神与气氛,也能更好地了解表达自我。我校很多学生会有一定的情绪问题,不懂得如何正确地表达出自己的情绪，对于智障的学生来说会更加自我，也不善于通过别人表情去了解他人情绪。在我校每班都会有个“情绪表达区”，用简笔画的不同表情的情绪娃娃，学生可以用代表他心情的表情与他的要求贴在表达区以表达出当时的情绪和要求，是给予那些有语言障碍、不会表达或者无法正确表达自己情绪的学生的支持形式。本课通过对“笑”“哭”“生气”这三个常见表情的学习，让学生了解情绪与表情的关系，理解表情的真正含义，能用绘画的形式表达出情绪；能更好地表达出自己的情绪，学会观察，理解别人的心情，从而学会关心他人，建立良好的社会关系，提高学生社会趋向性的能力。

本课根据学生能力选取“笑”“哭”“生气”这三个较为常见和同学们常常会表现出来的表情，通过“表情与心情”“表情辨一辨”“表情变变变”“表情游戏”“动手画画”几个环节从带入生活情境，观察表情，了解掌握表情特征，实践操作和游戏巩固等方面来达成教学目标。

根据学生特点和教学的需要，本课在教学时运用动画与 Flash 游戏的媒介，多媒体信息技术的支持让学生从图、文、声、像等多种途径接受所学知识和情感体验。

**教学对象分析：**

授课对象为我校二年级的学生，全班 11 人，其中 1 名智障，1 名发育迟缓、5 名自闭症，4 名脑瘫。根据学生绘画的能力将学生分为 A、B、C 组。

A 组：然、远、欣、睿认知好；欣的理解能力较强，表达较差；然表达能力较弱；远认知及学习能力较好，存在语言沟通障碍；他们看着照片能辨认出“笑”“生气”“哭”的表情，有用弧线仿画或点连线描出五官的能力，并知道五官的正确位置

B 组：宇、明、轩、恺、文。宇认知较好，能做文字与图片配对；文语言理解和语言表达能力欠佳，只能用简单语汇表达；他们的语言表达能力较弱，知道五官的位置，但是不能正确的画出来，所以在画的时候会给一定的视觉提示如点连线让其描画或拼贴。

C 组：斌、妍认知和操作能力都较弱，在辅助下完成操作。

**教学目标：**

(1) 能触摸立体五官的材料(斌)；

(2) 能拿握立体五官材料(妍)；
(3) 能用点连线画表情(恺、轩)；
(4) 能拼贴出表情(宇、远、明、文)；
(5) 能添画出表情(然、欣、睿)；
(6) 能善于观察别人的表情，理解别人的心情，学会关心他人。

**教学重点、难点：**

重点：通过表情的学习能善于观察别人的表情，理解别人的心情，学会关心他人。

难点：掌握“哭”“笑”“生气”表情的不同特征，用不同方式表现出三个表情的不同特点。

**教学媒体：**

Flash 课件、Flash 动画、Flash 游戏、白板、计算机。

**教学准备：**

Flash 课件、学生用电脑、没有脸部五官的头型纸、黑色水性笔。

**教学过程：**

| 教学过程 | 设计意图与支持策略 | 教学资源 |
| --- | --- | --- |
| 一、心情与表情<br>设计意图：用动画将学生带入生活情景，以此来理解心情与表情之间的关系，并引出本课“笑”“生气”“哭”这几个常见的表情。<br>老师：我们在生活中会遇到许许多多的事情，有开心的，有难过的，有生气的，心情不同的时候，我们面部的表情也会不一样。下面我们来看看三毛的心情是怎样的？表情又是怎样？<br>二、动画播放——三毛的表情<br>① 三毛体育比赛获得了胜利，三毛很高兴，露出笑脸。<br>老师：三毛比赛获胜的时候，心情是怎样的？<br>学生：开心，高兴。<br>画面定格三毛“笑”的表情。 | 利用动画让学生更好地理解表情与心情的关系，将学生带入生活情节<br>B组给予更多提示或选择性的问题<br>引导学生表达出自己的心情 | 提问时会引导学生观察开心、生气、难过时表情，并说让学生说出来 |

**续 表**

| 教 学 过 程 | 设计意图与支持策略 | 教学资源 |
|---|---|---|
| 老师：比赛胜利很开心，所以三毛“笑”了，平时开心的时候我们会“笑”。<br>② 踢球的时候三毛被别人撞倒了，三毛很生气。<br>老师：三毛被人撞倒后，心情怎么样？<br>学生：生气。<br>画面定格三毛“生气”的表情。<br>老师：三毛被人故意撞倒了，很生气，所以露出了生气的表情。<br>③ 输掉了比赛，三毛难过地哭了。<br>老师：输掉了比赛，三毛的心情怎样呢？<br>学生：不高兴，难过……<br>画面定格“哭”的表情。<br>老师：输掉了比赛，心情不好（难过），所以他哭了。<br>师：那同学们有没有哭过？是为什么哭呢？<br>老师：刚才同学们看了三毛的故事，了解了他在生气时露出生气的表情，开心时会笑，难过时会哭。你们也说了你们的心情，接下来想不想再来看看其他人的表情呢？<br>学生：想。<br>三、表情表情，我来变（辨）<br>1. 辨认表情：<br>出示“哭”“生气”“高兴”表情的部分，让学生辨认，并说一说这三个表情的眉毛和嘴巴的特点。<br>师：刚才图片只是出现了五官的局部，同学们就能很快辨认出表情来，下面我们一起来玩个游戏，只是变换眉毛和嘴巴，搭配出不同的表情来。<br>2. 变魔术。<br>动画概要：小魔术师将原本一样的脸部，添加不同的眉毛和嘴巴，变出了“哭”“生气”“笑”的表情，并且利用顺口溜让同学们了解怎么表现这些表情的特征。 | 1. 辨认表情<br>2. 小魔术师<br>3. 表情游戏这三个环节是一步步深入的让学生了解五官中最能表现表情是眉眼和嘴巴，要画出“哭”“生气”“笑”的表情就要抓住眉眼和嘴巴的特征。根据学生情况我又将抓眉眼和嘴巴的表情特征缩减为抓眉毛和嘴巴的特征，以便学生能更容易掌握又能准确画出 | 引导学生抓表情特点<br><br>引导学生观察，并说出来<br><br>图示、动态演示、老师讲解、利用白板学生和老师互动让学生掌握表情特征 |

**续　表**

| 教　学　过　程 | 设计意图与<br>支持策略 | 教 学 资 源 |
| --- | --- | --- |
| 给出三个相同的大头。<br><br>添加不同的嘴巴和眉毛，表情就很不一样。<br><br>师：魔术师不但变出了“哭”“生气”“笑”这三个表情还教了我们怎么来画这三个表情。<br>师：“八字眉，下弯嘴和哭的表情最相配”；<br>“对勾眉，下弯嘴和生气的表情最相配”；<br>“弯弯眉，上弯嘴和笑的表情最相配”；<br>带着学生一起做，一边说，一边做动作。然后让学生上台来画一画这三个表情，老师给予指正。<br>3. 表情搭配游戏。<br>游戏概要：<br>通关游戏，学生可以选择不同造型的眉毛和嘴巴来搭配出不同的表情，第一关是搭配出“笑”脸，第二关搭配出“哭”的表情，第三关搭配出“生气”的表情，必须通过第一关才能进入第二关，依次通过第二关进入第三关。<br>① 老师利用白板和学生一起来通关（让学生上台来尝试，学生和老师互相“你来我往”的交流）。<br>② 学生在规定的时间内自己来通关。<br>四、动手画画<br>师：现在请先画或拼贴出一张笑的表情；<br>再画或拼贴出一张生气的表情； | 这节课的一个重点在于让学生画出或者拼贴出表情，所以动手实操出表情这一步必不可少，而且一幅成品作业会让学生有满足感和成就感 | 顺口溜解决教学的难点问题<br><br>轻松的表情搭配游戏，加深和巩固学生所学内容 |

续 表

| 教 学 过 程 | 设计意图与支持策略 | 教学资源 |
| --- | --- | --- |
| 最后画或拼贴出一张哭的表情。<br>A组：能添画出表情，完成的作品写上名字，或粘贴名字。<br>B组：能点连线描出或者拼贴出表情。<br>C组：能通过多媒体感受表情变化，在辅助下拿立体的五官，放在的相应的凹槽。<br>把能代表自己心情的表情贴在有自己名字的火车上 其余的表情放在“车厢里”。<br>五、总结<br>今天我们了解了高兴、伤心难过、生气时的表情，也学会了画“笑”“哭”“生气”的表情，现在同学们有了这辆心情火车，也可以把每天的心情用自己画的表情表现出来，老师希望同学们能表达出自己的感情，同学们也能多关心周围的同学。今天的课就在这首表情歌里结束了(播放表情歌)。 | 给予B组视觉提示的支持 | B组学生给的大头上已经有画好的表情，只要描画出来就可以了 |

评 鉴 表

| 教 学 目 标 | 斌 | 妍 | 恺 | 轩 | 宇 | 远 | 明 | 文 | 欣 | 睿 | 然 |
| --- | --- | --- | --- | --- | --- | --- | --- | --- | --- | --- | --- |
| 能接受触摸立体五官的材料 | * | | | | | | | | | | |
| 能拿握立体五官材料 | | * | | | | | | | | | |
| 能用点连线画表情 | | | * | * | | | | | | | |
| 能拼贴出表情 | | | | | * | * | * | * | | | |
| 能添画出表情 | | | | | | | | | * | * | * |
| 0—完全困难或没有反应；1—在部分肢体协助下可以达成或偶有反应；2—需在辅具使用下可以独立完成或需口头提示下即可独立完成；3—独立完成且质量良好。 | | | | | | | | | | | |

备注：标*号代表该学生有此目标。

## 二、运动与保健课

### (一) 运动与保健课学期教学计划

**广州市越秀区启智学校(2015学年度上学期)学期运动与保健课教学计划表**

二年级(3)班　教师：刘荣杰

| 周次 | 一 | 二 | 三 | 四 | 五 | 六 | 七 | 八 | 九 | 十 | 十一 | 十二 | 十三 | 十四 | 十五 | 十六 | 十七 | 十八 | 十九 | 二十 | 二十一 |
|---|---|---|---|---|---|---|---|---|---|---|---|---|---|---|---|---|---|---|---|---|---|
| 日期 | 9/1—9/5 | 9/6—9/12 | 9/13—9/19 | 9/20—9/26 | 9/27—10/3 | 10/4—10/10 | 10/11—10/17 | 10/18—10/24 | 10/25—10/31 | 11/1—11/7 | 11/8—11/14 | 11/15—11/21 | 11/22—11/28 | 11/29—12/5 | 12/6—12/12 | 12/13—12/19 | 12/20—12/26 | 12/27—1/2 | 1/3—1/9 | 1/10—1/16 | 1/17—1/23 |
| 单元主题 | 开心上学校 | | 欢贺中秋 | | | 我爱祖国 | | | | 秋天来了 | | 快乐的运动会 | | | | | | | 开开心心过寒假 | | IEP检核会议 |
| 小主题 | 认识校园走一走(一、二) | | 我是月饼搬运工(三、四、五) | | | 1. 我们一起来探险(六、七)<br>2. 翻山越岭真好玩(八、九) | | | | 我爱长跑(十、十一) | | 1. 飞速小子(十二)<br>2. 灌篮高手(十三)<br>3. 跳跳乐(十四)<br>4. 乐乐杯足球赛(十五)<br>5. 精益求精(十六)<br>6. 分享精彩(十七)<br>7. 运动会(十八) | | | | | | | 冬季健身真快乐(十九、二十) | | |

## (二) 运动与保健课教学周计划

**2015学年上学期二年级(3)班运动与保健课教学周计划**

主题名称：快乐的运动会　日期：11月15日至1月2日　执教者：刘荣杰

<table>
<tr><td colspan="3">IEP目标：<br>2.2.1 能四点爬行至少1米(睿)<br>2.1.3 双手能与人互推活动(恺、轩)<br>2.1.1 能扶扶手上楼梯(斌)<br>2.2.2 能单手扶扶手上楼梯(两步一阶)(恺)<br>2.3.1 能以手掌抓握物品(妍)<br>6.1.1 能与同伴进行合作性的活动(然、恺)<br>7.1.1 能参与熟悉活动(恺)<br>3.1.1 能依需求更换衣服,如运动后(欣)<br>5.1.1 能理解上楼梯的动作及口语指令(斌)<br>6.1.1 能遵守游戏的规则(欣、远、宇)<br>6.1.1 能在1对2的小组活动中,关注到主导伙伴(轩)<br>6.1.2 能与伙伴轮流玩游戏(然、文)<br>7.1.1 发展自己的休闲活动至少2种(然、欣、恺、睿、远、宇、明、轩、文、妍)</td></tr>
<tr><th>教学目标<br>(以周活动为单位的教学目标)</th><th>活动计划</th><th>教学资源</th></tr>
<tr><td>能在起跑线站立等待15秒<br>(然、宇、远、明、欣、轩、文、睿、斌)<br>能参与追飞碟游戏<br>(然、宇、远、明、欣、轩、文)<br>能抓握发令旗<br>(睿、斌、紫、恺)</td><td>第一周：飞速小子(跑步)<br>1. 活动引入：<br>(1) 热身跑：绕小马路跑圈。<br>(2) 热身操：老师带操,学生跟做(或在辅助下跟做)。<br>2. 技能教授：<br>教师带学生做跑步过程中的摆臂及高抬脚动作,学生模仿跟做。<br>通过加速跑游戏(追飞碟)巩固学生的学习<br>老师飞出飞碟,让学生以最快速度向飞碟方向跑去。<br>3. 综合活动：接力跑。<br>按学生能力分组进行接力跑游戏。<br>A组(然、宇、远)：独自完成跑、交接棒的全过程。<br>B组(明、欣)：听指令完成跑、交接棒的全过程。<br>C组(轩、文)：在助教辅助下完成跑、交接棒的全过程。</td><td>操场、飞碟、接力棒、发令旗</td></tr>
</table>

**续　表**

| 教学目标<br>（以周活动为单位的教学目标） | 活　动　计　划 | 教学资源 |
| --- | --- | --- |
| | D组（睿、斌、紫、恺）：脑瘫学生在旁边做垫上爬行活动或用手抓握发令旗。<br>4. 整理放松活动：<br>教师带学生做以下肢肌肉放松为主的放松操。 | |
| 能用惯用手单手原地运球5次<br>（然、宇、远、明、欣）<br>能双手接住反弹球<br>（轩、文）<br>能抱住篮球<br>（睿、斌、紫、恺）<br>在他人的辅助下，能够玩篮球<br>（睿、斌、紫、恺） | 第二周　灌篮高手<br>1. 活动引入：<br>（1）热身跑：绕小马路跑圈。<br>（2）热身操：老师带操，学生跟做（或在辅助下跟做）。<br>2. 教授技能：<br>（1）球感练习。<br>教师带做小球操（小球爬树操）。<br>（2）拍球、运球练习。<br>（3）原地运球教学：<br>A组（然、宇、远）：能掌握单手拍球、运球动作。<br>B组（明、欣）：听指令完成拍球动作。<br>C组（轩、文）：参与活动在助教辅助下完成双手接住反弹球。<br>D组（睿、斌、紫、恺）：脑瘫学生感知篮球，能抱、推篮球。<br>3. 综合活动：<br>进行原地运球比赛（看看运球运得多）。<br>4. 整理放松活动：<br>教师带学生做以上肢肌肉放松为主的放松操。 | 操场、篮球 |
| 能做蛙跳动作<br>（然、宇、远）<br>能跳起双脚离地<br>（明、欣、轩、文）<br>能做抬脚跨步动作<br>（睿、斌）<br>能做侧翻动作<br>（紫、恺） | 第三周　跳跳乐<br>1. 活动引入：<br>（1）热身跑：绕小马路跑圈。<br>（2）热身操：老师带操，学生跟做（或在辅助下跟做）。<br>2. 教授技能：<br>蛙跳教学，包括双手摆臂、下蹲起跳动作、双脚下地动作。 | 雪糕筒 |

**续 表**

| 教学目标<br>（以周活动为单位的教学目标） | 活动计划 | 教学资源 |
|---|---|---|
| | 通过跳雪糕筒练习，让学生掌握蛙跳运作。<br>A组（然、宇、远）：能掌握蛙跳动作。<br>B组（明、欣）：听指令完成双脚跳动作。<br>C组（轩、文）：参与活动在助教辅助下完成跳的动作。<br>D组（睿、斌、紫、恺）：脑瘫学生能辅助下行走、爬行或翻身。<br>3. 综合活动：<br>动物模仿，让学生说出动物名称。学动物做出相应动作，如青蛙、兔子、老虎。<br>4. 整理放松活动：<br>教师带学生做以下肢肌肉放松为主的放松操。 | |
| 能感知足球<br>（然、宇、远）<br>能用惯用脚踢足球进门（然、宇、远）<br>能做踢球的动作<br>（明、欣、轩、文）<br>能抱住足球<br>（睿、斌、紫、恺）<br>在他人的辅助下，能够踢足球<br>（然、宇、远） | 第四周 足球小子<br>1. 活动引入：<br>（1）热身跑：绕操场跑圈。<br>（2）热身操：老师带操，学生跟做（或在辅助下跟做）。<br>2. 教授技能：<br>（1）球感练习。<br>小球操：用脚踩球、夹球、左右。<br>（2）足球射门教学。<br>教师示范，学生模仿跟做射门。<br>A组（然、宇、远）：能掌握用脚射门动作。<br>B组（明、欣）：听指令完成射门动作。<br>C组（轩、文）：参与活动在助教辅助下用脚接触足球、踢足球。<br>D组（睿、斌、紫、恺）：脑瘫学生认识足球，抱、踢球。<br>3. 综合活动：<br>射门比赛。看谁射得准。<br>4. 整理放松活动：<br>教师带学生做以下肢肌肉放松为主的放松操。 | 足球、球门 |

**续　表**

| 教学目标（以周活动为单位的教学目标） | 活动计划 | 教学资源 |
| --- | --- | --- |
| 能参与活动比赛5分钟以上<br>（然、宇、远、轩、欣、文、明）<br>能遵守比赛的规则<br>（欣、远、宇） | 第五周　启智杯（精益求精）<br>1. 活动引入：<br>（1）热身跑：绕操场跑圈。<br>（2）热身操：老师带操，学生跟做（或在辅助下跟做）。<br>2. 综合活动：<br>（1）分组篮球运球比赛。<br>A组（然、宇、远）：能参与10米运球比赛、遵守规则。<br>B组（明、欣）：能参与原地运球比赛。<br>C组（轩、文）：能参与活动在助教辅助下进行传接球游戏。<br>D组（睿、斌、紫、恺）：能在垫上进行球类游戏。<br>（2）分组足球射门比赛。<br>A组：能参与射门比赛。<br>B组：能把足球向前踢。<br>C组：能在助教辅助下用脚接触足球、踢足球。<br>D组：脑瘫学生认识足球，抱、踢球。<br>3. 整理放松活动：<br>教师带学生做全身放松操。 | 篮球、足球、篮球架、足球门 |
| 能在队伍中找到自己的站位<br>（然、宇、远、欣）<br>能在听到指令后站好等待15秒以上<br>（轩、明、文）<br>能做抬手或挥手动作<br>（睿、斌） | 第六周　运动会彩排<br>1. 活动引入：<br>（1）热身跑：绕小马路跑圈。<br>（2）热身操：老师带操，学生跟做（或在辅助下跟做）。<br>2. 教授技能：<br>（1）队形队列训练：<br>老师集队，学生按要求排好队，练习立正、向前看齐、齐步走。<br>（2）进行运动会出场式彩排。<br>按运动会出场式要求，由老师带领学生队伍出场。 | |

**续 表**

| 教学目标<br>(以周活动为单位的教学目标) | 活动计划 | 教学资源 |
|---|---|---|
| | A、B组(然、宇、远、欣):学生能按自己的位置排队站好等待。<br>C组(轩、文、明):能在听到指令后站好等待15秒以上。<br>D组(睿、斌、紫、恺):学生能知道自己在队伍中的位置。<br>3. 综合活动:<br>接力比赛。<br>以运动会接力形式,进行接力比赛。<br>A、B组学生独立完成。<br>C组学生能按指令或在辅助下完成。<br>D组学生做啦啦队,能做抬手、挥手动作。<br>4. 整理放松活动:<br>教师带学生做全身放松操。 | 接力棒 |

**评 鉴 表**

| 教学目标 | 然 | 欣 | 睿 | 宇 | 文 | 明 | 轩 | 斌 | 妍 | 睿 | 恺 |
|---|---|---|---|---|---|---|---|---|---|---|---|
| 能在起跑线站立等待15秒 | * | * | * | * | * | * | * | * | | * | |
| 能参与追飞碟游戏 | * | * | * | * | * | * | * | | | | |
| 能抓握发令旗 | | | | | | | | * | * | * | * |
| 能用惯用手单手原地拍球5次 | * | * | * | * | | * | | | | | |
| 能双手接住反弹球 | | | | | * | | * | | | | |
| 能抱住篮球 | | | | | | | | * | | * | |
| 能做蛙跳动作 | * | | * | * | | | | | | | |
| 能跳起双脚离地 | | * | | | * | * | * | | | | |
| 能做抬脚跨步动作 | | | | | | | | * | | * | |
| 能做侧翻动作 | | | | | | | | | * | | |
| 能感知足球 | | | | | | | | * | * | * | * |

续　表

| 教　学　目　标 | 然 | 欣 | 睿 | 宇 | 文 | 明 | 轩 | 斌 | 妍 | 睿 | 恺 |
|---|---|---|---|---|---|---|---|---|---|---|---|
| 能用惯用脚踢足球进门 | * | | * | * | | | | | | | |
| 能做踢球的动作 | | * | | | * | * | * | | | | |
| 能抱住足球 | | | | | | | | * | * | * | * |
| 能参与活动比赛 5 分钟以上 | * | * | * | * | * | * | * | | | | |
| 能遵守比赛的规则 | | * | * | * | | | | | | | |
| 能在队伍中找到自己的站位 | * | * | * | * | | | | | | | |
| 能在听到指令后站好等待 15 秒以上 | | | | | * | * | * | | | | |
| 能做抬手或挥手动作 | | | | | | | | * | | * | |
| 在他人的辅助下，能够踢足球 | * | | * | * | | | | | | | |
| 在他人的辅助下，能够玩篮球 | | | | | | | | * | * | * | * |
| 0—完全困难或没有反应；1—在部分肢体协助下可以达成或偶有反应；2—需在辅具使用下可以独立完成或需口头提示下即可独立完成；3—独立完成且质量良好。 | | | | | | | | | | | |

备注：标 * 号代表该学生有此目标。

### （三）运动与保健课教学活动设计

## “快乐篮球”教学设计

教师：刘荣杰

**教学内容简析：**

学校运动场地小，适合以篮球作为学生主要运动项目。篮球运动对场地面积要求不高，掌握基本的篮球技术就可以丰富学生的运动休闲生活，因此配合主题“校运会”进行有关篮球运动的教学。

**教学对象分析：**

教学班级二年级，包括智障学生、自闭症学生、脑瘫学生。学生们情绪都比较稳定，但学生的运动能力个体差异大，手眼协调能力及专注力不足。

**教学目标设计：**

根据学生的能力，全班分成4个同质组。目标如下：

A组学生（然、宇、睿）能在辨认篮球的基础上，能够左、右手分别在原地运球，次数在10次以上。

B组学生（明、欣）能在辨认篮球的基础上，能够用自己的习惯用手在原地运球，次数在10次以上。

C组学生（轩、文）他们理解和执行指令能力较差，需要个别辅导或在A组同学帮助下进行练习，达到可以用双手接住弹地的篮球或双手拍球。

D组学生（妍、斌、恺），认识篮球，能双手抱住球，感知篮球的形状与质感。

**教学重点、难点：** 提升手眼协调能力。

**教学准备：** 准备4号小篮球10个，场地规划。

**教学过程设计：**

| 教 学 过 程 | 设计意图及支持策略 |
| --- | --- |
| 一、活动引入<br>1. 师生问好、点名。告诉学生学校准备开运动会，这节课的上课内容是篮球。 | 配合主题“校运会”，及课堂常规建立。 |
| 2. 学会辨别篮球<br>先让学生观察篮球外观，然后展示篮球、足球和网球，让学生辨别哪一个是篮球，让同学识记篮球的外形、大小和颜色。 | 利用视觉提示达到认识篮球外形、大小、颜色通过三种球对比，加深对篮球的认知。 |
| 3. 做球操（小球爬树操）<br>四个小组排成四列横队，老师带做熟悉球性的球操。要求学生双手持球，做转腕、弯腰、下蹲、转体等动作。 | 通过有趣的球操做准备活动，初步感知球性。 |
| 二、技能教授<br>1. 原地拍球教学<br>(1) 老师讲解原地运球动作。<br>a. 提示用指根部和手指去拍打球，不要用掌心去拍打球。<br>b. 运球时的站姿，双脚平行站立、前后脚站立。 | 采用讲解与示范教学方法使学生掌握篮球原地运球的动作，突破重点。 |

**续　表**

| 教　学　过　程 | 设计意图及支持策略 |
|---|---|
| (2) 模仿练习→ 分组练习、C 组同学个别辅导→全班练习老师观察纠正。 | 分层教学，巡视并个别辅导，解决教学难点。 |
| (3) 原地运球练习与巩固。<br>分层达标：A 组同学左、右手各原地运球 10 次；<br>B 组同学用习惯手原地连续运球 10 次；<br>C 组同学在老师协助下用单手或双手接住弹地的球 5 次；<br>D 组通过抱、推篮球，感知篮球。 | 分层检测学生达标情况。 |
| 三、综合练习<br>运球接力游戏：<br>把 A 组与 B 组同学分成两队，采用运球接力方式进行。<br>传球练习：<br>C 组同学定点站立相互传球。 | 分层教学为学生提供拓展训练机会，为下节课内容做铺垫。 |
| D 组同学，在旁边练习，这节课学习的内容。<br>四、总结<br>口头评价学生课堂的学习情况，请做得好的同学示范。<br>布置学生在每天大课间活动时间加强练习。 | 让做得好的同学示范表演，既满足学生的成功需要，也能以此做榜样强化动作规范。 |

**评　鉴　表**

| 目　　标 | 然 | 欣 | 宇 | 文 | 明 | 轩 | 斌 | 妍 | 睿 | 恺 |
|---|---|---|---|---|---|---|---|---|---|---|
| 辨认篮球 | | | | | | | | | | |
| 能用惯用手单手原地运球十次 | | | | * | * | * | * | * | * | * |
| 能双手拍球五次 | * | * | * | * | | * | * | * | * | * |
| 能双手接住反弹球 | * | * | * | | * | | * | * | * | * |
| 能抱住篮球 | * | * | * | * | * | * | | | | |
| 能双手推出球 | * | * | * | * | * | * | | * | | |
| 0—完全困难或没有反应；1—在部分肢体协助下可以达成或偶有反应；2—需在辅具使用下可以独立完成或需口头提示下即可独立完成；3—独立完成且质量良好。 | | | | | | | | | | |

备注：标 * 号代表该学生有此目标。

## 三、唱游与律动

### （一）艺能科学期教学计划

**广州市越秀区启智学校（2015学年度上学期）学期唱游与律动组教学计划表**

二年级（3）班　教师：陈玉言

| 周次 | 一 | 二 | 三 | 四 | 五 | 六 | 七 | 八 | 九 | 十 | 十一 | 十二 | 十三 | 十四 | 十五 | 十六 | 十七 | 十八 | 十九 | 二十 | 二十一 |
|---|---|---|---|---|---|---|---|---|---|---|---|---|---|---|---|---|---|---|---|---|---|
| 日期 | 9/1—9/5 | 9/6—9/12 | 9/13—9/19 | 9/20—9/26 | 9/27—10/3 | 10/4—10/10 | 10/11—10/17 | 10/18—10/24 | 10/25—10/31 | 11/1—11/7 | 11/8—11/14 | 11/15—11/21 | 11/22—11/28 | 11/29—12/5 | 12/6—12/12 | 12/13—12/19 | 12/20—12/26 | 12/27—1/2 | 1/3—1/9 | 1/10—1/16 | 1/17—1/23 |
| 单元主题 | 开心上学校 | | 欢贺中秋 | | | 我爱祖国 | | | | 秋天来了 | | 快乐的运动会 | | | | | | | 开开心心过寒假 | | IEP检核会议 |
| 小主题 | 学唱歌曲《上学歌》 | | 学唱歌曲《水果歌》《八月十五月儿明》 | | | 学唱歌曲《国旗国旗真美丽》《我爱北京天安门》 | | | | 乐器合奏《一起去郊游》 | | 1. 学唱歌曲《运动操》（十二、十三）<br>2. 歌曲律动《运动操》（十四）<br>3. 乐器伴奏《运动操》（十五）<br>4. 学唱歌曲《拍篮球》（十六）<br>5. 歌曲律动《拍篮球》（十七）<br>6. 歌曲伴奏《拍篮球》（十八） | | | | | | | 我是歌手（PK） | | |

## (二) 艺能科教学周计划

**2015 学年上学期五年级(1)班唱游与律动课教学周计划**

主题名称：快乐的运动会　日期：11 月 2 日至 12 月 31 日　执教者：陈玉言

| IEP 目标：<br>6.2.1　能遵守游戏的规则(远、宇、欣)<br>6.1.1　能在 1 对 2 的小组活动中,关注到主导伙伴(轩)<br>7.1.1　能参与熟悉活动(恺) | | |
|---|---|---|
| 教学目标<br>(以周活动为单位的教学目标) | 活动计划 | 教学资源 |
| 1. 能跟随音乐信号作出动作反应<br>2. 能跟随音乐哼唱(然、睿、欣、恺)<br>3. 能跟随音乐哼(远、宇、文、明、轩)<br>4. 能坐在位置上听音乐有手部反应(斌、妍) | 第一周：学唱歌曲《运动操》<br>一、暖身活动<br>1. 常规问好：师生问好《您好歌》<br>2. 音乐律动《走走停》<br>二、音乐活动<br>1. 新授引入<br>2. 学唱歌曲《运动操》<br>(1) 听歌曲<br>(2) 让学生跟随歌曲哼唱<br>A 组：能跟随歌曲哼唱(然、睿、欣、恺)<br>B 组：能跟随歌曲简单哼(远、宇、文、明、轩)<br>C 组：能在协助下跟随音乐手拿串铃做出反应(斌、妍)<br>三、小结、放松活动<br>让学生用喜欢的姿势听音乐《虫儿飞》《再见歌》 | 电脑<br><br>图片<br><br>乐器(鼓、串铃、打棒) |
| 1. 能在辅助下对音乐信号作出相应的动作反应<br>2. 能跟随音乐边唱边做律动(然、睿、欣、恺)<br>3. 能跟随音乐在提示下模仿做动作(远、宇、文、明、轩)<br>4. 能跟随音乐在辅助下做手动作(斌、妍) | 第二周：歌曲律动《运动操》<br>一、暖身活动<br>1. 常规问好：师生问好《您好歌》<br>2. 音乐律动《走走停》<br>二、音乐活动<br>(一) 学唱歌曲《运动操》<br>(1) 跟随音乐歌唱<br>(2) 跟随音乐边唱边走律动(看老师手势)<br>(3) 让学生听着音乐模仿做律动 | |

续 表

| 教学目标<br>(以周活动为单位的教学目标) | 活 动 计 划 | 教学资源 |
|---|---|---|
| | A组：能在老师手势提示下跟随音乐模仿做律动(然、睿、欣、恺)<br>B组：在老师手势提示下能跟随音乐模仿做律动(远、宇、文、明、轩)<br>C组：能在协助下跟随音乐摇串铃(斌、妍)<br>(二) 让学生听音乐自由做律动<br>A组：能在老师手势提示下跟随音乐做律动(然、睿、欣、恺)<br>B组：在老师手势提示下能跟随音乐做律动(远、宇、文、明、轩)<br>C组：能在协助下跟随音乐摇串铃(斌、妍)<br>三、小结、放松活动<br>让学生用喜欢的姿势听音乐《虫儿飞》《再见歌》 | |
| 唱游与律动课目标：<br>1. 能听音乐信号作出肢体上的变化<br>2. 能跟随音乐做律动(然、睿、欣、恺)<br>3. 能跟随音乐用正确方法演奏打棒(然、睿、欣、恺)<br>4. 能跟随音乐模仿演奏串铃(远、宇、文、明、轩)<br>5. 能跟随音乐在辅助下拍鼓一下(斌、妍) | 第三周：歌曲伴奏《运动操》<br>一、暖身活动<br>1. 常规问好：师生问好《您好歌》<br>2. 音乐律动：《运动操》<br>二、音乐活动<br>乐器伴奏《运动操》<br>1. 跟随音乐律动<br>2. 乐器伴奏<br>(1) 分发乐器<br>(A组：打棒 B组：串铃 C组：鼓)<br>(2) 分组练习<br>(3) 跟随音乐伴奏<br>A组：能跟随音乐正确用打棒伴奏(然、睿、欣、恺)<br>B组：能跟随音乐提示用串铃伴奏(远、宇、文、明、轩)<br>C组：能在协助下跟随音乐拍鼓一下(斌、妍)<br>三、小结、放松活动<br>让学生用喜欢的姿势听音乐《虫儿飞》《再见歌》 | 打捧、串铃、鼓 |

**续　表**

| 教学目标<br>（以周活动为单位的教学目标） | 活　动　计　划 | 教学资源 |
|---|---|---|
| 1. 能跟随音乐信号作出动作反应<br>2. 能跟随音乐哼唱（然、睿、欣、恺）<br>3. 能跟随音乐模仿哼（远、宇、文、明、轩）<br>4. 能坐在位置上听音乐有手部反应（斌、妍） | 第四周：学唱歌曲《拍篮球》<br>一、暖身活动<br>1. 常规问好：问好歌《您好歌》<br>2. 暖身律动《波罗乃兹》<br>二、音乐活动：学唱歌曲《健康操》<br>1. 新授引入<br>2. 学唱歌曲《运动操》<br>（1）听歌曲<br>（2）让学生跟随歌曲哼唱<br>A组：能跟随歌曲哼唱（然、睿、欣、恺）<br>B组：能跟随歌曲简单哼（远、宇、文、明、轩）<br>C组：能在协助下跟随音乐手拍鼓做出反应（斌、妍）<br>三、小结、放松活动<br>让学生用喜欢的姿势听音乐《幻想进行曲》《再见歌》 | |
| 1. 能在辅助下对音乐信号作出相应的动作反应<br>2. 能跟随音乐边唱边做律动（然、睿、欣、恺）<br>3. 能跟随音乐在提示下模仿做动作（远、宇、文、明、轩）<br>4. 能跟随音乐在辅助下做手动作（斌、妍） | 第五周：歌曲律动《拍篮球》<br>一、暖身活动<br>1. 常规问好：问好歌《您好歌》<br>2. 音乐律动《拍篮球》<br>二、音乐活动<br>1. 歌曲律动《运动操》<br>（1）跟随音乐歌唱<br>（2）跟随音乐边唱边走律动（看老师手势）<br>（3）让学生听着音乐模仿做律动<br>A组：能在老师手势提示下跟随音乐模仿做律动（然、睿、欣、恺）<br>B组：在老师手势提示下能跟随音乐模仿做律动（远、宇、文、明、轩）<br>C组：能在协助下跟随音乐摇串铃（斌、妍）<br>2. 让学生听音乐自由做律动<br>A组：能在老师手势提示下跟随音乐做律动（然、睿、欣、恺） | |

续 表

| 教学目标<br>（以周活动为单位的教学目标） | 活 动 计 划 | 教学资源 |
|---|---|---|
| | B组：在老师手势提示下能跟随音乐做律动（远、宇、文、明、轩）<br>C组：能在协助下跟随音乐摇串铃（斌、妍）<br>三、放松活动<br>让学生用喜欢的姿势听音乐《幻想进行曲》《再见歌》 | |
| 1. 能听音乐信号作出肢体上的变化<br>2. 能跟随音乐做律动（然、睿、欣、恺）<br>3. 能跟随音乐用正确方法演奏（然、睿、欣、恺）<br>4. 能跟随音乐模仿演奏（远、宇、文、明、轩）<br>5. 能跟随音乐在辅助下拍鼓一下（斌、妍） | 第六周：歌曲伴奏《拍篮球》<br>一、暖身活动<br>1. 常规问好：问好歌《您好歌》<br>2. 音乐律动《波罗乃兹》<br>二、音乐活动：学唱歌曲《拍篮球》<br>1. 跟随音乐律动<br>2. 乐器伴奏<br>（1）分发乐器（A组：打棒 B组：串铃 C组：鼓）<br>（2）分组练习<br>（3）跟随音乐伴奏<br>A组：能跟随音乐正确用打棒伴奏（然、睿、欣、恺）<br>B组：能跟随音乐提示用串铃伴奏（远、宇、文、明、轩）<br>C组：能在协助下跟随音乐拍鼓一下（斌、妍）<br>三、放松活动<br>让学生用喜欢的姿势听音乐《幻想进行曲》《再见歌》 | 打棒、串铃、鼓 |

**评 鉴 表**

| 活 动 目 标 | 然 | 睿 | 欣 | 恺 | 远 | 宇 | 文 | 明 | 轩 | 斌 | 妍 |
|---|---|---|---|---|---|---|---|---|---|---|---|
| 1. 能跟随音乐信号做出动作反应 | * | * | * | * | * | * | * | * | * | * | * |
| 2. 能跟随音乐哼唱 | * | * | * | * | | | | | | | |
| 3. 能跟随音乐模仿哼 | | | | | * | * | * | * | * | | |

续　表

| 活　动　目　标 | 然 | 睿 | 欣 | 恺 | 远 | 宇 | 文 | 明 | 轩 | 斌 | 妍 |
|---|---|---|---|---|---|---|---|---|---|---|---|
| 4. 能坐在位置上听音乐有手部反应 | | | | | | | | | | * | * |
| 5. 能在辅助下对音乐信号做出相应的动作反应 | * | * | * | * | * | * | * | * | * | * | * |
| 6. 能跟随音乐边唱边做律动 | * | * | * | * | | | | | | | |
| 7. 能跟随音乐在提示下模仿做动作 | | | | | * | * | * | * | * | | |
| 8. 在辅助下能跟随音乐做手部动作 | | | | | | | | | | * | * |
| 9. 能听音乐信号作出肢体上的变化 | * | * | * | * | * | * | * | * | * | * | * |
| 10. 能跟随音乐做律动 | * | * | * | * | | | | | | | |
| 11. 能跟随音乐用正确方法演奏打棒 | * | * | * | * | | | | | | | |
| 12. 能跟随音乐模仿演奏串铃 | | | | | * | * | * | * | * | | |
| 13. 能跟随音乐在辅助下拍鼓一下 | | | | | | | | | | * | * |
| 0—完全困难或没有反应；1—在部分肢体协助下可以达成或偶有反应；2—需在辅具使用下可以独立完成或需口头提示下即可独立完成；3—独立完成且质量良好。 | | | | | | | | | | | |

备注：标 * 号代表该学生有此目标。

## （三）艺能科教学活动设计

### “拍篮球”教学活动设计

执教者：陈玉言

**教学内容分析：**

本单元主题是校运会，而唱游与律动课有本身的特点，通过音乐让学生学会聆听、学会欣赏音乐，通过活动让学生学会游戏的规则。本节课选用《拍篮球》这首歌，歌曲为 2/4 拍子，活泼欢乐。一方面可以配合班级的教学内容，主要让学生唱准歌词，拍出“X X | X - | 节奏”，用上肢做一系列的律动。与此同时，学生既能够愉快、轻松地参与整个教学活动，又能展开想象，感受音乐的美。

**教学对象分析：**

本班有 11 个学生，学生的差异性很大，分别为 5 个自闭症，3 个脑瘫，2 个智障,1个视、听、动作多重障碍。能主动参与唱游与律动课的学生有7名。4名学生需要大量辅助:一个脑瘫(妍)学生的动作能力发展到躯干控制阶段,只能举手示意,有笑的表情;自闭症学生明、轩,情绪不稳定,老师要求的相关活动配合度低;多重障碍学生(斌),目前无语言,配合度低,课堂中多用尖叫表示需求。

**教学目标:**

| 组别 | 教学目标 |
| --- | --- |
| A组:然、睿、欣、恺 | 1. 能跟随音乐正确做踏步和停止的动作<br>2. 能跟随音乐用身体模仿拍 X X \| X - \| 节奏<br>3. 能跟随音乐哼唱<br>4. 能按节奏进行歌词念白 |
| B组:远、宇、文 | 1. 能跟随音乐在老师提示下做出踏步和停止的动作<br>2. 能在老师提示下,跟随节奏哼唱<br>3. 在老师手势提示下能跟随音乐做律动 |
| C组:斌、妍、 | 能跟随音乐在辅助下摇一下串铃 |
| D组:明、轩 | 1. 能够听音乐坐在大龙球上,维持一首歌<br>2. 能用图片回应老师 |

**教学重点、难点:**

重点:听节奏跟唱歌曲。

难点:能唱准 X X | X - | 节奏。

**教学过程:**

| 教学过程 | 设计意图及支持策略 |
| --- | --- |
| 一、常规问好<br>1. 听音乐律动进课堂<br>2. 师生问好《您好歌》<br>A组:(然、睿、欣、恺)能用唱歌和律动的形式向老师问好<br>B组:(远、宇、文)能用律动表达向老师问好<br>C组:(斌、妍)能用手势表达回应老师<br>D组:(明、轩)能在大龙球上用图片回应老师<br>二、暖身活动(引入情景)<br>出示运动场图片、播放音乐《运动员进行曲》引入今天学习内容 | 电脑<br><br><br>出示实物篮球<br><br>乐器 |

续　表

| 教　学　过　程 | 设计意图及支持策略 |
| --- | --- |
| 三、新授引入<br>学习歌曲《拍篮球》<br>1. 听歌曲<br>2. 跟着歌曲哼唱<br>3. 观看视频，教师示范，学生跟随音乐模仿“拍”的动作<br>4. 按节奏 x x \| x - \| 进行跟读歌词<br>A 组：能按节奏进行歌词念白（然、睿、欣、恺）<br>B 组：能在老师提示下跟随音乐哼唱（远、宇、文）<br>C 组：能在老师协助下按节奏拍腿（斌、妍）<br>D 组：能听音乐，在大龙球上律动（明、轩）<br>5. 学唱歌曲<br>A 组：（然、睿、欣、恺）：能跟随音乐按节奏唱<br>B 组：（远、宇、文）能跟随音乐简单哼唱<br>C 组：（斌、妍）能对音乐有反应时摇一摇串铃的动作<br>D 组：能听音乐，在大龙球上，绑手铃律动（明、轩）<br>6. 让学生听着音乐模仿做律动<br>A 组：能在老师手势提示下跟随音乐模仿做律动（然、睿、欣、恺）<br>B 组：在老师手势提示下能跟随音乐模仿做律动（远、宇、文）<br>C 组：能在协助下跟随音乐摇串铃（斌、妍）<br>D 组：能听音乐，在大龙球上，绑手铃律动（明、轩）<br>7. 让学生听音乐自由做律动<br>A 组：能在老师手势提示下跟随音乐做律动（然、睿、欣、恺）<br>B 组：在老师手势提示下能跟随音乐做律动（远、宇、文）<br>C 组：能在协助下跟随音乐摇串铃（斌、妍）<br>D 组：能听音乐，在大龙球上，绑手铃律动（明、轩）<br>四、小结、放松活动<br>让学生用喜欢的姿势听音乐《幻想进行曲》，进行放松，以《再见歌》结束课堂教学 | |

评　鉴　表

| 教　学　目　标 | 然 | 欣 | 睿 | 恺 | 远 | 宇 | 文 | 明 | 轩 | 斌 | 妍 |
| --- | --- | --- | --- | --- | --- | --- | --- | --- | --- | --- | --- |
| 1. 能跟随音乐正确做踏步和停止的动作 | * | * | * | * | | | | | | | |
| 2. 能跟随音乐用身体模仿拍 x x \| x - \| 节奏 | * | * | * | * | | | | | | | |
| 3. 能按节奏进行歌词念白 | * | * | * | * | | | | | | | |

续 表

| 教学目标 | 然 | 欣 | 睿 | 恺 | 远 | 宇 | 文 | 明 | 轩 | 斌 | 妍 |
|---|---|---|---|---|---|---|---|---|---|---|---|
| 4. 能跟随音乐哼唱 | * | * | * | * | | | | | | | |
| 5. 能跟随音乐在老师提示下做出踏步和停止的动作 | | | | | * | * | * | | | | |
| 6. 能在老师提示下，跟随节奏哼唱 | | | | | * | * | * | | | | |
| 7. 能基本按照游戏规则进行音乐律动 | | | | | * | * | * | | | | |
| 8. 在老师手势提示下能跟随音乐做律动 | | | | | * | * | * | | | | |
| 9. 能跟随音乐在辅助下摇一下串铃 | | | | | | | | | | * | * |
| 10. 能通过听音乐坐在大龙球上，维持至一首歌结束 | | | | | | | | * | * | | |
| 11. 能用图片回应老师 | | | | | | | | * | * | | |
| 0—完全困难或没有反应；1—在部分肢体协助下可以达成或偶有反应；2—需在辅具使用下可以独立完成或需口头提示下即可独立完成；3—独立完成且质量良好。 | | | | | | | | | | | |

备注：标 * 号代表该学生有此目标。

# 第三节　专业组教学活动设计

## 一、情绪行为管理组

### （一）专业组教学周计划

**2015 学年上学期二年级(3)班某生(明)情绪行为管理组教学周计划**

主题名称：神采奕奕运动会　日期：11 月 16 日至 12 月 31 日　执教者：黄绮玉

IEP 目标：
1.3.1　能够在指定区域等待至活动开始
1.4.1　能够在指定区域完成指定的任务(站/坐)
2.3.1　能够遵守代币兑换规则以获得增强物
(因学生在 9 月份出现离座、跑出教室、严重干扰课堂教学，按照启智学校召会机制转介到情绪行为管理组，评估后制定正向行为支持方案，教导替代行为，因此制定此目标)

续　表

| 教学目标<br>（以周活动为单位的教学目标） | 活　动　计　划 | 教学资源 |
|---|---|---|
| 1.3.1.1　在圆圈内等待至老师发“跑”的指令才开始跑步<br>1.4.1.1　在指定位置上完成三项任务才离开<br>2.3.1.1　能够遵守“3块代币才能兑换增强”的代币兑换规则以获得增强物 | 第一周<br>一、抽离课（个训）<br>1. 活动预告<br>2. 训练活动<br>（1）飞速小子（情景泛化到操场）<br>起点圆圈，懒人沙发放置在终点，学生站在圈里，等待老师发“跑”的指令，学生就冲到终点，老师给予奖励懒人沙发<br>（2）送图片宝宝回家（用篮子呈现工作的数量）<br>① 学生坐在椅子上完成运动会图片分类的任务，则获得1/3块增强图片（完成后没有休息时间）<br>② 凑齐整个奖励的图片就可以换取增强的活动（学生事先选择好的）<br>（3）音乐串串烧（三首律动）<br>① 学生站在圈里面跟着律动模仿老师的动作，时间半分钟，学生有站在圈里面并跟随做律动则获得1/2块增强物的图片<br>② 凑齐三块代币就可以换增强物<br>3. 总结<br>二、班级支持目标及策略<br>1. 班级支持目标<br>1.3.1.1　在圆圈内等待至老师发“跑”的指令才开始跑步<br>2. 支持策略<br>（1）用圆圈来作为学生等待区域的提示策略<br>（2）在晨间点名游戏活动中，老师拉长信号前的时间，直到说：跑，学生才能离开圆圈，跑进跑道<br>（3）主题活动同上，练习跑步的时候，给学生放置圆圈在起跑处，老师拉长信号前的时间，直到说：跑，学生才能离开圆圈，跑进跑道 | 跑道、懒人沙发、圆圈<br>运动会的相关图片<br>代币图片裁成三份，每次奖励1/3块<br>律动音乐——身体音阶歌、手指操、手臂运动 |

**续 表**

| 教学目标（以周活动为单位的教学目标） | 活动计划 | 教学资源 |
|---|---|---|
| 1.3.1.2 在圆圈内等待至听到老师的哨声指令才开始跑步<br>1.4.1.1 在位置上完成指定的三项任务才离开<br>2.3.1.2 能够遵守“3块代币才能兑换增强”的代币兑换规则以获得增强物（红花代表代币和1/3图片同时出现） | 第二周<br>一、抽离课<br>1. 活动预告<br>2. 训练活动<br>(1) 会听哨子的飞速小子<br>① 起点圆圈，学生站在圈里，等待老师吹哨子的声音，学生就冲到终点，老师给予奖励增强物的图片+红花<br>② 凑够完整图片才可以获得奖励<br>(2) 个人工作（用篮子呈现工作的数量，逐渐减少辅助，为其独立完成个人工作做准备）<br>学生坐在椅子上完成任务条上的任务，则获得1/3块增强图片+红花<br>3. 圆圈里的活动<br>(1) 学生站在圈里面投篮（投完筐里所有的球才可以离开），有站在圈里面则可以获得1/3块增强图片+红花<br>(2) 飞镖活动，学生站在圈里面投飞镖（投完篮子里所有的飞镖才可以离开），有站在圈里面则可以获得1/3块增强图片+红花<br>(3) 凑齐整个奖励的图片就可以换取增强的活动（学生事先选择好的）<br>4. 总结<br>二、班级支持目标及策略<br>1.3.1.1 在圆圈内等待至老师发“跑”的指令才开始跑步<br>支持策略：在运动保课练习巩固目标，方式如上周 | 代币图片裁成三份，每次奖励1/3块<br>红花兑换版<br>视觉提示——篮子<br>贴图片、拼板、图片配对<br>供选择的奖励图标 |
| 1.3.1.3 起点线等待至老师吹哨子的声音就开始跑步 | 第三周<br>一、抽离（小组）+1配合力很好的同伴（无目标）<br>1. 活动预告<br>2. 训练活动 | |

续　表

| 教学目标<br>（以周活动为单位的教学目标） | 活　动　计　划 | 教　学　资　源 |
| --- | --- | --- |
| 1.4.1.1　在位置上完成指定的三项任务才离开<br>1.4.1.3　圈里面等待老师给予伙伴奖励<br>2.3.1.3　能够遵守“3个红花才能兑换增强”的代币兑换规则以获得增强物（1/3图片不出现） | （1）弹跳球<br>起点线前用垫子作为提示，学生站在圈里，等待老师吹哨子的声音，学生就冲到终点，老师给予奖励红花<br>（2）袋鼠跳<br>玩法同上<br>（3）个人工作（用图标呈现工作的数量，逐渐减少辅助，为其独立完成个人工作做准备）<br>① 学生坐在椅子上完成任务条上的任务，则获得红花<br>② 集齐三个红花就可以兑换奖励，同伴兑换奖励时，另一个人要在旁边等待。也可以获得红花<br>二、班级支持目标<br>1.3.1.3　起点线等待至老师吹哨子的声音就开始跑步（结合主题跳跳跳的活动作泛化）<br>1.4.1.1　在指定位置上完成三项任务才离（在班级完成两项个人工作才离开位置）<br>支持策略：在学生空闲时间，例如午饭后或下课时，安排两项个人工作（情绪行为管理组老师协助班级老师准备好个人工作的内容选择及工作区位置安排），老师辅助学生操作个人工作的流程 | 弹跳球<br>袋鼠跳袋子<br>个人工作设置 |
| 1.4.1.2　能坐在位置上关注老师呈现的内容<br>1.4.1.4　圈里面等待伙伴完成活动（利用数数策略） | 第四周<br>一、抽离（个训、小组＋1配合力很好的同伴）<br>1. 活动预告<br>2. 训练活动<br>（1）轮流踢足球<br>两个人轮流踢足球，当同学踢的时候，能站在圈里面等待<br>兑换奖励时间（视觉流程图呈现） | 足球<br>运动会相关PPT |

续 表

| 教学目标<br>(以周活动为单位的教学目标) | 活 动 计 划 | 教 学 资 源 |
|---|---|---|
| 2.3.1.4 能坚持遵守规则到兑换环节才换取增强 | (2) 小眼睛看这里<br>坐在位置上看老师呈现的 PPT 教材,每个小环节有持续关注则给予奖励红花<br>(3) 兑换奖励时间(视觉流程图呈现)<br>3. 总结<br>二、班级支持目标<br>1.4.1.1 在指定位置上完成三项任务才离开(在班级完成两项个人工作才离开位置)<br>支持策略:如上周,老师要逐渐减少辅助,使其能更加独立完成个人工作;且老师可以假装不注意学生,使学生自我管理能力提升<br>1.4.1.4 能在圈里面等待伙伴完成活动(利用数数策略)<br>策略:在足球射门活动中,泛化站在圈里面等待的能力(可以用数数等策略) | |
| 1.4.1.2 能坐在位置上关注老师呈现的内容<br>1.4.1.4 在位置上等待伙伴完成活动<br>2.3.1.5 能坚持遵守规则到兑换环节才换取增强(减少兑换环节,拉长其等待获得增强的时间) | 第五周<br>一、抽离(个训、小组+1 配合力很好的同伴)<br>1. 活动预告<br>2. 训练活动<br>(1) 轮流转圆圈<br>两个人轮流转圆圈,转的时候,能站在圈里面等待<br>(2) 我是小观众<br>两个人轮流表演节目,同伴表演时,能坐在位置上看同伴表演节目<br>(3) 小眼睛看这里<br>坐在位置上看老师呈现的 PPT 教材,每个小环节有持续关注则给予奖励红花<br>(4) 兑换奖励时间(视觉流程图呈现)<br>3. 总结<br>二、班级支持目标<br>1.4.1.1 在指定位置上完成三项任务才离开<br>支持策略:如上周,老师要更加减少辅助,偶尔也可以假装离开学生 1—2 秒 | 圆圈<br><br>运动会相关 PPT |

续　表

| 教学目标（以周活动为单位的教学目标） | 活　动　计　划 | 教　学　资　源 |
|---|---|---|
| | 2.2.3.1.5　能坚持遵守规则到兑换环节才换取增强（使用红花维持其坐在椅子上观看同学比赛的时间）<br>支持策略：在主题活动中，设置轮流等待玩活动的环节，要求学生要在其他同学看比赛时，能坐在椅子上等待 | |
| 为运动会的各个环节学生的参与提供对应的支持策略 | 第六周<br>班级支持目标<br>1.3.1.3　起点线等待至老师吹哨子的声音就开始跑步<br>1.4.1.1　在指定位置上完成三项任务才离开<br>2.3.1.5　能坚持遵守规则到兑换环节才换取增强<br>支持策略：如上述几周<br>另外班级本周会就运动会进行彩排，这时需要对运动会的各个环节学生可能出现的问题作现场的策略建议 | 视觉规则提示卡——站圈里面、坐在椅子上奖励图片、红花等 |

评　鉴　表

| 行为训练目标 | 1周 | 2周 | 3周 | 4周 | 5周 | 6周 | 7周 |
|---|---|---|---|---|---|---|---|
| 1.3.1.1　在圆圈内等待至老师发“跑”的指令才开始跑步 | * | | | | | | |
| 1.3.1.2　在圆圈内等待至听到老师的哨声指令才开始跑步 | | * | | | | | |
| 1.3.1.3　起点线等待至老师吹哨子的声音就开始跑步 | | | * | | | | |
| 1.4.1.1　在指定位置上完成三项任务才离开 | * | * | | | | | |
| 1.4.1.2　能坐在位置上关注老师呈现的内容 | | | | * | * | | |
| 1.4.1.3　能站在圈里面等待老师给予伙伴奖励 | | | * | | | | |

续　表

| 行为训练目标 | 1周 | 2周 | 3周 | 4周 | 5周 | 6周 | 7周 |
|---|---|---|---|---|---|---|---|
| 1.4.1.4 能站在圈里面等待伙伴完成活动(利用数数策略) | | | | * | * | | |
| 2.3.1.1 能够遵守“3块代币才能兑换增强”的代币兑换规则以获得增强物(代币为增强物图片切割出来的) | * | | | | | | |
| 2.3.1.2 能够遵守“3块代币才能兑换增强”的代币兑换规则以获得增强物(红花代表代币和1/3图片同时出现) | | * | | | | | |
| 2.3.1.3 能够遵守“3个红花才能兑换增强”的代币兑换规则以获得增强物(1/3图片不出现) | | * | * | | | | |
| 2.3.1.4 能坚持遵守规则到兑换环节才换取增强(频繁设定兑换环节) | | * | | * | * | | |
| 2.3.1.5 能坚持遵守规则到兑换环节才换取增强(减少兑换环节,拉长其等待获得增强的时间) | | | | | * | | |

备注：标*号代表该学生有此目标。

**班级支持(目标泛化)目标与评鉴**

| 行为训练目标 | 1周 | 2周 | 3周 | 4周 | 5周 | 6周 | 7周 |
|---|---|---|---|---|---|---|---|
| 1.3.1.1 在圆圈内等待至老师发“跑”的指令才开始跑步 | * | * | | | | | |
| 1.3.1.3 起点线等待至老师吹哨子的声音就开始跑步 | | * | * | | | * | |
| 1.4.1.1 在指定位置上完成三项任务才离 | | | * | * | * | * | |
| 1.4.1.4 能在圈里面等待伙伴完成活动 | | | | * | | | |
| 2.3.1.5 能坚持遵守规则到兑换环节才换取增强 | | | | | * | * | |

备注：标*号代表该学生有此目标。

（二）抽离课教学活动设计

## “有趣的游戏”抽离课教学活动设计

执教者：黄绮玉

**教学内容分析：**

该生的问题在于规则的遵守和自我控制能力，而针对在指定位置活动（安坐/定点）这两个规则，相关的教学活动形式非常多，而我们希望学生在个训课学习到的能力能较好的泛化和应用到集体教学中，因此通过各种增强和代币的使用，结合班级日常教学活动形式和班级本阶段的运动会主题，设计了这一课。

**教学对象分析：**

明是一名自闭症学生，就读于本校二年级(3)班。该生因行为问题困扰其参与日常班级教学活动而由班级老师转介，至情绪管理组，从 2015 年 9 月开始情绪行为管理组介入，确定为正向行为支持个案。其问题行为是：个案上课离开位置，或跑离教室。行为的功能为逃避、注意力寻求。确定目标行为是：个案离开位置的行为每日减少至 3 次，并能保持连续 3 个月。该生有一定的语言理解能力，能理解简单直叙句和少量疑问句，能支持其理解简单的规则，但该生的规则遵守和自我控制能力有待加强。因此遵守规则，能安坐和定点是个训课的目标。

**教学目标：**

1. 教学目标。

(1) 能在定点等待至活动开始(坐/站)；

(2) 能在定点完成指定的任务(坐/站)；

(3) 能为了获得增强物而保持好行为到获得对应数量的代币(3 个)。

2. 活动目标：

| 活动名称 | 周　目　标 | 活　动　目　标 |
|---|---|---|
| 1. 跑步转圆圈 | 1.3.1.1　在圆圈内等待至老师发“跑”的指令才开始跑步 | 能在圈里面等待(5 秒)至起跑的信号 |

续 表

| 活动名称 | 周 目 标 | 活 动 目 标 |
|---|---|---|
| 2. 桌面活动 | 1.4.1.1 在指定位置上完成三项任务才离开 | 能安坐在位置上完成相应的操作活动(10 分钟) |
| 3. 音乐律动 | | 能站在圈里面完成音乐律动(2 节身体音阶歌) |
| 4. 奖励环节 | 2.3.1.1 能够遵守"3 块代币才能兑换增强"的代币兑换规则以获得增强物(代币为增强物图片切割出来的) | 能坚持完成桌面活动和音乐律动以得到 3 个代币 |

**教学重点、难点:**

重点:在圆圈内等待至老师发"跑"的指令才开始跑步。

在指定位置上完成三项任务才离开。

难点:能够遵守"3 块代币才能兑换增强"的代币兑换规则以获得增强物(代币为增强物图片切割出来的)。

**教学过程:**

| 教 学 过 程 | 设计意图及支持策略 |
|---|---|
| 1. 导入<br>(1) 建立常规(1 分钟)<br>学生进入教室,到座位上坐好,和老师问好,把自己的名字贴到红绿程序条上。<br>(2) 了解流程(3 分钟)<br>问好后,老师通过活动程序表向学生介绍今天的活动,并和学生一起选择活动的顺序。<br>2. 进行游戏(22 分钟)[按学生选择的顺序活动]<br>(1) 跑步转圆圈<br>老师跟学生一起摆好椅子、垫子和懒人沙发,接着商量玩的次数。介绍游戏规则。<br>游戏规则:学生听到名字必须在椅子上等待 5—10 秒钟(能力已掌握),等到老师说"某某准备时",学生就要到圈里站着准备,听到"跑"时,学生才能跑到懒人沙发那,老师随即奖励懒人沙发转圆圈。<br>游戏结束,请学生把图片贴到完成条上。 | 视觉策略——报到区<br>规范学生的课堂常规,提醒他现在开始上课了。<br>视觉策略——活动卡片<br>预告活动,给予学生选择的机会,促进他更主动的参与活动。<br><br>利用懒人沙发引发学生动机,告诉学生遵守活动的规则就可以奖励懒人沙发。<br>视觉策略——椅子、圈<br>提示其定点的位置。<br>视觉提示,让学生明白完成的概念。 |

续　表

| 教　学　过　程 | 设计意图及支持策略 |
| --- | --- |
| 预告下面的活动为桌面活动和音乐律动,按要求完成活动就可以获得红花,在奖励环节时可以换取喜欢的食物和活动。 | 预告奖励环节,引起动机。 |
| (2) 桌面活动(大概 10 分钟)<br>以个人工作的形式呈现操作活动的内容,学生只需按照程序安坐完成任务即可。个人工作后奖励红花。 | 视觉策略——个人工作项目<br>利用运动会的运动项目图片或器材图片做配对及分类活动。 |
| 活动完成,将个人工作的红花贴到奖励板,并把桌面活动的图片贴到完成栏。 | 使用代币制增强其安坐及完成任务的行为。 |
| (3) 音乐律动<br>学生站在圈里面,等待(大概 5 秒钟)活动开始,就可以得到红花,按要求完成 2 小节身体音阶歌的律动,也可以得到红花。 | 利用圆圈提示站的位置,利用音乐(身体音阶歌)提示活动的时间。 |
| 活动完成奖励红花,并把音乐律动的图片贴到完成栏。 | 视觉提示,让学生明白完成的概念<br>使用代币制增强其定点及模仿动作的行为。 |
| (4) 兑换奖励<br>清点红花是否贴满了,按照提示换取相应的食物或活动奖励。 | 视觉提示——奖励的兑换数量。<br>兑换红花,增强其配合的行为。 |
| 3. 总结(3 分钟)<br>回顾整个活动过程学生的表现,再次强调学生获得奖励的原因。 | 活动程序表——视觉策略。<br>引导学生回顾,巩固学生正向的行为获得奖励的经验记忆。 |
| 下课仪式,并强调学生“下课要穿鞋——回教室”。 | 预告下课后要做的事情,正向提示学生接下来的行为,减少其冲跑到其他地方的行为。 |

**评 鉴 表**

| 活动内容 | 活 动 目 标 | 完成情况 |
|---|---|---|
| 跑步转圆圈 | 能在圈里面等待(5秒)至起跑的信号 | |
| 音乐律动 | 能站在圈里面完成音乐律动(2小节身体音阶歌) | |
| 桌面活动 | 能安坐在位置上完成相应的操作活动(2节身体音阶歌) | |
| 奖励环节 | 能坚持完成桌面活动和音乐律动以得到3个代币 | |
| 0—完全困难或没有反应;1—在部分肢体协助下可以达成或偶有反应;2—需在辅具使用下可以独立完成或需口头提示下即可独立完成;3—独立完成且质量良好。 | | |

## 二、语言训练组

### (一) 专业组教学周计划

**2015学年上学期二年级(3)班某生(远)语训组教学周计划**

主题名称:快乐的运动会 日期:11月16日至12月27日 执教者:彭 飞 黄 桢

| IEP目标:<br>1. 能够仿说词汇<br>2. 能用图片表达需求 | | |
|---|---|---|
| 教学目标<br>(以周活动为单位的教学目标) | 活 动 计 划 | 教学资源 |
| 1. 能发出"p"的语音<br>2. 能用图片表示"我要喝水" | 第一周<br>抽离课:<br>1. 活动预告<br>2. 训练活动<br>(1) 动一动:练习缓慢呼气,吹纸片,练习"噗噗噗"<br>(2) 发音小游戏:感知语音、模仿发音——"p"<br>(3) 休息时间——拿出水壶、杯子、图片;引导学生拿图片给老师表示喝水,反复练习<br>(4) 复习"p"的语音发音,提示学生用图片表示<br>3. 总结<br>班级支持目标:1. 理解名词"跑步""排队"等<br>2. 能用图片表示"我要喝水" | 图片 |

续　表

| 教学目标<br>（以周活动为单位的教学目标） | 活　动　计　划 | 教学资源 |
|---|---|---|
| | 支持策略：<br>（1）班级主题课时，通过视频播放和图片展示，让学生指出与运动会相关的活动名词，如“运动会”“跑步”“排队”等<br>（2）运动与保健课时，通过活动参与和实物指认，让学生理解“排队”“跑步”等名词；运动后，老师提示，让学生能拿图片表示要喝水<br>（3）课间，通过老师提示，让学生能拿图片表示要喝水 | |
| 1．能发出含“p”的单音节词汇，如爬、婆、拍、跑等<br>2．能用图片表示“我要吃东西” | 第二周<br>抽离课：<br>1．活动预告<br>2．训练活动<br>（1）动一动：练习缓慢呼气，吹纸片、吹泡泡，练习发语音“p”<br>（2）发音小游戏：语音笔点按图片，老师示范练习模仿发音“爬”“婆”“拍”“跑”等<br>（3）休息时间——拿出零食（QQ 糖、紫菜）、图片引导学生拿图片给老师表示吃东西，反复练习<br>（4）复习含“p”的词汇发音，提示学生用图片表示吃东西<br>3．总结、收拾<br>班级支持目标：<br>（1）能理解名词：“运动会”“跑步”“篮球”等；<br>（2）能理解动词：“投”“接”“跑”“跳”<br>（3）能用图片表示“我要喝水”“我要吃东西”<br>（4）仿说“跑”<br>支持策略：<br>（1）班级主题课时，通过视频播放和图片展示，让学生指出与运动会相关的名词，“运动会”“篮球”“跑步”等；并仿说“跑”<br>（2）运动与保健课时，通过活动与示范，让学生理解“投”“接”“跑”等动词；并让学生在准备活动时仿说“投”<br>（3）课间，让学生能拿图片表示要喝水，老师提示下，让学生拿图片表示想吃东西 | 图片、语音笔 |

**续　表**

| 教学目标<br>（以周活动为单位的教学目标） | 活　动　计　划 | 教学资源 |
|---|---|---|
| | （4）在班级活动（午点）时，通过示范、练习、及时反馈，让学生用图片表示想吃东西 | |
| 1. 能发出含“p”的双音节词汇，如跑步、拍手、泡泡、拍球等<br>2. 能用图片表示“我要上厕所” | 第三周<br>抽离课：<br>1. 活动预告<br>2. 训练活动<br>（1）动一动：吹泡泡、感知语音“p”、练习发“p”音<br>（2）发音小游戏：语音笔点按图片，老师示范练习模仿发音，“跑步”“拍手”“泡泡”“拍球”等<br>（3）休息时间——引导学生拿图片给老师表示吃东西、喝水（给学生一些糖水）<br>（4）复习含“p”的词汇发音<br>3. 总结、收拾<br>引导学生拿图片表示“我要上厕所”<br>班级支持目标：<br>（1）能理解名词：“运动会”“跑步”“篮球”等<br>（2）能理解动词：“投”“接”“跑”“跳”<br>（3）能用图片表示“我要喝水”“我要吃东西”“我要上厕所”<br>（4）仿说“跑步”“拍球”等<br>支持策略：<br>（1）班级主题课时，通过视频播放和图片展示，让学生指出与运动会相关的名词，“运动会”“篮球”“跑步”等；仿说“跑步”“拍球”<br>（2）运动与保健课时，通过活动与示范，让学生理解“投”“接”“跑”“跳”等动词，并让学生在准备活动时仿说“投”<br>（3）课间，让学生能拿图片表示要喝水、吃东西，老师提示下，让学生拿图片表示去厕所<br>（4）午餐后/午休后，让学生拿图片表示想去厕所<br>（5）午点时，让学生能拿图片表示要喝水、吃东西 | 图片、语音笔 |

续　表

| 教学目标<br>（以周活动为单位的教学目标） | 活　动　计　划 | 教学资源 |
|---|---|---|
| 1. 能发出“t”的语音<br>2. 能用图片表示“我要休息一下” | 第四周<br>抽离课：<br>1. 活动预告<br>2. 训练活动<br>（1）动一动：舌头运动<br>（2）发音小游戏：感知语音、模仿发音——“t”<br>（3）音乐小律动，一起跳跳跳<br>休息时间——拿出图片；引导学生拿图片给老师表示休息一下，反复练习<br>3. 总结、收拾<br>班级支持目标：<br>（1）能理解名词：“足球”“篮球”等<br>（2）能理解动词：“拍”“投”“踢”等<br>（3）能用图片表示“我要休息一下”<br>支持策略：<br>（1）班级主题课时，通过视频播放和图片展示，让学生指出与运动会相关的名词，“运动会”“篮球”“跑步”“足球”等，通过实物展示和活动，让学生指认“篮球”“足球”等<br>（2）运动与保健课时，通过示范和动作练习，让学生理解“拍”“投”“踢”等动词<br>（3）课间，让学生能拿图片表示要喝水、吃东西、上厕所<br>（4）大课间活动、户外活动，老师提示下，让学生拿出图片表示休息一下 | 图片、音乐 |
| 1. 能发出含“t”的词汇，如跳、投、踢、停、投球、踢球等<br>2. 能用图片表示“我要写字” | 第五周<br>抽离课：<br>1. 活动预告<br>2. 训练活动<br>（1）动一动：练习舌头运动，练习发语音“t”<br>（2）发音小游戏：语音笔点按图片，老师示范练习模仿发音“跳”“投”“踢”“停”“投球”“踢球”等 | 图片、语音笔 |

续 表

| 教学目标<br>(以周活动为单位的教学目标) | 活 动 计 划 | 教学资源 |
|---|---|---|
| | (3) 休息时间——拿出纸、笔、图片;引导学生拿图片给老师表示要写字,反复练习<br>(4) 复习含"t"的词汇发音,提示学生用图片表示写字<br>3. 总结<br>班级支持目标:<br>(1) 能理解名词:"运动会""足球""篮球"等<br>(2) 能理解动词:"拍""投""踢"等<br>(3) 能用图片表示"我要写字"<br>(4) 能仿说"跳""踢""投"等<br>支持策略:<br>(1) 班级主题课时,通过统整活动,让学生指出与运动会相关的名词,"运动会""篮球""跑步""足球"等,活动中,通过示范,能仿说"跳""踢""投"等<br>(2) 运动与保健课时,通过示范和动作练习,让学生理解"投""跳""踢"等动词<br>(3) 晨点游戏时,通过音乐律动,让学生参与"跳"相关的活动,并仿说"跳"<br>(4) 课间,让学生能拿图片表示要喝水、吃东西、上厕所<br>(5) 午餐后/午点后,老师提示下,让学生拿出图片表示要写字(仿写班级、同学的名字等) | |
| 1. 能发出含"p"或"t"音的词汇<br>2. 能用图片表示自己的需求 | 第六周<br>抽离课:<br>1. 活动预告<br>2. 训练活动<br>(1) 动一动:吹泡泡、舌头运动,练习发"p""t"音<br>(2) 发音飞行棋:语音笔点按图片,跟着发含"p"或"t"音的词汇:"跑步""拍手""泡泡""拍球""跳""投""踢球"等<br>(3) 休息时间——学生拿图片给老师表示吃东西、喝水、休息一下、写字等<br>(4) 复习含"p""t"的词汇发音 | 图片、语音笔 |

续　表

| 教学目标（以周活动为单位的教学目标） | 活　动　计　划 | 教学资源 |
| --- | --- | --- |
| | 3. 收拾整理，学生拿图片表示“我要上厕所”<br>班级支持目标：<br>(1) 能理解名词：“运动会”“足球”“篮球”等<br>(2) 能理解动词：“投”“踢”“跳”等<br>(3) 能用图片表示“我要喝水”“我要吃东西”“我要上厕所”“我要休息一下”“我要写字”<br>(4) 能仿说“跑步”“拍球”“跳”“踢球”“投”等<br>支持策略：<br>(1) 统整活动时，通过活动参与，让学生指出与运动会相关的名词，“运动会”“篮球”“跑步”“足球”等；仿说“跑步”“拍球”“跳”“踢球”“投”等<br>(2) 运动与保健课时，通过体育运动，让学生理解“投”“跳”“踢”等动词<br>(3) 统整活动时，让学生拿图片表示需求：“我要喝水”“我要吃东西”“我要上厕所”“我要休息一下”“我要写字”等，老师给予及时回应 | |

评　鉴　表

| 教　学　目　标 | 第一周 | 第二周 | 第三周 | 第四周 | 第五周 | 第六周 |
| --- | --- | --- | --- | --- | --- | --- |
| 1. 能发出“p”的语音 | * | * | * | | | * |
| 2. 能用图片表示“我要喝水” | * | | | | | * |
| 3. 能发出含“p”的单音节词汇，如爬、婆、拍、跑等 | | * | | | | * |
| 4. 能用图片表示“我要吃东西” | | * | | | | * |
| 5. 能发出含“p”的双音节词汇，如跑步、拍手、泡泡、拍球等 | | | * | | | * |
| 6. 能用图片表示“我要上厕所” | | | * | | | * |
| 7. 能发出“t”的语音 | | | | * | * | * |
| 8. 能用图片表示“我要休息一下” | | | | * | | * |

续　表

| 教　学　目　标 | 第一周 | 第二周 | 第三周 | 第四周 | 第五周 | 第六周 |
|---|---|---|---|---|---|---|
| 9. 能发出含"t"的词汇，如跳、投、踢、停、投球、踢球等 | | | | | * | * |
| 10. 能用图片表示"我要写字" | | | | | * | * |
| 0—完全困难或没有反应；1—在部分肢体协助下可以达成或偶有反应；2—需在辅具使用下可以独立完成或需口头提示下即可独立完成；3—独立完成且质量良好。 | | | | | | |

备注：标 * 号代表该学生有此目标。

**班级支持目标评鉴表**

| 班级支持目标 | 第一周 | 第二周 | 第三周 | 第四周 | 第五周 | 第六周 |
|---|---|---|---|---|---|---|
| 1. 班级主题课/运动保健课时，学生能理解与运动会相关的名词"跑步""运动会"等 | * | | | | | |
| 2. 课间，能用图片表示"我要喝水" | * | | | | | * |
| 3. 班级主题课时，能理解名词："运动会""跑步""篮球"等 | | * | * | | | |
| 4. 运动与保健课时，能理解动词："投""接""跑""跳" | | * | * | | | |
| 5. 课间，能用图片表示"我要吃东西" | | * | | | | * |
| 6. 班级主题课时，能仿说"跑" | | * | | | | * |
| 7. 午餐后/午休后，学生能用图片表示想去厕所 | | | * | | | * |
| 8. 午点时，让学生能拿图片表示要喝水、吃东西 | | | * | | | * |
| 9. 班级主题课时，学生能仿说"跑步""拍球"等 | | | * | | | * |
| 10. 主题活动中，学生能理解出"篮球""足球"等名词 | | | | * | * | |
| 11. 运动与保健课时，学生能理解"拍""投""踢"等动词 | | | | * | * | |

续　表

| 班级支持目标 | 第一周 | 第二周 | 第三周 | 第四周 | 第五周 | 第六周 |
|---|---|---|---|---|---|---|
| 12. 大课间时，能用图片表示“我要休息一下” | | | | * | | * |
| 13. 晨点游戏时，学生能够理解“跳”，并仿说“跳” | | | | | * | * |
| 14. 午餐后/午点后，学生能拿出图片表示要写字 | | | | | * | * |
| 15. 班级主题课时，学生能仿说“跳”“踢”“投”等 | | | | | * | |
| 16. 统整活动时，学生能用图片表示需求，至少 3 种以上 | | | | | | * |
| 0—完全困难或没有反应；1—在部分肢体协助下可以达成或偶有反应；2—需在辅具使用下可以独立完成或需口头提示下即可独立完成；3—独立完成且质量良好。 | | | | | | |

备注：标 * 号代表该学生有此目标。

(二) 抽离课教学活动设计

## “快乐的运动会”教学设计

执教者：彭　飞　黄　桢

**教学内容分析：**

运动会是学校每年举办的体育活动，故把能发出含“p”的单音节词汇，如爬、婆、拍、跑等，能用图片表示“我要吃××。”能选为本周的语言训练课的学习内容。目前，应用在日常生活及学习中，以达到良好的生活品质及学习成效。

**教学对象分析：**

远是一名自闭症儿童，就读于二年级(3)班。语言理解方面：该生能对自己的名字有反应，能指认常见物品和班级活动流程，能理解身体部位名称，在环境中能够理解一步指令，但对理解物品的功能、两步指令、简单句、抽象词汇、复杂句、叙述性语言较为困难。语言表达方面：该生主要使用“声音+动作”进行表达，能够仿说词汇，但整体语音不清晰。沟通效度方面：该生沟通比较被动，能使用声音、手指、表情、自己拿取等方式表达需求、要求协助，但也时常用大叫、哭闹等表示，由于用口语表达的内容较少，缺乏适切的表达方式，沟通效度欠佳。

**教学目标：**

1. 能发出含"p"的单音节词汇，如爬、跑。
2. 能用图片表示"我要吃××"。

**教学重点、难点：**

重点：能准确发出"p"的单音节，"爬"和"跑"。

难点：能稳定地发出"p"音节。

**教学过程：**

| 教学过程 | 设计意图及支持策略 |
|---|---|
| 1. 活动预告<br>（1）暖身活动<br>一二三，猜猜我是谁，我是××，好，上课起立<br>（2）活动预告<br>老师通过活动程序表为学生介绍今天的活动内容<br>2. 训练活动<br>（1）动一动<br>让学生练习缓慢呼气，吹纸片、吹泡泡，练习发语音"p" | 课前，有一个固定的上课仪式作为暖身活动，可以减低自闭症学生的焦虑感并且让学生快速进入学习状态，让学生对本节课教学内容有整体的认知 |
| （2）发音小游戏<br>（a）老师先拿出学生已知的词卡"婆婆""拍手"等，让学生复习旧知识，提高学生发音的准确度 | 利用学生已知的发音，复习巩固发音，提高准确度 |
| （b）老师以学生熟悉的"婆婆""拍手"为线索，给学生讲故事今天，婆婆带小明去动物园，婆婆给小明吃葡萄，小明很高兴，不停的拍手，表示他的心情，他在猴子园里面看见小猴子爬到山上，跑来跑去（引入本节课"p"的发音，让学生发出"爬"和"跑"，提高准确度） | 利用学生感兴趣的形式，以故事的形式引出新的字，既巩固强化已知发音，又学习了新的字，使"p"的发音发准 |
| （c）老师示范使用语音笔，让学生点按图片，发音后跟读，当老师再讲一遍故事时，出现"爬"和"跑"这两个字的时候，学生能准确发音，并做动作 | 通过语音笔和老师的反复跟读练习，在听、读、玩等多方式地巩固新知识 |

续　表

| 教　学　过　程 | 设计意图及支持策略 |
|---|---|
| (3) 休息时间<br>拿出零食(葡萄干)、图片;引导学生拿图片给老师表示吃葡萄,反复练习<br>(4) 复习含“p”的词汇发音,提示学生用图片表示吃东西<br>3. 总结<br>实在太棒了,××真是一个聪明的好孩子。今天,我们玩了什么?对!真棒!回家后和爸爸妈妈把今天的这个小游戏一起玩一下 | 固定的下课仪式,帮助学生明白课已结束<br>潜移默化地引导学生总结所学内容,提升语言能力 |

评　鉴　表

| 目　　标 | 完成情况 |
|---|---|
| 1. 能准确发出“p”的单音节,“爬”和“跑” | |
| 2. 能用图片表示“我要吃××” | |
| 0—完全困难或没有反应;1—在部分肢体协助下可以达成或偶有反应;2—需在辅具使用下可以独立完成或需口头提示下即可独立完成;3—独立完成且质量良好。 | |

## 三、知觉动作组

### (一) 专业组教学周计划

**2015学年上学期二年级(3)班某生(斌)知觉动作组教学周计划**

主题名称:运动会　日期:11月20日至12月31日　执教者:邝艺清

| |
|---|
| IEP目标:<br>1.3.1　能触摸不同材质物品至少4种<br>1.3.2　能把玩不同材质的物品至少5分钟<br>2.1.1　能扶扶手上楼梯<br>3.1.1　能用手拿食物送进嘴巴<br>3.1.2　能在桌面上找到勺子吃饭 |

续 表

| 教学目标<br>（以周活动为单位的教学目标） | 活动计划 | 教学资源 |
| --- | --- | --- |
| 1. 能触碰不锈钢材质的物品<br>2. 能摸不锈钢材质的物品<br>3. 能触碰皮材质的球<br>4. 能摸皮材质的球<br>5. 能手扶不锈钢材质的物品 1 分钟<br>6. 能接受干毛巾触碰嘴和脸 3 秒<br>7. 能握住勺子至少 5 秒钟 | 第一周（11 月 20 日至 27 日）<br>一、抽离课<br>1. 热身活动<br>听音乐，做本体觉的活动，放松身体。之后老师用不同的材质触碰学生的脸部和手部。<br>2. 训练活动<br>（1）学生被动地碰不锈钢杯和皮球；<br>（2）学生被动地摸不锈钢杯和皮球；<br>（3）5 分钟的脸部按压游戏（用手部、干毛巾、纸巾）。<br>3. 放松活动<br>身体关节挤压。<br>二、班级支持策略<br>1. 经过走道与楼梯时用手触碰扶手行走<br>2. 用缓慢深压的方式为其擦嘴巴<br>3. 手握加粗的勺子进食 | 不锈钢材质物品<br>皮材质的球<br><br>干毛巾<br>纸巾<br><br>勺子 |
| 1. 能摸不锈钢的材质的物品维持 30 秒<br>2. 能用手抱皮材质的球至少 30 秒<br>3. 能手扶不锈钢材质的物品至少 30 秒钟<br>4. 能扶不锈钢扶手上 2 个阶梯<br>5. 嘴和脸能接受至少 3 秒触碰<br>6. 能握住勺子至少 5 秒 | 第二周（11 月 30 日至 12 月 4 日）<br>一、抽离课<br>学生从二楼课室步行至五楼知动教室上课，行走过程中要求其手扶不锈钢扶手上楼（能扶扶手上 2 个阶梯）。<br>1. 热身活动<br>听音乐，做本体觉的活动，放松身体。之后老师用不同的材质触碰学生的脸部和手部。<br>2. 训练活动<br>（1）游戏“我们一起碰一碰”，在音乐中，学生放松的情况下，碰触、摸各种不锈钢杯子、皮球等不锈钢材质和皮质的物品。<br>（2）用手部、干毛巾、纸巾等不同材质，对脸部进行按压，按压活动至少进行 5 分钟。<br>3. 放松活动<br>身体关节挤压、拍打放松。 | 不锈钢材质物品（杯子）<br>皮材质的球<br><br>干毛巾<br>纸巾<br><br>勺子 |

续　表

| 教学目标<br>（以周活动为单位的教学目标） | 活动计划 | 教学资源 |
| --- | --- | --- |
| | 二、班级支持策略<br>1. 经过走道与楼梯时用手触碰扶手行走<br>2. 用缓慢深压的方式为其擦嘴巴<br>3. 手握加粗的勺子进食 | 勺子 |
| 1. 能抱皮材质的球，维持1分钟<br>2. 能手扶不锈钢材质的物品，维持1分钟<br>3. 能扶扶手上2个阶梯<br>4. 嘴和脸能接受毛巾3秒的触碰<br>5. 能握勺子至少10秒 | 第三周（12月7日至11日）<br>周一、三、五<br>一、抽离课<br>学生从二楼课室步行至五楼知运教室上课，行走过程中老师协助学生手扶不锈钢扶手上下楼。<br>1. 身活动<br>听音乐，做本体觉的活动，放松身体。之后老师用不同的材质触碰学生的脸部和手部。<br>2. 训练活动<br>（1）“消防员”游戏，让学生拿取消防员的相关不同材质的物品，去“灭火”。<br>（2）“小猴爬树”游戏，让学生抱不同材质的球，包括皮质、钢质，去“爬树”，抱球的时间最少1分钟。<br>（3）进行脸部按压5分钟的游戏（用手部、干毛巾、纸巾）。<br>3. 放松活动<br>拥抱、重压，放松学生的全身肌肉。<br>二、班级支持策略<br>1. 经过走道与楼梯时用手触碰扶手行走<br>2. 用缓慢深压的方式为其擦嘴巴<br>3. 手握加粗的勺子进食 | 不锈钢材质物品（杯子）<br>皮材质的球<br>干毛巾<br>纸巾<br>勺子 |
| 1. 能抱皮材质的球，维持1分钟<br>2. 能手扶不锈钢材质的物品，维持1分钟<br>3. 能扶不锈钢扶手上2个阶梯<br>4. 嘴和脸能接受毛巾5秒的触碰<br>5. 能握勺子至少10秒 | 第四周（12月14日至18日）<br>周一、三、五<br>一、抽离课<br>学生从二楼课室步行至五楼知运教室上课，行走过程中老师协助学生手扶不锈钢扶手上下楼。<br>1. 热身活动<br>听音乐，做本体觉的活动，放松身体。之后老师用不同的材质触碰学生的脸部和手部。 | 不锈钢材质物品（杯子）<br>皮材质的球 |

续 表

| 教学目标<br>（以周活动为单位的教学目标） | 活动计划 | 教学资源 |
| --- | --- | --- |
| | 2. 训练活动<br>（1）“消防员”游戏，让学生能抱各种不同材质的球、管子等不同材质的物品去“灭火”。<br>（2）“小猴爬树”游戏，让学生抱各种不同材质的球，走到指定的位置，起点和树的距离要适当，中间行走的时间至少1分钟。<br>（3）用手部、干毛巾、纸巾对其进行脸部按压的游戏，至少5分钟。<br>3. 放松活动<br>身体关节挤压<br>二、班级支持策略<br>1. 经过走道与楼梯时用手触碰扶手行走<br>2. 用缓慢深压的方式为其擦嘴巴<br>3. 手握加粗的勺子进食 | 干毛巾<br>纸巾<br><br><br><br><br><br><br><br><br><br><br>勺子 |
| 1. 能抱不锈钢材质的物品，维持2分钟<br>2. 能抱皮材质的球，维持2分钟<br>3. 能手扶钢材材质的物品，维持2分钟<br>4. 能扶不锈钢扶手上4个阶梯<br>5. 嘴和脸能接受至少5秒的触碰<br>6. 能握勺子至少20秒 | 第五周（12月21日—12月25日）<br>周一、三、五<br>一、抽离课<br>学生从二楼课室步行至五楼知运教室上课，行走过程中老师协助学生手扶不锈钢扶手上下楼。<br>1. 热身活动<br>听音乐，做本体觉的活动，放松身体。之后老师用不同的材质触碰学生的脸部和手部。<br>2. 训练活动<br>（1）“猴子爬树”游戏，让学生爬不同材质的棍子，材质包括不锈钢、木质、塑料凳。<br>（2）“坐车抱球”游戏让学生抱各种不同材质的球，材料包括皮质、塑料、布等，抱球的时间至少2分钟。<br>（3）用手部、干毛巾、纸巾对学生进行脸部按压的游戏，游戏时间至少10分钟。 | 不锈钢材质物品（杯子）<br>皮材质的球<br><br><br><br><br><br><br><br>干毛巾<br>纸巾<br><br><br><br>勺子 |

续　表

| 教学目标（以周活动为单位的教学目标） | 活动计划 | 教学资源 |
|---|---|---|
| | 3. 放松活动<br>在音乐中，躺好，深呼吸，轻轻按摩其全身，之后对全身关节进行挤压。<br>二、班级支持策略<br>1. 经过走道与楼梯时用手触碰扶手行走<br>2. 用缓慢深压的方式为其擦嘴巴<br>3. 手握加粗的勺子进食 | |
| 1. 能手扶不锈钢材质的物品，维持3分钟<br>2. 能抱皮材质的球，维持2分钟<br>3. 能扶扶手上6个阶梯<br>4. 嘴和脸能接受至少10秒的触碰<br>5. 能握勺子至少20秒 | 第六周（12月28日至12月31日）<br>周一、三、五<br>一、抽离课<br>学生从二楼课室步行至五楼知运教室上课，行走过程中老师协助学生手扶不锈钢扶手上下楼。<br>1. 热身活动<br>听音乐，做本体觉的活动，放松身体。之后老师用不同的材质触碰学生的脸部和手部。<br>2. 训练活动（活动调整及进阶）<br>（1）"猴子爬树"游戏，让学生爬不同材质的棍子，材质包括不锈钢、木质、塑料凳。<br>（2）"坐车抱球"游戏让学生抱各种不同材质的球，材料包括皮质、塑料、布等，抱球的时间至少2分钟。<br>（3）用手部、干毛巾、纸巾对学生进行脸部按压的游戏，游戏时间至少10分钟。<br>3. 放松活动<br>听音乐，让其身体被动的向外延伸，活动其全身关节。<br>二、班级支持策略<br>1. 经过走道与楼梯时用手触碰扶手行走<br>2. 用缓慢深压的方式为其擦嘴巴<br>3. 手握加粗的勺子进食 | 不锈钢材质物品（杯子）<br>皮材质的球<br>饼干<br>干毛巾<br>纸巾<br>勺子 |

**评 鉴 表**

| IEP目标/本专业目标 | 学生：斌 | | | | | |
|---|---|---|---|---|---|---|
| | 1周 | 2周 | 3周 | 4周 | 5周 | 6周 |
| 1. 能触碰不锈钢材质的物品 | * | | | | | |
| 2. 能摸不锈钢材质的物品 | * | | | | | |
| 3. 能触碰皮材质的球 | * | | | | | |
| 4. 能摸皮材质的球 | * | | | | | |
| 5. 能手扶不锈钢材质的物品1分钟 | * | | | | | |
| 6. 嘴和脸能接受干毛巾至少3秒的触碰 | * | | | | | |
| 7. 能握住勺子至少5秒钟 | * | | | | | |
| 8. 能摸不锈钢的材质的物品30秒 | | * | | | | |
| 9. 能用手抱皮材质的球至少30秒 | | * | | | | |
| 10. 能手扶不锈钢材质的物品至少30秒 | | * | | | | |
| 11. 能扶不锈钢扶手上2个阶梯 | | * | * | | | |
| 12. 嘴和脸能接受至少3秒的触碰 | | * | * | | | |
| 13. 能握住勺子至少5秒 | | * | | | | |
| 14. 能抱皮材质的球，维持1分钟 | | | * | * | | |
| 15. 能手扶不锈钢材质的物品，维持1分钟 | | | * | * | | |
| 16. 能握勺子至少10秒 | | | * | * | | |
| 17. 嘴和脸能接受毛巾5秒的触碰 | | | | * | * | |
| 18. 能抱不锈钢材质的物品，维持2分钟 | | | | | * | |
| 19. 能抱皮材质的球，维持2分钟 | | | | | * | |
| 20. 能手扶钢材材质的物品，维持2分钟 | | | | | * | |
| 21. 能扶不锈钢扶手上4个阶梯 | | | | | * | |
| 22. 能握勺子至少20秒 | | | | | * | |
| 23. 能手扶不锈钢材质的物品，维持3分钟 | | | | | | * |
| 24. 能抱皮材质的球，维持2分钟 | | | | | | * |
| 25. 能扶扶手上6个阶梯 | | | | | | * |
| 26. 嘴和脸能接受至少10秒的触碰 | | | | | | * |

**班级支持目标评鉴表**

| 班级支持目标 | 学生：斌 | | | | | |
| --- | --- | --- | --- | --- | --- | --- |
| | 1周 | 2周 | 3周 | 4周 | 5周 | 6周 |
| 1. 经过走道与楼梯时能用手触碰扶手行走 | * | * | * | * | * | * |
| 2. 能接受用缓慢深压的方式为其擦嘴巴 | * | * | * | * | * | * |
| 3. 能手握加粗的勺子进食 | * | * | * | * | * | * |

（二）课堂教学活动设计

## “触觉游戏真好玩”抽离课教学活动设计

执教者：邝艺清

**教学内容分析：**

知觉训练课主要解决影响学生参与日常生活和学习的感知觉问题。斌是一名多重障碍的学生，经过观察和评估得出该生的主要问题是触觉比较敏感，尤其是手部触觉敏感，使其碰触、扶握、拿取物品有困难，严重影响其参与生活和学习，而脸部和嘴部的触觉敏感影响其进食与日常的清洁。综合分析，减弱手部和脸部、嘴部的敏感度是首要解决的问题。该生喜欢音乐，喜欢在游戏中玩耍。结合学生学习和生活的情景和班级教学主题，在教学中创设情景，让学生在游戏中，积累大量的触觉经验，降低触觉的敏感度，进而能够接受外界的刺激，适应生活上各种刺激，能达到好照顾的目标。

**教学对象分析：**

斌是男孩，7岁，是一名多重障碍的学生，有癫痫，现就读于二年级（3）班。该生双眼有光感、但无法辨识物品；听力损伤为：左耳40分贝，右耳30分贝；全身肌肉张力较低，肌耐力不足，容易疲惫；脸部、后脑勺、手部很敏感，拒绝碰触。对学生触觉感觉系统的修复，需要他不断的和环境进行接触。多种触觉活动可以让学生最大限度地提升触觉接受能力，从而使学生更好地学习和生活，对他的一生都起的重大的作用。由于学生的程度比较弱，所以在这节课主要解决学生能接受不同触觉刺激，并能维持较长时间。

**教学目标：**

(1) 能接受以手把玩物品至少 5 分钟

(2) 能手扶不锈钢材质的物品 3 分钟

(3) 能抱皮材质的球 20 秒

**教学重点、难点：**触觉减敏感，愿意触摸日常生活的物品。

**教学准备：**

不锈钢杯、皮球、毛巾、纸巾、不锈钢棍子、木棍、塑料棍子、塑料球、按摩球、篮球、足球。

**教学过程：**

| 教 学 过 程 | 设计意图及支持策略 |
|---|---|
| 一、暖身活动<br>进行身体触碰游戏(老师用不同的材质触碰学生的脸部和手部)。<br>(1) 老师一边唱歌一边用触觉刷触碰身体的头部、手部、腿部，在刷的过程要重压刷拭。<br>(2) 一二三，拍拍手，五六七，拍拍腿，上课问好！(老师握住学生手做) | 课前，有一个固定的上课仪式作为暖身活动，可以减低学生的焦虑感和适当的感觉快速进入接受外界的刺激。 |
| 二、课程预告<br>用实物的视觉提示向学生介绍上课的内容：钢质、木质、塑料的棍子表示要玩爬树的游戏活动；用车和篮球、足球表示要玩坐车抱球的游戏。 | 提醒他现在开始上课了。<br>让学生对本节课教学内容有整体的认知。 |
| 三、进行游戏<br>1. 猴子爬树游戏<br>(1) 把不锈钢棍、木质棍、塑料棍分别立起，学生先蹲姿手扶棍子手慢慢往上移动，直到身体站立起来，来回 5 次。<br>(2) 奖励环节，给予相应的强化物：食物、电动玩具、贴纸。<br>(3) 游戏结束，拍打学生的手部、脸部、腿部、让其放松，并预告下面的活动。<br>2. 坐车抱球游戏<br>(1) 游戏规则：学生分别抱不同材质的球：皮质球、塑料球，坐在滑板上移动一次，老师随即奖励，一共来回 5 次。<br>(2) 奖励环节，给予相应的强化物：食物、电动玩具、贴纸。 | 运用不同的材质的活动让学生活动增加触觉经验，从而顺利完成活动。 |

续　表

| 教　学　过　程 | 设计意图及支持策略 |
| --- | --- |
| (3) 游戏结束,拍打学生的手部、脸部、腿部、让其放松,并预告下面的活动。<br>3. 进行脸部按压10分钟的游戏(用手部、干毛巾、纸巾)<br>(1) 老师一边唱歌一边按压脸部,在按压过程要跟美容按摩一样的手法进行按摩。<br>(2) 奖励环节,给予相应的强化物:食物、电动玩具、贴纸<br>四、总结<br>(1) 放松,挤压游戏、全身触觉按摩游戏。<br>(2) 用拥抱的形式表示奖励,并下课。 | 放松主要活动的肌肉群以平衡触觉。<br><br>固定的下课仪式,帮助学生明白课已结束。 |

评　鉴　表

| 目　　标 | 1次 | 2次 | 3次 | 4次 | 5次 |
| --- | --- | --- | --- | --- | --- |
| 1. 能接受以手把玩物品至少5分钟 | | | | | |
| 2. 能手扶不锈钢材质的物品3分钟 | | | | | |
| 3. 能抱皮材质的球20秒 | | | | | |
| 0—完全困难或没有反应;1—在部分肢体协助下可以达成或偶有反应;2—需在辅具使用下可以独立完成或需口头提示下即可独立完成;3—独立完成且质量良好。 | | | | | |

## 四、动作康复组

### (一) 专业组教学周计划

**2015学年上学期二年级(3)班(妍)动作康复组教学周计划**

主题活动:运动会　日期:11月16日至1月2日　老师:梁琼予

| |
| --- |
| IEP目标<br>2.1.1　能坐适合其高度的半靠背椅子<br>2.1.2　能以手掌抓握物品<br>2.2.1　能翻身 |

续 表

| 教学目标<br>（以周活动为单位的教学目标） | 活动计划 | 教学资源 |
| --- | --- | --- |
| 1. 双手扶持盘腿手支撑坐至少 3 秒<br>2. 能在 10 度斜坡上仰卧翻身至俯卧<br>3. 能双手扶持手支撑至少 20 秒 | 第一周<br>一、抽离课<br>1. 热身活动：髋关节、膝关节、肩关节等关节放松，臀肌、小腿三头肌等牵拉。<br>2. 训练活动：<br>（1）靠滚筒站立。协助学生利用滚筒站立，同时协助学生用手抓放卡片。<br>（2）跪位手支撑听哨子。跪位手支撑时，以哨子的声音提醒学生进行头部的控制。<br>（3）听声音翻身找人。听哨声，学生根据哨声的方向，从小斜坡上翻身。<br>（4）盘腿手支撑坐。学生盘腿坐在地上，老师协助双手支撑于地面。<br>3. 放松活动：上下肢的拍打、按摩，使其放松。<br>二、班级支持目标与策略<br>1. 能稳定坐在摆位椅上：指导班级老师使用摆位椅，学生坐正后固定，以防止身体左右倾斜。<br>● 坐摆位椅时，固定带的顺序：先固定骨盆带，然后固定足踝带。<br>● 从摆位椅下来时，解固定带的顺序：先解足踝带，然后解骨盆带。<br>2. 提高头部的灵活度：上课时老师可以站在妍的侧边叫她的名字，增加妍转头的机会。 | 教学流程卡片、学生卡片、滚筒、哨子、斜垫 |
| 1. 双手协助盘腿手支撑坐至少 4 秒<br>2. 能在 10 度斜坡上仰卧翻身至俯卧 | 第二周<br>一、抽离课<br>1. 热身活动：髋关节、膝关节、肩关节等关节放松，臀肌、小腿三头肌等牵拉。<br>2. 训练活动：<br>（1）跨滚筒站立。学生站立姿，滚筒放置在学生两脚间。老师协助学生双上肢，使学生保持站立姿。<br>（2）仰卧起坐。学生仰卧姿，老师抓扶学生双上肢，让学生进行仰卧起坐。 | 教学流程卡片、学生卡片、滚筒、斜垫、篮球 |

续 表

| 教学目标（以周活动为单位的教学目标） | 活动计划 | 教学资源 |
|---|---|---|
| | (3) 与篮球比赛。学生由仰卧从小斜坡上翻身，与滚动的篮球比赛。<br>(4) 盘腿手支撑坐。学生盘腿坐在地上，老师协助双手支撑于地面。<br>3. 放松活动。上下肢的拍打、按摩，使其放松。<br>二、班级支持目标与策略<br>1. 能稳定坐在摆位椅上：指导班级老师使用摆位椅，学生坐正后固定，以防止身体左右倾斜。<br>● 坐摆位椅时，固定带的顺序：先固定骨盆带，然后固定足踝带。<br>● 从摆位椅下来时，解固定带的顺序：先解足踝带，然后解骨盆带。<br>2. 提高头部的灵活度：上课时老师可以站在妍的侧边叫她的名字，增加妍转头的机会。 | |
| 1. 能在协助下坐在球上<br>2. 能在5度斜坡上仰卧翻身至俯卧 | 第三周<br>一、抽离课<br>1. 热身活动：髋关节、膝关节、肩关节等关节放松，臀肌、小腿三头肌等牵拉。<br>2. 训练活动：<br>(1) 站立发令。老师协助学生双上肢，使学生能直立站立。学生抓拿小红旗当发令员。老师协助学生挥动红旗以示发令。<br>(2) 滚斜坡。学生在斜坡最高点，根据校运会音乐的节奏开始翻滚。<br>(3) 球上弹跳。学生在老师协助下坐在球上，老师协助学生坐在球上适时进行跳的活动。老师控制球往不同的方向移动，让学生在不同方向进行坐位弹跳。<br>3. 放松活动。上下肢的拍打、按摩，使其放松。 | |

续　表

| 教学目标<br>（以周活动为单位的教学目标） | 活动计划 | 教学资源 |
| --- | --- | --- |
| | 二、班级支持目标与策略<br>1. 能稳定坐在摆位椅上：指导班级老师使用摆位椅，学生坐正后固定，以防止身体左右倾斜。<br>● 坐摆位椅时，固定带的顺序：先固定骨盆带，然后固定足踝带。<br>● 从摆位椅下来时，解固定带的顺序：先解足踝带，然后解骨盆带。<br>2. 提高头部的灵活度：上课时老师可以站在妍的侧边叫她的名字，增加妍转头的机会。<br>3. 提升上肢的力量：问好或再见等活动时，让学生举手示意。 | |
| 1. 能在协助下，在滚筒上坐至少5秒<br>2. 能在协助下在球上进行180度翻身<br>3. 能拿物品在手上保持至少3秒 | 第四周<br>一、抽离课<br>1. 热身活动：髋关节、膝关节、肩关节等关节放松，臀肌、小腿三头肌等牵拉。<br>2. 训练活动：<br>（1）协助性站立：老师协助学生利用滚筒站立，同时引导学生举手碰悬挂的球。<br>（2）球上小翻身：老师协助学生在球上做180度的翻身。学生由仰卧姿翻身至俯卧姿，或由俯卧姿翻身至仰卧姿。<br>（3）滚筒上的坐位平衡：老师协助学生坐于滚筒上，同时协助学生双手抓拿小纸球学，老师滚动滚筒，学生保持头的直立。<br>3. 放松活动。上下肢的拍打、按摩，使其放松。<br>二、班级支持目标与策略<br>1. 能稳定坐在摆位椅上：指导班级老师使用摆位椅，学生坐正后固定，以防止身体左右倾斜。<br>● 坐摆位椅时，固定带的顺序：先固定骨盆带，然后固定足踝带。<br>● 从摆位椅下来时，解固定带的顺序：先解足踝带，然后解骨盆带。 | |

**续　表**

| 教学目标<br>（以周活动为单位的教学目标） | 活动计划 | 教学资源 |
| --- | --- | --- |
| | 2. 提高头部的灵活度：上课时老师可以站在妍的侧边叫她的名字，增加妍转头的机会。<br>3. 提高用手抓握物品的能力：老师用物品去碰学生的手掌处，并辅助学生用手握住物品。<br>4. 提升上肢的力量：问好或再见等活动时，让学生举手示意。 | |
| 1. 能在墙壁夹角坐至少 30 秒<br>2. 能在 5 度斜坡上俯卧翻身至仰卧 | 第五周<br>一、抽离课<br>1. 热身活动：髋关节、膝关节、肩关节等关节放松，臀肌、小腿三头肌等牵拉。<br>2. 训练活动：<br>（1）推球。老师协助学生直立站立，学生碰推平放在学生前方的球，使球滚落到地面。<br>（2）翻身。学生手抓拿小纸球，同时根据老师的声音进行翻身练习。<br>（3）球过山洞。学生跪位手支撑，让球在学生四点支撑的空隙中滚动。<br>（4）墙角坐。老师协助学生盘腿坐于墙角的，老师用足球与学生互动，让学生能保持头直立。<br>3. 放松活动。上下肢的拍打、按摩，使其放松。<br>二、班级支持目标与策略<br>1. 能稳定坐在摆位椅上：指导班级老师使用摆位椅，学生坐正后固定，以防止身体左右倾斜。<br>● 坐摆位椅时，固定带的顺序：先固定骨盆带，然后固定足踝带。<br>● 从摆位椅下来时，解固定带的顺序：先解足踝带，然后解骨盆带。<br>2. 提高头部的灵活度：上课时老师可以站在妍的侧边叫她的名字，增加妍转头的机会。 | |

续 表

| 教学目标<br>（以周活动为单位的教学目标） | 活动计划 | 教学资源 |
|---|---|---|
| | 3. 提高用手抓握物品的能力：老师用物品去碰学生的手掌处，并辅助学生用手握住物品。<br>4. 提升上肢的力量。问好或再见等活动时，让学生举手示意。 | |
| 1. 双手被动扶持下能坐无靠背椅子至少5秒<br>2. 协助肩关节，能进行360度翻身<br>3. 能拿物品在手上至少保持5秒 | 第六周<br>一、抽离课：<br>1. 热身活动：髋关节、膝关节、肩关节等关节放松，臀肌、小腿三头肌等牵拉。<br>2. 训练活动：<br>（1）蹲。老师协助学生蹲于地面上，老师协助学生抓拿铃铛在手中。<br>（2）与篮球比赛。学生与滚动的篮球进行翻身的比赛。<br>（3）“看电影”。协助学生坐于软垫上，同时观看运动会相关视频。适当给予学生一些讲解。<br>3. 放松活动。上下肢的拍打、按摩，使其放松。<br>二、班级支持目标与策略<br>1. 能稳定坐在摆位椅上：指导班级老师使用摆位椅，学生坐正后固定，以防止身体左右倾斜。<br>● 坐摆位椅时，固定带的顺序：先固定骨盆带，然后固定足踝带。<br>● 从摆位椅下来时，解固定带的顺序：先解足踝带，然后解骨盆带。<br>2. 提高头部的灵活度：上课时老师可以站在妍的侧边叫她的名字，增加妍转头的机会。<br>3. 提高用手抓握物品的能力：老师用物品去碰学生的手掌处，并辅助学生用手握住物品。<br>4. 提升上肢的力量：让学生以上肢过中线的形式与老师打招呼或拍掌。 | 教学流程卡片、学生卡片、滚筒、大龙湫、小红旗 |

**续　表**

| 教学目标<br>(以周活动为单位的教学目标) | 活动计划 | 教学资源 |
|---|---|---|
| 1. 双手被动扶持下坐无靠背椅子至少 8 秒<br>2. 协助上肢,能进行 360 度翻身<br>3. 能抓拿物品在手中保持至少 7 秒 | 第七周<br>一、抽离课:<br>1. 热身活动:髋关节、膝关节、肩关节等节放松,臀肌、小腿三头肌等牵拉。<br>2. 训练活动:<br>(1) 站立抱球。老师协助学生直立站立。协助学生对悬挂的球进行抓抱。<br>(2) 翻身到终点。简单设置一条小赛跑道,学生以翻身的形式到达终点。<br>(3) 拍球。学生坐于滚筒上,手后撑于滚筒上,一侧上肢支撑,老师协助学生另一侧上肢进行拍打悬空在上方的球。<br>(4) 电影播放员。协助学生坐在软垫上,学生双手触碰运动会相关视频,并协助学生停、放视频。<br>3. 放松活动。<br>二、班级支持目标与策略<br>1. 能稳定坐在摆位椅上:指导班级老师使用摆位椅,学生坐正后固定,以防止身体左右倾斜。<br>● 坐摆位椅时,固定带的顺序:先固定骨盆带,然后固定足踝带。<br>● 从摆位椅下来时,解固定带的顺序:先解足踝带,然后解骨盆带。<br>2. 提高头部的灵活度:上课时老师可以站在妍的侧边叫她的名字,增加妍转头的机会。<br>3. 提高用手抓握物品的能力:老师用物品去碰学生的手掌处,并辅助学生用手握住物品。<br>4. 提升上肢的力量:让学生以上肢过中线的形式与老师打招呼或拍掌。<br>5. 能打开虎口抓握物品:让学生抓握稍微小于手掌的物品,如学生的饭勺、小型双头铃铛等。 | 教学流程卡、学生卡片、滚筒、大龙球、球 |

**评 鉴 表**

| 教学目标 | 第一周 | 第二周 | 第三周 | 第四周 | 第五周 | 第六周 | 第七周 |
|---|---|---|---|---|---|---|---|
| 1. 双手扶持盘腿手支撑坐至少3秒 | * | | | | | | |
| 2. 能在10度斜坡上仰卧翻身至俯卧 | * | | | | | | |
| 3. 能双手扶持手支撑至少20秒 | * | | | | | | |
| 4. 双手协助盘腿手支撑坐至少5秒 | | * | | | | | |
| 5. 能在10度斜坡上俯卧翻身至仰卧 | | * | | | | | |
| 6. 能在协助下坐在球上 | | | * | | | | |
| 7. 能在5度斜坡上仰卧翻身至俯卧 | | | * | | | | |
| 8. 能在协助下，在滚筒上坐至少5秒 | | | | * | | | |
| 9. 能在协助下在球上进行180度翻身 | | | | * | | | |
| 10. 能拿物品在手上保持至少3秒 | | | | * | | | |
| 11. 能在墙角坐至少30秒 | | | | | * | | |
| 12. 能在5度斜坡上俯卧翻身至仰卧 | | | | | * | | |
| 13. 双手被动扶持下能坐无靠背椅子至少5秒 | | | | | | * | |
| 14. 协助肩关节，能进行360度翻身 | | | | | | * | |
| 15. 能拿物品在手上至少保持5秒 | | | | | | * | |
| 16. 双手被动扶持下坐无靠背椅子至少8秒 | | | | | | | * |

续　表

| 教学目标 | 第一周 | 第二周 | 第三周 | 第四周 | 第五周 | 第六周 | 第七周 |
|---|---|---|---|---|---|---|---|
| 17. 协助上肢，能进行 360 度翻身 | | | | | | | * |
| 19. 能抓取物品保持至少 7 秒 | | | | | | | * |
| 0—完全困难或没有反应；1—在部分肢体协助下可以达成或偶有反应；2—需在辅具使用下可以独立完成或需口头提示下即可独立完成；3—独立完成且质量良好。 | | | | | | | |

备注：标 * 号代表该学生有此目标。

班级支持目标评鉴表

| 班级支持目标 | 第一周 | 第二周 | 第三周 | 第四周 | 第五周 | 第六周 | 第七周 |
|---|---|---|---|---|---|---|---|
| 1. 能稳定坐 | * | | | | | | |
| 2. 能稳定坐在摆位椅上 | | * | | | | | |
| 3. 提高手掌的抓握能力 | | | * | | | | |
| 4. 提高上肢的力量 | | | | * | | | |
| 5. 提高头的灵活度(加强翻身灵活度) | | | | | * | | |
| 6. 加强上肢的活动度 | | | | | | * | |
| 0—完全困难或没有反应；1—在部分肢体协助下可以达成或偶有反应；2—需在辅具使用下可以独立完成或需口头提示下即可独立完成；3—独立完成且质量良好。 | | | | | | | |

备注：标 * 号代表该学生有此目标。

### (二) 抽离课教学活动设计

## “站立与翻身”抽离课教学设计

执教者：梁琼予

**教学对象分析：**

妍是一名脑瘫学生，女，7 岁，现就读于本校二年级(3)班。动作障碍是该生的主要问题。该生类型为是痉挛型，四肢瘫。目前能力为：能抬头，能由侧卧翻身至仰卧；有追视能力；双手能伸手触碰；无口语，但能理解一些简单日常指令，如看、抬手、举起来、吃等。

**教学内容分析：**

如上所述，该生的主要问题是动作障碍。尽管该生能从侧面翻身，但未能完成180°的翻身，且独立坐的能力尚未发展，同时，该生手部的抓握能力欠佳不是很好。故根据该生的情况，对其躯干肌肉力量和手部抓握能力进行加强。根据学生情况，结合班级日常教学活动形式和班级本阶段的主题，设计了本节课。

**教学目标：**

1. 提升躯干肌肉力量；
2. 能做仰卧翻身至俯卧的姿势转换；
3. 抓拿小豆袋。

**教学重点难点：**

重点：提升躯干肌肉力量。

难点：

1. 能做仰卧翻身至俯卧的姿势转换；
2. 抓拿小豆袋。

**教学资源：**

1. 学生姓名卡片。
2. 各活动的视觉提示卡片(5张)、活动程序表1张。
3. 滚筒一个、小豆袋一个、体操垫一张、视频。

**教学过程：**

| 教学过程 | 设计意图及支持策略 |
| --- | --- |
| 1. 导入部分<br>师生问好，介绍本节课的流程。点名：学生认读自己的卡片。 | 视觉使用，抓拿卡片。 |
| 2. 热身活动：各关节放松，牵拉<br>教师对学生进行肩关节、髋关节、膝关节、踝关节的进行简单的放松，以及对学生进行臀肌、髂腰肌、内收肌、小腿三头肌等肌肉的牵拉。 | 热身活动，放松各关节，防止运动损伤。同时能使学生的关节及相关肌肉能快速进行运动状态。 |
| 3. 训练活动<br>(1) 手后撑<br>学生坐于地面上，双手协助支撑于身后。使学生头脸保持在正前方。 | 手后撑，加强学生的上肢力量，为学生的抓握作准备。 |

**续　表**

| 教　学　过　程 | 设计意图及支持策略 |
| --- | --- |
| （2）协助性站立<br>学生手拿小豆袋，站立姿势下，在其腋下放置滚筒，使其双手平放，教师稳定其上肢，使学生保持站立姿势。<br>老师与学生进行互动。 | 协助性站立，使其保持抓拿小豆袋的状态。站立的训练使学生的躯干的伸直得到加强，对学生的坐位稳定性控制有帮助。抓拿小豆袋，促进抓握能力。 |
| 4. 综合活动<br>（1）比一比<br>学生和教师比一比看谁翻身最快。学生和老师一起躺好，在老师说开始的时候，学生和老师一起翻身。教师要依据学生的情况，而调整自己的速度。 | 翻身的练习，加强学生的翻身能力，与教师比赛，同时也给予学生简单的竞赛概念。 |
| （2）观看视频<br>学生双手被动扶持支撑坐在垫子上，看学生喜欢的视频。或一手支撑，另一手指向视频播放的内容，与学生进行互动。 | 使学生完成双手被动扶持下坐无靠背椅子至少 10 秒的目标。加入视频能让学生对训练的活动更加感兴趣，同时与其班级主题相结合。 |
| 5. 整理放松活动<br>上下肢的拍打、按摩，使其放松。 | 上肢肌肉、关节拍打按摩，下肢肌肉、关节拍打按摩，让学生在训练后相关肌肉能得到放松。 |
| 6. 结束部分<br>（1）小结　（2）食物奖励　（3）师生再见 | 回顾本节课内容。 |

**评　鉴　表**

| 活动内容 | 目　　标 | 完成情况 |
| --- | --- | --- |
| 手后撑 | 提高躯干肌肉力量 | |
| 协助性站立 | 提高躯干肌肉力量 | |
| | 抓拿小豆袋 | |
| 比一比 | 能做仰卧翻身至俯卧的姿势转换 | |
| 观看视频 | 提升躯干肌肉力量 | |
| 0—完全困难或没有反应；1—在部分肢体协助下可以达成或偶有反应；2—需在辅具使用下可以独立完成或需口头提示下即可独立完成；3—独立完成且质量良好。 | | |

| 第三章 |

# 中年部的运动会主题实施

## 第一节　班级教学活动设计

### 一、班级目标汇总表(见附件 3－1)

### 二、班级学期教学计划表(见附件 3－2)

### 三、班级主题树(见附件 3－3)

### 四、主题教学活动周计划

**2015 学年上学期五年级(1)班主题活动设计**

主题名称：神采奕奕运动会　日期：11 月 2 日至 12 月 31 日

执教者：苏燕芳、黎嘉妍、余娟瑜

| 教学目标<br>(以周活动为单位的教学目标) | 活　动　计　划 | 教学资源 |
|---|---|---|
| 4.4.2　能描写字词(子、正、月、尚)：神采奕奕、我、自己<br>5.3.1　能用简单句告知事件(月、尚、姿)：我要参加运动会<br>4.3.2　能描写数字 1、2(桂) | 第一周(11 月 2 日至 6 日)：班级风采<br>活动一：回顾校运会<br>回顾往年运动会的照片、视频，预告这两个月的主题内容，预告运动会的具体时间并且在日历表中标识。<br>A 组：根据照片或视频，能用简单句分享；<br>B 组：根据照片或视频，能用短语分享； | 往年运动会的视频、图片 |

**续　表**

<table>
<tr><th>教学目标<br>（以周活动为单位的教学目标）</th><th>活　动　计　划</th><th>教学资源</th></tr>
<tr><td>5.1.1　增加动、名词理解的量（子、桂、聪）：参加、写、我、数字、卡片<br>4.3.1　能在指定范围内握笔着色（桂）：能在一张卡纸上涂色<br>5.1.1　增加动、名词理解的量（潘、心）：涂、贴、颜色笔、我、双面胶<br>4.3.1　能在指定范围内握笔着色（心）：能在一张卡纸上涂色</td><td>C组：能指认图片或模仿动作。<br>活动二：讨论班级风采的题材、内容<br>(1) 回顾往年运动会的海报、班牌。<br>(2) 引导学生了解班级风采的内容，包括：大小海报、班牌、口号以及倒计时牌等。<br>A组：能够讨论大小海报、班牌、口号，倒计时牌题材、风格、内容等，并确定内容。（写）<br>B组：能指认大小海报、班牌、口号、倒计时牌等。<br>C组：能参照手势拿取相应的图片。<br>活动三：制作班级风采<br>(1) 讨论确定班级风采的具体内容、用途和做法。<br>(2) 分组制作班级风采相关海报。<br><table><tr><th>名　称</th><th>学　生</th><th>内　容</th></tr><tr><td>倒计时牌<br>（黎T）</td><td>桂、聪</td><td>描写数字，10以内涂色，数字卡片制作</td></tr><tr><td>大宣传海报（苏T）</td><td>月、尚、子、勇</td><td>涂色，简单句告知做了什么</td></tr><tr><td>小宣传海报（大陈T）</td><td>姿、正</td><td>表达个人需求，用一种颜色的绳子捆绑成图</td></tr><tr><td>班牌（小陈T）</td><td>心、潘</td><td>手撑地涂色</td></tr></table>A组：自行创作或选择图案。<br>B组：将完成的图案裁剪和涂色。<br>C组：在辅助下将已完成的图案粘贴到班级文化上。</td><td>往年宣传海报的相关图片<br><br>打印海报的字卡、图片、数字</td></tr>
</table>

**续 表**

| 教学目标<br>（以周活动为单位的教学目标） | 活 动 计 划 | 教学资源 |
|---|---|---|
| 5.1.1 增加含连接词复杂句理解的量（月、尚）：先……再……<br>4.1.1 能做数与量的配对（姿 1—4）<br>4.2.1 能点数 4 以内的数量（勇）<br>5.1.1 增加方位词理解的量，至少 6 个（勇）：左右<br>4.3.1 能认读生活中的数字（桂、聪）：1，2，3<br>2.2.1 能够进行上肢抬举活动至少 1 分钟（桂）：举空气棒<br>5.1.1 增加理解名词及动词的量（子、桂、聪）：半蹲、向左走、向右走、拉圈<br>2.2.2 能进行手脚交替活动，如踏步、早操（潘、心）：原地踏步<br>2.2.1 能够进行上肢抬举活动至少 10 秒（潘）：举空气棒<br>5.1.1 增加理解名词及动词的量（潘、心）<br>潘：举高、站点、放下、充气棒<br>心：向前滑、举高、挥动、彩带<br>4.1.1 能做数与量的配对（心—2） | 第二周（11 月 9 日至 13 日）：我们能做好运动会出场仪式<br>活动一：回顾往年的出场仪式<br>（1）预告本周的内容，回顾往年运动会出场仪式。<br>（2）学生分组表达往年出场式中大家所做的动作或用到的道具。<br>A 组：能用“我在________”“我拿着________”表达。<br>B 组：提示下，能说出动作或道具名称。<br>C 组：听指令，做动作：踏步、侧并步、上举。<br>活动二：讨论今年的出场仪式<br>（1）讨论本次运动会的出场式，投票并确定出场音乐。<br>（2）讨论出场仪式的动作，并编排成整体效果。<br>A 组：结合动作，理解“先……再……”。<br>B 组：理解相关的动词。<br>C 组：在辅助下，能配合做出相应的动作。<br>活动三：练习出场式<br>（1）游戏活动：练习出场式的基本动作——抢凳子、碰屁股、过山洞。<br>（2）分组练习出场式。<br>A 组：跟随音乐节奏，独立完成出场式的动作。<br>B 组：在视觉图片的提示下，做出场式的动作。<br>C 组：在辅助下，听从指令做举起物品的动作。<br>活动四：出场口号<br>（1）讨论并确定口号的内容，人员分工安排。<br>（2）分组练习出场口号。<br>A 组：能声音响亮、清晰地背出口号内容。 | 往年出场式视频<br><br>动作图卡<br><br>拍摄出场仪式的效果视频<br><br>神秘箱<br><br>4 数字卡片（4 以内） |

续　表

| 教学目标<br>(以周活动为单位的<br>教学目标) | 活　动　计　划 | 教学资源 |
| --- | --- | --- |
| | B组：能根据提示读出口号内容。<br>C组：能根据口号内容，做简单的模仿动作。<br>活动五：出场仪式的排练<br>全班学生在音乐伴奏下，排练完整的出场仪式，包括动作、口号。 | |
| 5.2　增加复杂句理解的量(正、月、尚)：不但……而且……<br>4.2.2　能以字卡回答问题(姿)：运动员、观众、工作人员、职责<br>5.2.2　能理解动宾短语(聪)：做运动、看比赛<br>5.1.1　增加理解名词及动词的量(子、桂、聪)：运动员、观众、工作人员，运动、加油、指挥<br>5.1.1　增加方位词理解的量(勇)：前后<br>5.1.1　增加理解名词及动词的量(潘、心)：运动员、观众、跑、拍<br>4.3.1　能做2以内数与量的配对(心) | 第三周(11月16日至20日)：认识角色<br>活动一：认识运动会的角色<br>(1) 回顾往年学生担任了运动会哪些角色。<br>(2) 认识运动会有运动员、工作人员和观众等角色。<br>A组：知道运动会有不同的角色。<br>B组：知道自己担任了什么角色。<br>C组：在辅助下，了解自己的角色。<br>活动二：认识运动会工作人员<br>(1) 回顾往年运动会工作人员的情况。<br>(2) 了解运动会招聘哪些工作人员、工作的内容及职责。<br>(3) 认识运动会工作人员：裁判员、检录员、发令员、计时员、计分员的名称、工作任务等。<br>A组：知道工作人员对应的工作岗位和任务。<br>B组：能够用图片将工作岗位与工作任务进行配对。<br>C组：指出工作人员。<br>(4) 认识工作人员的穿着。<br>(5) 认识工作人员的服装特征：短袖套头无领T恤，黄底黑字。<br>A组：知道并能够简单说出工作人员的服装特征。<br>B组：了解工作人员的穿着。<br>C组：在简单背景下找到工作人员。<br>活动三：认识运动员<br>(1) 回顾学生往年参加了哪些运动项目。<br>(2) 复习运动会工作人员。 | 往年运动会的视频、图片<br><br>角色名称字卡<br><br>角色的识别照片、视频<br>健康表<br><br>各项目比赛视频 |

续 表

| 教学目标<br>(以周活动为单位的教学目标) | 活 动 计 划 | 教学资源 |
|---|---|---|
| | (3) 了解运动项目,比赛的内容、规则和要求。<br>(4) 知道运动会有运动员和工作人员等角色。<br>A组:知道不同角色不承担的任务不同。<br>B组:能区分运动员和工作人员。<br>C组:会向班级工作人员求助。<br>(5) 学生分组练习。 | |
| 5.1.1 能理解含副词的复杂句(正):每人……每个项目……<br>4.1.1 能做数与量的配对(姿:5以内)<br>6.2.2 能遵守游戏规则(月、姿、颖、正、尚):报名参加运动会的规则(每人都要参加,每人报2项)<br>5.3.1 能用简单句告知事件(子、月、姿、尚):人物<br>4.2.1 能做4以内的点数(勇)<br>4.3.1 能认读生活中的数字(桂、聪):1,2,3<br>4.3.1 能指认图卡(勇):接力、跳远、篮球运球<br>5.1.2 增加数量词理解的量(勇):2个、2名、2条 | 第四周(11月23日至27日):我是一名运动员<br>活动一:复习出场仪式<br>活动二:认识运动项目及要求<br>(1) 预告两周主题:"我是一名运动员",引起学生的动机。<br>(2) 回顾往年比赛情况,认识运动项目。<br>(3) 分组学习。<br>A组:看图说出自己参加过的运动项目。<br>B组:在动作提示下,表达自己参加过的运动项目。<br>C组:训练交替动作。<br>(4) 认识运动会的项目有跑步类、跳远类的项目。<br>A组:能说出运动项目的名称并做出相关的动作。<br>B组:能进行图片与动作的配对。<br>C组:能配合他人做运动项目的相关动作。<br>活动三:运动项目报名<br>(1) 介绍本次运动会的报名规则。<br>(2) 根据个人兴趣及特长报名参加运动会的项目。 | 往年比赛视频<br><br>比赛项目的视觉提示<br><br>运动时间卡<br><br>器材(篮球、足球、接力棒等) |

续　表

<table>
<tr><th>教学目标<br>（以周活动为单位的教学目标）</th><th>活　动　计　划</th><th>教学资源</th></tr>
<tr><td>6.2.2　能遵守游戏规则（桂）：能选择自己要报的运动项目<br>5.1.1　增加理解名词及动词的量（子、桂、聪）：报名、选、运动项目<br>5.3.1　能用简单句告知事件（子）：人物<br>4.2.1　能依单一线索分类配对物品（心）：球类<br>4.1.1　提升同物同型的配对能力（潘）：篮球<br>5.1.1　增加理解名词及动词的量（潘、心）：报名、选、运动项目<br>4.1.1　能做数与量的配对（心：2 以内）</td><td>A 组：表达自己的优点和想参加的项目。<br>B 组：能说出要参加的项目名称。<br>C 组：用图片或动作表达出自己想参加的项目。<br>(3) 各组汇报报名的情况。<br>A 组：负责清点，汇报各报名的情况。<br>B 组：点数每个项目的报名人数。<br>C 组：能以举手表示确定自己参加的项目。<br>活动四：认识运动器材<br>(1) 介绍各运动项目所使用的器材及使用方法。<br>(2) 根据自己的运动项目，分组学习。<br>A 组：能说出运动器材的名称并能正确使用。<br>B 组：在提示下，能正确使用运动器材。<br>C 组：在辅助下，能使用球类器材。（心：2 以内，姿：5 以内）：派发器材的数量。<br>活动五：养成运动习惯<br>(1) 了解个人的身体基本信息：如身高、体重……<br>(2) 认识运动的好处，建立个人运动记录卡。<br>A 组：<br><table><tr><th>日期</th><th>运动的项目</th><th>完成情况</th><th>家长确认</th></tr><tr><td></td><td></td><td></td><td></td></tr></table><br>B、C 组：<br>每做完一项就√。<br><table><tr><th>日　期</th><th>跑　步</th><th>拍　球</th></tr><tr><td></td><td></td><td></td></tr></table></td><td></td></tr>
</table>

**续　表**

| 教学目标<br>（以周活动为单位的教学目标） | 活　动　计　划 | 教学资源 |
| --- | --- | --- |
| 5.1.1　能理解含副词的复杂句（正）：第几名/个，更（远、快、多）<br>5.3.1　能用简单句告知事件（陶、月、姿、尚）：人物＋事情<br>4.1.1　能做数与量的配对（姿：5以内）<br>6.2.2　能遵守游戏规则（月、姿、颖、正、尚）：各个运动项目的比赛规则<br>7.1.2　能掌握至少两项运动技能（姿、月、正、尚）<br>4.2.1　能做5以内的点数（勇）<br>4.3.1　能认读生活中的数字（桂、聪）：1、2、3、4<br>4.3.1　能指认图卡（勇）：足球射门、轮椅跑、足球、接力棒<br>5.1.2　增加数量词理解的量（勇）：3次<br>5.1.1　增加理解名词及动词的量（子、桂、聪）：个人项目名称及动作词<br>5.3.1　能用简单句告知事件（子）：人物＋事情<br>6.2.2　能遵守游戏规则（桂）：听从指令<br>7.1.2　能掌握至少两项运动技能（聪、桂、子） | 第五周（11月30日至12月4日）：我是一名运动员<br>活动一：<br>（1）复习参加了哪些比赛项目。<br>（2）分组学习运动项目的规则。<br>A组：能说出该项目的规则并执行：<br>（尚、姿）立定跳远：站线，甩手、蹲起，向前跳。<br>（尚、月）篮球运球：力度。<br>（正）足球射门：单脚站，球射到门里。<br>（勇、正）轮椅25米跑：向同伴提醒向左向右推。<br>动词理解：跳、运、射。<br>B组：能执行项目的规则。<br>足球射门规则：1轮流等待，2在固定的区域活动。<br>操作：用脚踢将足球从起点踢进终点。<br>分工：桂将一箱足球（6个）搬到指定场地。<br>教学过程：两名运动员有3个足球分别踢到指定位置（聪、子），另外两名学生分别为运动员计分（勇、桂），射中笼门则得1分。游戏结束后，勇将对足球进行清点。<br>理解动词：踢。<br>C组：能配合他人，遵守规则。<br>项目名称：25米跑。<br>规则：轮流等待，在固定的区域活动。<br>活动二：运动安全<br>（1）结合视频和图片，逐一介绍运动时要注意的事项。<br>（2）结合所报项目分组练习。<br>A组：能独自做赛前热身活动。<br>B组：提示下能做赛前热身活动。<br>C组：能配合他人，做热身活动。 | 运动规则视觉提示<br><br>记录表<br><br>器材及器材图片（篮球、足球、接力棒等）<br><br>比赛场地名称图片<br><br>练习纸 |

续　表

| 教学目标<br>（以周活动为单位的教学目标） | 活　动　计　划 | 教学资源 |
|---|---|---|
| 4.2.1　能依单一线索分类配对物品（心）：篮球类<br>4.1.1　提升同物同型的配对能力（潘）：足球<br>5.1.1　增加理解名词及动词的量（潘、心）：个人项目名称、踢<br>6.2.2　能遵守游戏规则（潘）：听从指令<br>4.1.1　能做数与量的配对（心：3以内） | 活动三：认识运动场地<br>（1）实地告知每个运动场地的名称、所进行的运动项目和规则。<br>（2）根据自身所报项目巩固练习。<br>活动四：小统整<br>（1）拿着班级风采进行出场式排练。<br>（2）根据运动员、工作人员及观众的要求做事。<br>A组：<br>a. 模拟练习自己相关比赛项目。<br>b. 模拟练习工作人员的岗位。<br>B组：<br>a. 视觉提示下，模拟练习自己相关比赛项目。<br>b. 口头提示下，模拟练习工作人员的岗位。<br>C组：能听从指令，模拟完成比赛项目。 | |
| 4.1.1　能做6以内的数与量配对（姿）<br>4.4.2　能认读句子（正）：参加的×××，加油！<br>5.2.1　能理解含数量词的复杂句（子、姿）：两面、四次<br>5.1.1　增加方位词理解的量（勇）：前后、左右<br>2.2.1　能够进行上肢抬举活动一分半钟（潘、子、桂）：举旗<br>5.2.1　能理解含数量词的复杂句（子）：两面、四次 | 第六周（12月7日至11日）：我是一名啦啦队<br>活动一：认识啦啦队<br>（1）通过视频，观看往年啦啦队的情形，让学生发现讨论啦啦队的角色并且描述他们都在做什么。<br>（2）明确这周的安排——学习当一名啦啦队员。<br>（3）讨论啦啦队要做的事情，确定分工。<br>● 选口号并选主讲口号的人。<br>● 投票选择何种道具：旗子。<br>● 投票选哪位同学负责保管道具。<br>（4）分组练习。<br>A组：能一边摇旗一边呐喊。<br>B组：能喊口号或者提示下能摇旗助威。<br>C组：能挥动旗子表示替运动员加油。 | 往年啦啦队的视频<br><br>啦啦队固定句式的视觉提示<br><br>旗子<br><br>运动项目标志 |

**续 表**

| 教学目标<br>（以周活动为单位的教学目标） | 活 动 计 划 | 教学资源 |
|---|---|---|
| 5.1.1 增加理解名词及动词的量（子、桂、聪）：旗子、摇<br>2.2.1 能够进行上肢抬举活动至少 2 分钟（子、桂）<br>4.3.1 能做 3 以内数与量的对应（心）<br>5.1.1 增加理解名词及动词的量（潘、心）：旗子、摇<br>2.2.1 能够进行上肢抬举活动至少 20 秒（潘） | 活动二：啦啦队训练<br>(1) 复习啦啦队的口号。<br>(2) 复习啦啦队使用的道具。<br>(3) 学习啦啦队口号、动作。<br>(4) 分组练习。<br>A 组：完整说出啦啦队口号，理解相应的句子并做相应的动作。<br>B 组：在视觉提示下，说出啦啦队口号，理解动词。<br>活动三：啦啦队排练<br>(1) 出场式排练。<br>(2) 预告赛事。<br>(3) 运动员、工作人员、啦啦队及观众根据要求做事。<br>(4) 小结。 | |
| 4.4.2 能认读句子（正）：这是……的来稿。<br>5.1.2 提高含三个指令句子理解的量（月、尚、姿）：先……再……然后……<br>5.3.1 能用简单句告知事件（月、尚）：人物＋地点＋事情<br>4.4.1 能写数字 1—5（姿）<br>2.2.1 能够进行上肢抬举活动至少 3 分钟—举口号牌（子）<br>4.2.1 能点数 6 以内的数量（勇）<br>5.2.1 能理解并列短语（聪）：……和……<br>5.2.2 能理解动宾短语：（聪）：捡垃圾、放进垃圾袋、收凳子、扫地 | 第七周（12 月 14 日至 18 日）：我是一名工作人员<br>活动一：认识工作人员的工作内容<br>通过图片和视频介绍班级工作人员和校内工作人员的岗位职责。<br>A 组：能描述出个人岗位的名称和工作内容。<br>B 组：结合视觉提示，知道自己的班级工作人员职责。<br>C 组：能用恰当的方式寻求帮助或表达需求。<br>活动二：竞聘工作人员<br>(1) 分组竞聘前的练习。<br>A 组：竞聘校内工作人员：<br>● 能做自我介绍：名字、班级；<br>● 能表达自己想竞聘的角色；<br>● 能突显自己能胜任的理由：说出原因，实操。<br>B、C 组：竞聘班级工作人员，能做出相应的职责。<br>● 递交通讯稿：心、浩；<br>● 保洁员：聪； | 往年工作人员的视频<br><br>工作人员的角色视觉提示 |

续　表

<table>
<tr><th>教学目标<br>（以周活动为单位的<br>教学目标）</th><th>活　动　计　划</th><th>教学资源</th></tr>
<tr><td>5.2.1　能理解日常指令的简单句(桂)：把水递给×××；把同学的杯子放好；给每个同学的杯子装满水；派食物给×××<br>5.1.1　增加理解名词及动词的量(潘、心)：检核表，递交</td><td>● 道具保管员：勇；<br>● 补给员：桂。<br>(2) 确定工作人员的名单。<br>(3) 根据自己的角色进行练习。<br>活动三：学习工作检核表<br>(1) 复习自己的工作角色。<br>(2) 复习工作人员的任务及要求。<br>(3) 学习在工作检核表中填写相关信息及互相评价。<br>A组：能用简单句描述事件。<br>B组：能用短句回答问题。<br>C组：用图片或动作回答问题。<br><table><tr><th>事　情</th><th>完成<br>情况(✓)</th><th>评价<br>(互评)</th></tr><tr><td>发令员</td><td></td><td></td></tr><tr><td>计时员</td><td></td><td></td></tr><tr><td>计分员</td><td></td><td></td></tr><tr><td>递分员</td><td></td><td></td></tr><tr><td>广播员</td><td></td><td></td></tr><tr><td>道具保管员</td><td></td><td></td></tr></table></td><td></td></tr>
<tr><td>5.3.1　能用简单句告知事件(正)：时间+人物+事情<br>4.4.1　能认读描写词语(正、子、月)<br>好酷，标准，友爱<br>4.2.1　能读出字卡(姿)：跑，投篮，鼓掌<br>4.3.2　能描写数字1—5(桂)<br>4.4.1　能写数字1—5(聪)<br>2.2.2　能进行手脚交替活动(潘、心)：跑</td><td>第八周(12月21日至25日)：我是一名通讯员<br>活动一：认识通讯员<br>(1) 通过展示往年的通讯稿，引出通讯员这个角色和职责。<br>(2) 介绍通讯稿的形式：文字、图片、图文、麦克风直接传达。<br>活动二：写通讯稿<br>样板：×××，你是跑得最快的/×××的投篮好酷/×××的动作好标准/五年级(1)班的同学，好友爱/五年级(1)班，一共有10个同学参赛。今天的比赛，一定很精彩，大家为我们鼓掌吧！</td><td>往年运动会通讯员视频<br><br>通讯稿字卡<br>运动项目图片</td></tr>
</table>

续 表

<table>
<tr><th>教学目标<br>（以周活动为单位的<br>教学目标）</th><th>活 动 计 划</th><th>教学资源</th></tr>
<tr><td></td><td>分组学习：<br>(1) 抄写：月。<br>(2) 描写：尚、子。<br>(3) 贴字卡：正、子。<br>(4) 图文配对：桂。<br>(5) 现场说：勇。<br>(6) 收集、递交：潘、心。<br>活动三：结合之前所学的内容，进行小统整<br>(1) 出场式演练。<br>(2) 结合运动比赛，巩固啦啦队的动作及发挥通讯员的作用。</td><td></td></tr>
<tr><td>4.2.2 能以字卡回答问题（姿）：跑步、运球、踢球、跳远<br>5.2.2 能用疑问句提问（正）：在哪里＋谁在干什么<br>5.3.1 能用简单句告知事件（尚、月）：谁＋在哪里＋干什么<br>5.1.3 能理解三十字以内的事件（姿、正、勇）：谁＋在哪里＋干什么＋心情<br>5.3.2 能用简单句描述事情，希望能围绕一个话题说话（勇）：谁＋做什么<br>5.2.2 能理解动宾短语（聪）：跳……<br>5.1.1 增加理解名词及动词的量（子、桂、聪）：故事书，制作<br>5.1.1 增加理解名词及动词的量（潘、心）：故事书，制作</td><td>第九周（12 月 27 日至 31 日）：运动会开始了<br>活动一：运动会前的冲刺<br>(1) 通过视频，回顾并梳理运动会的流程。<br>(2) 按流程演练运动会的整个过程。<br>(3) 根据演练情况做针对性的巩固练习。<br>① 出场式排练。<br>② 巩固各运动项目的训练。<br>活动二：回顾<br>(1) 通过图片、视频的回顾，向同伴介绍自己的参赛项目、奖项、心情。<br>(2) 制作“我的运动会 2015”故事书。<br><table><tr><th>A 组</th><th>B 组</th><th>C 组</th></tr><tr><td>图片＋句子</td><td></td><td></td></tr><tr><td>（谁、在哪里、干什么、心情）</td><td>图片＋短语（词语）</td><td>图片</td></tr></table>备注：图片来源于学生比赛当天、赛前准备（海报、出场式、运动项目训练）。</td><td>往年运动会比赛视频<br><br>本次运动会（个人）比赛图片、视频</td></tr>
</table>

续　表

| 教学目标（以周活动为单位的教学目标） | 活　动　计　划 | 教学资源 |
|---|---|---|
| | 故事书的形式：<br>① 直接打印、装订成书（可以保留关键元素给学生填写）。<br>② 自己装放相片的文件袋类。<br>③ 自己裁剪、过塑、打孔、用绳子捆绑。<br>④ 自己选择一张最喜欢的，制作相框。 | |

评　鉴　表

| IEP　目　标 | 潘 | 心 | 聪 | 子 | 桂 | 勇 | 正 | 月 | 姿 | 尚 |
|---|---|---|---|---|---|---|---|---|---|---|
| 2.2.1　能够进行上肢抬举活动至少三分钟 | * | | | * | * | | | | | |
| 2.2.2　能进行手脚交替活动，如踏步、早操 | * | * | | | | | | | | |
| 4.1.1　提升至少 4 种同物同型的配对能力 | * | | | | | | | | | |
| 4.1.2　提升至少 4 种同物不同型的配对能力 | * | | | | | | | | | |
| 4.2.1　能依单一线索分类配对物品至少 6 种 | | * | | | | | | | | |
| 4.3.1　能认读生活中的数字 | | | * | | * | | | | | |
| 4.2.1　能点数 10 以内的数量 | | | | | | * | | | | |
| 4.3.1　能做 1—3 数与量的对应 | | * | | | | | | | | |
| 4.1.1　能做 10 以内的数与量配对 | | | | | | | | | * | |
| 4.3.1　能在指定范围内握笔着色 | | * | | | * | | | | | |
| 4.3.2　能描写数字 1—10 | | | | | * | | | | | |
| 4.4.1　能写数字 1—10 | | | * | | | | | | * | |
| 4.4.2　能描写字词 | | | * | * | | | * | * | * | * |
| 4.3.2　能描写简单句子 | | | | * | | | | | | |
| 4.3.2　能描写句子 | | | | | | | * | * | | |
| 4.3.1　能指认图卡至少 6 种 | | | | | | * | | | | |
| 4.2.1　能读出字卡至少 20 个 | | | | | | | | | * | |
| 4.2.2　能以字卡回答问题至少 10 个 | | | | | | | | | * | |

续 表

| IEP 目 标 | 潘 | 心 | 聪 | 子 | 桂 | 勇 | 正 | 月 | 姿 | 尚 |
|---|---|---|---|---|---|---|---|---|---|---|
| 4.4.1 能认读词语 | | | | * | | | * | * | | * |
| 4.4.2 在视觉提示下，能认读简单句子至少5句 | | | | * | | | | * | | * |
| 4.4.2 能认读句子 | | | | | | | * | | | |
| 5.1.1 增加理解名词的量 | * | * | * | * | * | | | | | |
| 5.1.2 增加动词理解的量 | * | * | * | * | * | | | | | |
| 5.1.1 增加方位词理解的量，至少6个 | | | | | | * | | | | |
| 5.1.2 增加数量词理解的量，至少6个 | | | | | | * | | | | |
| 5.2.1 能理解日常指令的简单句 | | | | | * | | | | | |
| 5.1.1 能理解含副词的复杂句 | | | | | | | * | | | |
| 5.2.1 能理解含数量词的复杂句 | | | | * | | | | | * | |
| 5.1.3 能理解30字以内的简单事件(时间、地点、人物、事情) | | | | | | | * | | * | |
| 5.1.1 增加含连接词复杂句理解的量，至少2个 | | | | | | | | * | | * |
| 5.1.2 提高含三个指令句子理解的量，至少2个 | | | | | | | | * | * | * |
| 5.2.1 能理解并列短语，至少6种 | | | * | | | | | | | |
| 5.2.2 能理解动宾短语，至少6种 | | | * | | | | | | | |
| 5.2.1 能理解10字以内的简单事件(时间、地点、人物、事情) | | | | | | * | | | | |
| 5.3.1 能用简单句告知事件 | | | | * | | | | * | * | * |
| 5.3.2 能用简单句描述事情，希望能围绕一个话题说话 | | | | | | * | | | | |
| 5.2.1 能用复杂句告知事件 | | | | | | | * | | | |
| 5.2.2 能用疑问句提问 | | | | | | | * | | | |
| 6.2.2 能遵守游戏规则，如只在区域内玩 | * | | | | * | | * | * | * | * |
| 7.1.2 能掌握至少两项运动技能 | | | * | * | * | | * | * | * | * |
| 0—完全困难或没有反应；1—在部分肢体协助下可以达成或偶有反应；2—需在辅具使用下可以独立完成或需口头提示下即可独立完成；3—独立完成且质量良好。 | | | | | | | | | | |

备注：标 * 号代表该学生有此目标。

## 五、课堂教学活动设计

### “运动会出场式”教学设计

执教者：苏燕芳、黎嘉妍、余娟瑜

**教学内容分析：**

本节课选自主题“神采奕奕运动会”，本主题共分为8个小主题，分别是：1. 我们会制作运动会海报；2. 我们能做好出场仪式；3. 我们能认识运动会角色；4. 我是一名运动员；5. 我是一名啦啦队员；6. 我是一名工作人员；7. 我是一名通讯员；8. 我能参与学校运动会。这节课属于一节新授课，是运动会出场式的训练，针对学生不同的能力需求而设计适合他们的活动，根据学生日常排练的情况作出针对性的调整，重点训练他们需要掌握的技能。通过这次演练，让学生有饱满的精神状态投入到学校运动会，借助不同的活动平台进行自我展示，让学生学会自我选择，配合他人，同时增强学生体质，形成良好的体育习惯，从而更好地推动我校体育活动的广泛开展。

**教学对象分析：**

本班是五年级障碍类型多样的学生，共10人。学生年龄在10到12岁之间。有一定的社会经验，班级学生的能力差异较大，为了使每个学生在最近发展区中得到最佳的教学效果。结合学生IEP，创设情境，采用分层教学的形式开展教学，于是将本班学生分成以下三组。

A组：有6人(唐氏、智障、脑瘫、自闭)他们具有较好的动作模仿能力，能听从指令配合他人，有一定的社会生活经验，但合作性较弱，自我控制的能力较弱，需提醒。

B组：2人(多重障碍、智障)学生具有基本的动作能力，但上肢的肌耐力弱，听从指令及配合他人的能力需提高。

C组：1人(自闭)，该生具有良好的情绪，能听从一些日常简单的指令，在提示下可以配合他人。该生的警醒度偏低，肌耐力较弱，需加强锻炼。

D组：1人(脑瘫)，该生具有良好的沟通意愿，有一定的认知能力，但缺乏方位词的理解，而方位词的理解有助于该生日常的桌面操作活动。

**教学目标：**

| 组　别 | 教　学　目　标 |
|---|---|
| A组 | 1. 理解动词并能做出相应的动作(叉腰、半蹲、拍手)<br>2. 培养班集体的精神 |
| B组 | 1. 理解图片并执行动作：举高和放下<br>2. 能认读数字1—3<br>3. 提高参与班级活动的兴趣 |
| C组 | 1. 在图片提示下，执行动作指令(向前滑、举高)<br>2. 感受与人沟通互动的乐趣 |
| D组 | 1. 能理解方位词：左右<br>2. 提高参与班级活动的兴趣 |

**教学重点、难点：**理解动词并能做出正确的动作。

**教学过程和步骤的分析：**

| 教　学　过　程 | 设计意图及支持策略 |
|---|---|
| 一、激情导入<br>老师通过运动会倒计时牌及日历表的标识，让学生知道学校运动会开幕式的时间。老师一边播放往年运动会的进场式，一边让学生感受那份运动的热情，让学生知道出场式的重要性，激发他们参与的热情。<br>二、复习引入<br>通过视频或图片回顾，让学生复述自己所选择的出场式任务。<br>(月、姿、尚、子、正)完整句表达：在运动会出场式中，我负责________。<br>(聪、心、桂)补充句子：我负责________。<br>(潘)当老师提问时，可以做出所担任角色的动作。<br>三、根据角色，分组练习<br>老师介绍出场式中每个任务所教导的相关老师，通过“大风吹”游戏，学生快速找到自己的组别。<br>(一) 跳舞(月、姿、尚、聪、子、正)——负责老师(苏老师)<br>1. 老师一边出示文字，一边示范做动作，学生观察<br>2. 学生模仿老师做动作，每做完一个动作，老师就说出该动作的名称并出示字卡<br>3. 字卡游戏——潜乌龟<br>每个同学手上拿着一份关于动作的字卡，轮流抽取旁边同学的一张字卡，配对成一对就把它放在桌面上，并且大声说出字卡名称。 | 通过观看往年进场式，增加学生经验，从而引起学生动机 |

续　表

| 教　学　过　程 | 设计意图及支持策略 |
| --- | --- |
| 4. 动作游戏<br>① 老师说出动作名称，学生做相应动作，学生互评<br>② 学生抽字卡，根据字卡做动作<br>③ 一个学生上台做动作，其他学生猜所做动作的名称<br>④ 排动作顺序并在黑板中标注，根据提示集体做一次<br>⑤ 伴随音乐节奏，做动作<br>(二) 班级宣传(桂、潘)——负责老师(黎老师)：根据图片听指令(举高、放下)<br>1. 引起动机<br>将要做的动作让老师示范拍成视频，告知学生：老师举高空气棒，放下空气棒。<br>2. 理解动作<br>① 摘食物<br>将增强物挂在一棵树上，学生举高双手摘下增强物并且放进篮子里。<br>② 抽奖<br>将抽奖箱制作成具有视觉效果(有发光或颜色鲜艳)，学生从抽奖箱上抽取号码牌，根据号码牌找到相应数字的盒子，拿取奖励物。<br>(三) 伴舞(心)——负责老师(实习生)：理解指令(向前滑、举高)<br>1. 引起动机<br>将要做的动作让老师示范拍成视频，告知学生：老师举高手，拿卡片，向前滑，换奖励。<br>2. 理解动作<br>将强化物图片贴在高高的门上，老师发指令“举高”，学生举手撕卡片，老师强调“心阳举高了手，拿到了卡片”，同时，握着学生的手辅助他再次做举高的动作并再次强调这是“举高”。<br>3. 学生拿着卡片通过“向前滑”的方式与老师交换强化物<br>老师和学生面对面牵手，老师一边说“向前滑”一边拉着学生往前移动(短距离)。<br>学生和老师各拉着绳子的一端，老师一边说“向前滑”一边拉着绳子的一端，提示学生向前滑(长距离)。<br>将奖励物贴在高处，然后告知学生奖励物所在位置，引发学生自主举高。<br>(四) 舞台效果(勇)——负责老师(生活老师)：理解左右方位词，喷水泡 | 针对不同能力的学生要求上有所不同，让每一个学生都能学有所获 |

续 表

| 教 学 过 程 | 设计意图及支持策略 |
| --- | --- |
| 1. 感知左右手<br>师生面对面而坐,一起戴相同手的摇铃,一起做律动《健康歌》。<br>2. 通过戴摇铃而辨别左、右手<br>3. 通过握握手、左右手按铃方式进一步理解<br>4. 拿一拿<br>① 将学生喜欢吃的和不喜欢吃的食物分别放在左右手上,老师根据他喜欢吃的食物而发指令“拿左/右边的”<br>② 听指令拿物品——“拿左/右边的”<br>5. 做一做<br>在学生左右手上分别放有水泡枪,学生听指令(按左/右边的)按水泡枪。<br>四、全班小统整<br>模拟校运会的出场式,每人根据各自习得的内容进行展示。<br>五、小结点评<br>通过视频回放,学生互相点评奖励。 | |

评 鉴 表

| IEP 目 标 | 正 | 月 | 子 | 尚 | 姿 | 聪 | 桂 | 潘 | 心 | 勇 |
| --- | --- | --- | --- | --- | --- | --- | --- | --- | --- | --- |
| 理解动词并能做出相应的动作(叉腰、半蹲、拍手) | * | * | * | * | * | * | | | | |
| 理解图片并执行动作:举高和放下 | | | | | | | * | * | | |
| 能认读数字 1—3 | | | | | | | * | | | |
| 在图片提示下,执行动作指令(向前滑、举高) | | | | | | | | | * | |
| 能理解方位词:左右 | | | | | | | | | | * |
| 感受与人沟通互动的乐趣 | | | | | | | | * | * | |
| 提高参与班级活动的兴趣 | | | | | | * | | | | * |
| 培养班集体的精神 | * | * | * | * | * | | | | | |
| 0—完全困难或没有反应;1—在部分肢体协助下可以达成或偶有反应;2—需在辅具使用下可以独立完成或需口头提示下即可独立完成;3—独立完成且质量良好。 | | | | | | | | | | |

备注:标 * 号代表该学生有此目标。

# 第二节　艺能科教学活动设计

## 一、绘画与手工

### (一) 绘画与手工教学计划

**广州市越秀区启智学校(2015学年度上学期)学期绘画与手工组教学计划表**

五年级(1)班　教师：游小平

<table>
<tr><td>周次</td><td>一</td><td>二</td><td>三</td><td>四</td><td>五</td><td>六</td><td>七</td><td>八</td><td>九</td><td>十</td><td>十一</td><td>十二</td><td>十三</td><td>十四</td><td>十五</td><td>十六</td><td>十七</td><td>十八</td><td>十九</td><td>二十</td><td>二十一</td></tr>
<tr><td>日期</td><td>9/1—9/5</td><td>9/6—9/12</td><td>9/13—9/19</td><td>9/20—9/26</td><td>9/27—10/3</td><td>10/4—10/10</td><td>10/11—10/17</td><td>10/18—10/24</td><td>10/25—10/31</td><td>11/1—11/7</td><td>11/8—11/14</td><td>11/15—11/21</td><td>11/22—11/28</td><td>11/29—12/5</td><td>12/6—12/12</td><td>12/13—12/19</td><td>12/20—12/26</td><td>12/27—1/2</td><td>1/3—1/9</td><td>1/10—1/16</td><td>1/17—1/23</td></tr>
<tr><td>单元主题</td><td colspan="2">高高兴兴来上学</td><td colspan="7">其乐融融庆中秋</td><td colspan="9">神采奕奕运动会</td><td colspan="2">开开心心过寒假</td><td rowspan="2">IEP检核会议</td></tr>
<tr><td>小主题</td><td colspan="2">1. 精彩暑假——制作生活故事书(一)<br>2. 我的班级——师生、课程、班规(二)</td><td colspan="7">1. 我能为学校迎月晚会出力(三)<br>2. 我会参与学校迎月晚会(四)<br>3. 回顾迎月晚会(五、六)<br>4. 中秋节的传统应节食品(七、八)<br>5. 中秋节的传统应节水果(九)</td><td colspan="9">1. DIY《漂亮的彩旗》<br>2. DIY《漂亮的彩虹陀螺》<br>3. DIY《漂亮的轻黏土足球挂饰》<br>4. DIY《好玩的纸盒足球》<br>5. DIY《轻黏土班牌胸针》<br>6. DIY《可爱的毽子》<br>7.《大家一起做班牌》<br>8.《大家一起做运动会海报》</td><td colspan="2">1. 我是整理小能手——收拾整理、装订物品(十九)<br>2. 我会自我保护——防走失、安全(二十)</td></tr>
</table>

## （二）绘画与手工教学周计划

**2015 学年上学期五年级(1)班绘画与手工课教学周计划**

主题名称：神采奕奕运动会　日期：11 月 2 日至 12 月 31 日　老师：游小平

<table>
<tr><td colspan="3">IEP 目标：<br>1.1.1 能以触觉分辨出基本图形，如三角形、圆形、方形（勇）<br>2.1.1 能用夹子夹取或夹住物品（聪）<br>2.1.2 能使用剪刀（聪、子）<br>2.1.1 能用刀子处理简单物品（月、姿、尚）<br>2.2.1 能撕开至少 3 种以上的包装袋（子）<br>2.2.1 能捆绑物品（正、月、姿、尚）<br>4.2.1 能依单一线索分类配对物品至少 6 种（心）<br>4.3.1 能在指定范围内握笔着色（心、桂）<br>7.1.2 能以纸黏土的活动作为休闲方式（聪）<br>7.1.2 能做物品收集并制作成艺术品（正、月、尚）</td></tr>
<tr><th>教学目标</th><th>活动计划</th><th>教学资源</th></tr>
<tr><td>1. 能制作彩旗、能给彩旗画上简单图案（正、月、尚）<br>2. 能在彩旗指定的范围内大面积着色（心、桂）<br>3. 能在彩旗粘贴压花（潘）<br>4. 认识彩旗形状，比如三角形（勇）</td><td>第一周 DIY“漂亮的彩旗”<br>引入：欣赏不同的彩旗及彩旗的作用<br>1. 课件演示：演示制作彩旗的步骤流程<br>2. 教师示范：教师示范彩旗的制作方法、图案的涂色方法、交代图案的粘贴位置<br>3. 彩旗制作<br>学生自制彩旗（分组）<br>A 组：能将彩旗的一边粘贴到小木棍上，鼓励学生在彩旗中画出自己喜欢的图案或用压花图案装饰彩旗。（正、月、尚）<br>B 组：鼓励学生在彩旗指定的位置内慢慢涂色（姿、阳、子、聪、桂）。<br>C 组：在教师的指示下将压花粘贴在三角形的彩旗中（勇、潘）。<br>4. 分享成果及教师小结</td><td>不同的彩色折纸、勾线笔、油画棒、一次性筷子、胶水等</td></tr>
<tr><td>1. 能感知基本的图形比如长方形（勇）<br>2. 会独立制作陀螺，知道同类色彩的搭配（正、月、尚）</td><td>第二周 DIY“漂亮的彩虹陀螺”<br>引入：视频播放玩陀螺（激发学生制作陀螺的乐趣）<br>1. 观察各种不同陀螺的种类、造型特征，大小等（增加学生对陀螺的了解）</td><td>各色卡纸、剪刀、白乳胶、双面胶、小木棍等</td></tr>
</table>

续　表

| 教学目标 | 活动计划 | 教学资源 |
| --- | --- | --- |
| 3. 能在教师的指导下用剪刀在彩色卡纸上剪至少5厘米的直线(睿、陶)<br>4. 能在长条卡纸中认识长方形并在上面压出漂亮的花朵(勇) | 2. 认识材料与工具<br>3. 教师示范陀螺的制作步骤<br>示范卡纸在木棒上的粘贴与缠绕。<br>4. 学生制作(分组)<br>A组：鼓励学生自己剪长条卡纸并学会卷卡纸,知道将同类色系的卡纸粘贴在一起(正、月、尚)。<br>B组：鼓励学生沿着黑线边缘剪,能在教师的辅助下尽量不剪掉黑线(姿、聪、子、桂)。<br>C组：能在长条卡纸中认识长方形,鼓励学生在长条卡纸中使用压花压出漂亮的装饰(勇、潘、心)。<br>5. 教师巡回指导<br>6. 学生分享自己制作的陀螺<br>7. 教师小结 | |
| 1. 在教师的指导下做细节的装饰,知道简单的色彩搭配。(月、尚、正、姿)<br>2. 能用刀子将条状黏土切成段(月、尚、正、颖)<br>3. 用手将黏土搓圆并感知圆形(勇)<br>4. 能搓圆(勇、潘、心)<br>5. 感受轻黏土,培养学生对黏土的制作兴趣 | 第三周 DIY“漂亮的轻黏土——足球挂饰”<br>引入：出示足球卡通视频并引导学生观察足球的形状,并出示足球,引导学生触摸球体,感知圆形。<br>1. 认识材料<br>2. 多媒体演示<br>3. 教师示范足球挂饰的制作过程：对轻黏土的揉搓、精细图案的装饰、色彩搭配的讲解<br>4. 学生制作黏土挂饰(分组)<br>A组：能用塑料刀子将条状的轻黏土切成段并能搓成圆形,鼓励学生在成型的黏土中做细节装饰(月、尚、正、姿)。<br>B组：将轻黏土搓条、用塑料刀子切成段,将段状黏土搓圆(聪、子、桂)。<br>C组：拉捏黏土,尝试搓成圆形(勇、潘、心)。<br>5. 分享劳动成果<br>6. 教师小结 | 各色黏土,挂钩、各种珠子、彩色绳子、塑料小刀等 |

**续　表**

| 教学目标 | 活动计划 | 教学资源 |
| --- | --- | --- |
| 1. 知道生活中的废旧鞋盒可以做成艺术品。(正、月、尚)<br>2. 能在教师的指示下给鞋盒打孔(姿)<br>3. 能用前三指拿着夹子夹住小木棍(聪) | 第四周 DIY“好玩的纸盒足球”<br>引入：播放玩足球的卡通视频(激发学生的兴趣)<br>1. 简单认识足球场地结构和足球运动的简单玩法<br>2. 认识废旧物品材料<br>3. 展示鞋盒，发挥学生的想象，并认识鞋盒的几何形体，知道运用简单的几何图形装饰鞋盒<br>4. PPT 演示制作步骤<br>5. 教师示范：对鞋盒的切割、打孔、装饰等详细的讲解<br>6. 学生制作纸盒足球场<br>A 组：能在教师的指示下鼓励学生独立使用旧鞋盒制作足球场，给鞋盒的两端打孔，能将夹子夹在小木棍上(月、尚、正)。<br>B 组：在教师的引导下给简单图案着色，学会将夹子夹在小木棍上(陶、颖、阳、睿)。<br>C 组；认识鞋盒的形状，鼓励学生在图案的背后粘贴双面胶(桂、潘、勇)。<br>7. 分享成果，教师小结 | 鞋盒子、竹签、木衣夹、打孔钳、尺子、美工刀、笔、小球、颜料、双面胶等 |
| 1. 认识生活中的胸针及胸针的装饰方法(月、尚、正、姿)<br>2. 能用刀子将条状的轻黏土切成段并能之塑形(月、尚、姿、正)<br>3. 能用字体装饰胸针(月、尚)<br>4. 能将黏土搓条，搓圆，再在教师的辅助下简单塑形(聪、子、心)<br>5. 培养对轻黏土的制作兴趣(聪) | 第五周 DIY“轻黏土班牌胸针”<br>引入：认识生活中的胸针及胸针的装饰方法及佩戴方法并启发学生动手制作班级胸针的欲望，激发集体荣誉感。<br>1. 教师示范：将黏土搓成条并切成段，将黏土搓圆、压扁、做细节的装饰<br>2. 学生动手制作<br>A 组：将黏土搓成条并用刀子将黏土切成段，能搓圆形、将圆形黏土压扁，鼓励学生在教师的引导下在圆饼状的黏土上加些小装饰，最后用黏土拼成“五一”两字粘贴在胸针的中间(月、尚、正、姿)。<br>B 组：给段状的黏土搓圆并压成圆饼状，做简单的塑形(聪、子、心)。 | 不同颜色的轻黏土、胸针扣、塑料小刀、白乳胶等 |

续　表

| 教学目标 | 活动计划 | 教学资源 |
| --- | --- | --- |
|  | C组：能将黏土搓圆、搓条(桂、勇、潘)。<br>3. 教师巡回指导<br>4. 学生分享制作心得及其佩戴胸针的心情<br>5. 教师小结 |  |
| 1. 在教师的辅助下包裹和打结(月、尚、姿、正)<br>2. 在教师的辅助下用剪刀剪10厘米长的流苏(聪、子)<br>3. 将包装带撕成条状(桂、勇、潘)<br>4. 尝试将长短一致的包装带配对6根(聪) | 第六周DIY“可爱的毽子”<br>引入：视频播放玩毽子运动(激发学生的兴趣)初步学习毽子的简单玩法，观察并认识毽子的结构及其造型。<br>1. 认识材料<br>2. 教师展示作品：引起学生的兴趣<br>3. PPT演示步骤：演示剪流苏、用棉布包裹铁块、用绳子捆扎的技能方法<br>4. 学生制作(分组)目标如下<br>A组：鼓励学生制作完整的毽子(月、尚、姿、正)。<br>B组：将展开的包装带剪成流苏，鼓励学生尝试用布包裹铁块，并在教师的辅助下用绳子捆好(聪、子、心)。<br>C组；用前三指一手往前一手往后的撕开包装带，尝试将长短一致包装带归类(聪、桂、勇、潘)。<br>5. 教师巡回指导<br>6. 教师点评及小结 | 不同颜色的彩色包装带、铁块、剪刀、绳子等 |
| 1. 能用黏土做立体字体效果(月、臻)<br>2. 能在教师的指导下使用剪刀剪简单图形(正、姿)<br>3. 能在教师的指导下在指定的范围内涂色(心)<br>4. 在教师的辅助下会使用剪刀剪直线(聪、子)<br>5. 能使用胶水或者双面胶粘贴图案(勇、潘、桂) | 第七周“大家一起做班牌”<br>引入：PPT欣赏各种优秀班牌，感受班牌的趣味性及其班牌的作用。<br>1. 认识材料<br>2. PPT演示制作班牌<br>3. 教师示范：在指定范围内的涂色方法、用剪刀剪图形的技能、用黏土做立体的字体以及粘贴的技能<br>4. 学生制作(分组)目标如下<br>A组：能用剪刀剪出花朵的图形，能用彩色黏土做立体的字体效果(月、尚、正、姿)。<br>B组：在指定的图案中着色。将海绵纸剪成条状装饰班牌的花边(心、 | KT板、剪刀、油画棒、各色彩纸、胶水、海绵纸、皱纹纸、卡纸、各种装饰小物件、多媒体等。 |

续　表

| 教学目标 | 活动计划 | 教学资源 |
| --- | --- | --- |
| | 聪、子)。<br>C组:在剪好的花朵背后贴上双面胶,撕开双面胶后粘贴在班牌上(勇、潘、桂)。<br>5. 教师巡回指导<br>6. 学生分享合作成果<br>7. 教师小结 | |
| 1. 在教师的引导下能使用废旧物品制作装饰品装饰海报(正、月、尚)<br>2. 在教师指导下会使用剪刀持续剪直线(姿、心、聪、子)<br>3. 能在教师的协助下在指定的图案范围内均匀着色(心)<br>4. 会使用双面胶粘贴图案(桂、勇、潘) | 第八周"大家一起做运动会海报"<br>引入:PPT欣赏各种优秀海报,感受海报的趣味性及其海报的符号寓意。<br>1. 教师出示海报范画<br>2. PPT演示海报的制作流程<br>3. 教师示范:利用废旧的报纸制作装饰品装饰海报<br>4. 学生制作(分组)目标如下<br>A组:在海报指定范围内画出方框。利用废旧报纸做简单的装饰品。剪出海报中要装饰的各种图案(月、尚、正)。<br>B组:给指定的图案着色,将折纸剪成条状装饰海报中画出的框(姿、心、聪、子)。<br>C组:把参加运动会学生的照片贴在指定的框架中并将剪好的花朵背后贴上双面胶,撕开双面胶粘贴到海报中(桂、勇、潘)。<br>5. 教师巡回指导<br>6. 分享及教师小结 | KT板、各种废旧物品、油画棒、各色彩纸、剪刀、胶水、多媒体等。 |

评　鉴　表

| IEP/本专业目标 | 月 | 尚 | 正 | 姿 | 陶 | 睿 | 心 | 桂 | 潘 | 勇 |
| --- | --- | --- | --- | --- | --- | --- | --- | --- | --- | --- |
| 1. 能制作彩旗、能给彩旗画上简单图案 | * | * | * | | | | | | | |
| 2. 能在彩旗指定的范围内大面积着色 | | | | | | | * | * | | |
| 3. 能给彩旗粘贴压花图案 | | | | | | | | | * | |
| 4. 认识彩旗形状,比如三角形 | | | | | | | | | | * |
| 5. 能感知基本的图形,比如长方形 | | | | | | | | | | * |

续　表

| IEP/本专业目标 | 月 | 尚 | 正 | 姿 | 陶 | 睿 | 心 | 桂 | 潘 | 勇 |
|---|---|---|---|---|---|---|---|---|---|---|
| 6. 会独立制作陀螺，知道同类色彩的搭配 | * | * | * | | | | | | | |
| 7. 能在教师的指导下用剪刀在彩色卡纸上剪至少 5 厘米的直线 | | | | | * | * | | * | | |
| 8. 能在长条卡纸中认识长方形并在上面压出漂亮的花朵 | | | | | | | | * | * | * |
| 9. 在教师的指导下做细节的装饰 | * | * | * | * | * | * | * | * | * | * |
| 10. 能用刀子将条状黏土切成段 | * | * | * | * | * | * | * | * | * | * |
| 11. 用手将黏土搓圆并感知圆形 | * | * | * | * | * | * | * | * | * | * |
| 12. 能搓圆 | | | | | | | * | | * | * |
| 13. 感受轻黏土，培养学生对黏土的制作兴趣 | | | | | | | | | | * |
| 14. 知道生活中的废旧鞋盒可以做成艺术品 | * | * | * | | | | | | | |
| 15. 能在教师的指示下给鞋盒打孔 | | | | * | | | | | | |
| 16. 能用前三指拿着夹子夹住小木棍 | | | | | | * | | | | |
| 17. 能用刀子处理简单物品 | * | * | * | * | | | | | | |
| 18. 培养以轻黏土的活动作为休闲方式的兴趣 | | | | | | * | | | | |
| 19. 认识生活中的胸针及胸针的装饰方法 | * | * | * | * | | | | | | |
| 20. 能用刀子将条状的轻黏土切成团并能塑形 | * | * | * | * | | | | | | |
| 21. 能用字体装饰胸针 | * | * | | | | | | | | |
| 22. 能将黏土搓条，搓圆，在教师的辅助下简单塑形 | | | | | * | * | * | | | |
| 23. 培养对轻黏土的制作兴趣 | | | | | | | | | | * |
| 24. 能捆绑物品 | * | * | * | * | | | | | | |
| 25. 在教师的辅助下初步学会简单的包裹和打结 | * | * | * | * | | | | | | |
| 26. 在教师的辅助下会使用剪刀剪 10 厘米长的流苏 | | | | | * | * | | | | |

**续 表**

| IEP/本专业目标 | 月 | 尚 | 正 | 姿 | 陶 | 睿 | 心 | 桂 | 潘 | 勇 |
|---|---|---|---|---|---|---|---|---|---|---|
| 27. 将包装带撕成条状 | | | | | | | | * | * | * |
| 28. 尝试将长短一致的包装带配对 6 根 | | | | | | | | | | * |
| 29. 能用黏土做立体字体效果 | * | * | | | | | | | | |
| 30. 会使用双面胶粘贴图案 | | | | | | | | * | * | * |
| 31. 在教师的辅助下会使用剪刀剪直线 | | | | | * | * | | | | |
| 32. 能做物品收集并制作成艺术品 | * | * | * | | | | | | | |
| 33. 在教师的引导下能使用废旧物品制作装饰品装饰海报 | * | * | * | | | | | | | |
| 34. 能教师的指导下使用剪刀剪简单图形 | | | * | * | | | | | | |
| 35. 在教师指导下会使用剪刀持续剪直线 | | | | * | * | * | * | | | |
| 36. 能在教师的指导下在指定的范围内均匀涂色 | | | | | | | * | | | |
| 37. 能使用胶水或者双面胶粘贴图案 | | | | | | | | * | * | * |
| 0—完全困难或没有反应;1—在部分肢体协助下可以达成或偶有反应;2—需在辅具使用下可以独立完成或需口头提示下即可独立完成;3—独立完成且质量良好。 | | | | | | | | | | |

备注：标＊号代表该学生有此目标。

### (三) 绘画与手教学活动设计

## “大家一起做运动会海报”教学活动设计

执教者：游小平

**教学内容分析：**

“大家一起做运动会海报”是根据启智学校的运动会策划的教学活动，是一节彰显班级特色的运动会海报的教学活动。该教学活动融合学生的目标及班级正在进行的活动内容，通过绘画与手工课制作海报来宣传运动会，渲染出浓厚的运动会氛围，使学生更多地参与到运动会的准备中，可增强学生的班级荣誉感与合作意识。绘画手工是一项综合表现美的途径，融合剪、贴、画等表现技能，内容多、形式丰富，可提升学生的审美能力。

整个教学过程通过“找一找”认识海报的特征与作用，通过“看一看”提升学生的观察能力，从观察中激发学生的创作欲望，“做一做”提升学生的动手操作能力，让学生在观察中学，在学中做。本课程的特色是突出学生的主体地位，将班级中参加运动会的学生照片贴在海报中，增强学生的自豪感与动手能力，有趣好玩的绘画手工活动激发学生对美的热爱。

**教学对象分析：**

制作海报是一项综合式的活动，本节课根据学生的绘画手工能力情况将学生分成 A、B、C 三组，在教学中因应学生能力做到因材施教使学生通过活动达成目标。

A 组：有 4 人(唐氏、智障、脑瘫)他们的认知能力较强，手工操作方面在剪、贴、涂色方面比较好，绘画能力方面个别学生有初步的简单造型能力。

B 组：4 人(语障、智障)他们的认知能力一般，能用简单句或词语回答问题和表达需求；有一定的社会生活经验，但独立性较弱；目前已有相同的概念，能配对一样的物品。在剪、贴等技能方面一般。

C 组：2 人(自闭)，他们的主要障碍是社会沟通，对人和环境的关注弱，但其情节式记忆强，能模仿拿和放，开始出现“一样”“相同”的概念。在视觉，听觉的提示下，能仿说。手工技能方面需要教师的辅助完成一些简单的配对。

**教学目标：**

| 组　别 | 教　学　目　标 |
|---|---|
| A 组 | 1. 初步认识海报中一些简单的图案标志<br>2. 在教师的引导下能使用废旧物品制作装饰品装饰海报<br>3. 提升合作的快乐，使学生能主动与人合作 |
| B 组 | 1. 能用不同的色彩做搭配<br>2. 给指定的图案着色，将折纸剪成条状装饰海报中画出的框架<br>3. 感受参与制作海报的快乐 |
| C 组 | 1. 知道简单的形状特征<br>2. 把参加运动会学生的照片贴在指定的框架中并将剪好的花朵背后贴上双面胶，撕开双面胶粘贴到海报中<br>3. 感受参与制作海报的快乐 |

**教学重点、难点：**

重点：会剪、贴、制作简单装饰品来装饰海报。

难点：用废旧物品做装饰品。

**教学过程分析：**

| 教　学　过　程 | 设计意图及支持策略 |
| --- | --- |
| 暖身活动：<br>一二三四，拍拍手，五六七八，拍拍腿，上课起立！<br>一、激趣导入<br>老师告诉学生：如果同学表现很棒，上课能响亮地回答问题，老师会送给同学们神秘礼物。<br>二、课程温习<br>回忆上节课的内容和熟悉的一些操作技能。<br>三、新课导入<br>1. 找出正确的运动会海报(找一找)<br>课件一共呈现四个不同类型的海报，分别有运动会海报、演唱会海报、节日海报等，让学生找出运动会海报与其他海报不同的地方，通过引导学生对体育运动项目的观察及其器材的认识，找出符合运动的图案及其一些简单的标志。<br>师总结：这四张图显示的都是海报，只是这些海报的主题不一样，我们发现，这几张海报在图案与内容方面有很大的不一样，运动会的海报在图案上主要是以运动相关的图案为主，但也有一些相似性的图案，比如一些精美的花边等。 | 课前，有一个固定的上课仪式作为暖身活动，可以减低自闭症学生的焦虑感并且让班级学生快速进入学习状态。<br>这节课一共有×个环节，首先，第一个环节是激趣导入，班上学生喜欢被奖励的感觉，所以，我创设了神秘小礼物，来调动学生学习的积极性。<br>接着我会导入四个不同类型的海报，让学生找出运动会海报。本节课的新授，一共有×个活动。 |
| 2. 教师出示范画(看一看)<br>(1) 引导学生观察了解运动会海报表现的内容及其图案的特征。<br>观察火把的图案标志。<br>师指出范画中的运动会“火把”的标志图案，问学生：这是什么图案呢，是什么颜色?<br>(2) 观察卡通运动人物的造型特征及简单的体育运动物品。<br>师问学生：这是什么呢？它看起来像什么？<br>师：这些简单的运动人物是用什么线条画的呢，是用什么笔画的? | 让学生对本节课教学内容有整体的认知。<br>出示有趣的范画能吸引学生的注意力以此引起学生观察的兴趣。 |
| (3) 观察参加运动会学生的照片(增加学生对自我的重要性)。 | 通过呈现学生有相当生活经验的图片来帮助学生复习。 |

续　表

| 教　学　过　程 | 设计意图及支持策略 |
| --- | --- |
| 师：这些照片都是谁呢？他们照片的边上贴了什么花纹，是用什么纸做的呢？当学生说出图案与色彩的时候，师接着问生：这个图案是怎么做出来的？用了哪些材料？最后，师引导学生说图案的制作方法与使用材料的名称并告诉学生材料要归类，不能乱拿乱放。<br>（4）观察用废旧物品做的装饰品。<br>师：这个装饰品是怎么做的，用了生活中的哪些废旧的东西？引导学生的观察兴趣。<br>教师小结：运动会海报是绘画、手工、文字的结合，表现方式多种多样，内容很多，需要大家齐心协力，共同完成海报的制作。 | |
| 3. 学习制作运动会海报的方法和课件演示制作海报的过程<br>（1）在运动会海报上写上文字口号。<br>注意：色彩搭配的简单规律。<br>（2）画图案、涂色。<br>课件演示：教师演示绘画运动人物的简单造型技巧，用简单的线条画出运动人物的标志图案，将标志涂上颜色并说明涂色技巧（从边缘向中间涂色，不出界限），告诉学生绘画及涂颜色的注意事项。<br>（3）剪、贴。<br>① 课件演示如何拿剪刀，剪的注意事项（不能剪掉黑线），如何使用白乳胶等。<br>注意：在图案的背后涂上胶水或者贴上双面胶。<br>② 展示班里参加运动会的学生照片。<br>把这些参加运动会学生的照片粘贴到海报中，并把他们的照片四维贴上漂亮的花朵（用皱纹纸制作简单的半立体花纹图案）。<br>④ 用废旧物品做简单的装饰品。<br>（4）做一做。 | 通过PPT的演示与教师的现场演示相结合，使学生对制作的流程更加清晰明了。<br><br>针对不同能力的学生要求上有所不同，让每一个学生都能学有所获。 |
| 4. 学生动手制作运动会海报<br>教师分组，学生根据能力进行操作。<br>A组：在海报指定范围内画出方形图案、利用废旧物品做出简单装饰品、剪出海报中要装饰的各种图案（月、尚、正）。 | 每个孩子都不一样，他们的能力也不一样，针对孩子的能力而设计不同的活动，对孩子进行分组教学，真正做到因材施教。 |

**续 表**

| 教 学 过 程 | 设计意图及支持策略 |
|---|---|
| B组：给图案着色并将折纸剪成条状装饰海报的格子框架，在教师的辅助下用花纹剪剪出波浪线（姿、心、聪、子）。<br>C组：把参加运动会学生的照片贴在指定的框架中并将剪好的花朵背后贴上双面胶，撕开双面胶粘贴到海报中（桂、勇、潘）。<br>5. 教师巡回指导<br>6. 学生分享、展示成果<br>教师让每组的学生上台将做好的小手工粘贴到海报指定位置上，老师和其他学生鼓掌表扬，增强学生的自信心及参与的动力，体验完成作品的乐趣。最后，教师告诉学生一张完整的海报就完成了。<br>四、教师小结<br>同学们都是聪明的好孩子。今天，我们知道原来生活中废旧的东西也可以做成好玩的东西，我们也学习了怎样制作运动会海报，也学会了剪、贴、涂色基本技能。这样，我们在今后的休闲时光也可以自己制作和装饰我们想美化的地方了。<br>五、下课仪式<br>叮叮捶，叮叮捶，咕噜咕噜，手放好，下课，起立。 | 潜移默化地引导学生总结所学内容，提升语言能力。<br>固定的下课仪式，帮助学生明白课已结束。 |

**评 鉴 表**

| 教 学 目 标 | 正 | 月 | 子 | 尚 | 姿 | 聪 | 桂 | 潘 | 心 | 勇 |
|---|---|---|---|---|---|---|---|---|---|---|
| 1. 在教师的引导下能使用废旧物品制作装饰品装饰海报 | * | * | | * | | | | | | |
| 2. 在教师指导下会使用剪刀持续剪直线 | | | * | | * | * | | | * | |
| 3. 能在教师的指导下在指定的图案范围内均匀着色 | | | | | | | | | * | |
| 4. 会使用双面胶粘贴图案 | | | | | | | * | * | | * |
| 0—完全困难或没有反应；1—在部分肢体协助下可以达成或偶有反应；2—需在辅具使用下可以独立完成或需口头提示下即可独立完成；3—独立完成且质量良好。 | | | | | | | | | | |

备注：标 * 号代表该学生有此目标。

## 二、运动与保健

### （一）运动与保健课学期教学计划

**广州市越秀区启智学校（2015学年度上学期）学期运动与保健课教学计划表**

五年级（1）班　教师：张淑玲

| 周次 | 一 | 二 | 三 | 四 | 五 | 六 | 七 | 八 | 九 | 十 | 十一 | 十二 | 十三 | 十四 | 十五 | 十六 | 十七 | 十八 | 十九 | 二十 | 二十一 |
|---|---|---|---|---|---|---|---|---|---|---|---|---|---|---|---|---|---|---|---|---|---|
| 日期 | 9/1—9/5 | 9/6—9/12 | 9/13—9/19 | 9/20—9/26 | 9/27—10/3 | 10/4—10/10 | 10/11—10/17 | 10/18—10/24 | 10/25—10/31 | 11/1—11/7 | 11/8—11/14 | 11/15—11/21 | 11/22—11/28 | 11/29—12/5 | 12/6—12/12 | 12/13—12/19 | 12/20—12/26 | 12/27—1/2 | 1/3—1/9 | 1/10—1/16 | 1/17—1/23 |
| 单元主题 | 高高兴兴来上学 | | 其乐融融庆中秋 | | | | | | | 神采奕奕运动会 | | | | | | | | | 开开心心过寒假 | | IEP检核会议 |
| 小主题 | 健健康康上学去 | | 1. 我的身体真强壮（三、四）<br>2. 我们来搬家（五、六）<br>3. 翻山越岭（七、八、九） | | | | | | | 1. 一起来蹦蹦跳跳（十、十一）<br>2. 飞人小子（十二、十三）<br>3. 我是投球高手（十四、十五）<br>4. 篮球是我的好朋友（十六、十七）<br>5. 校运会（十八） | | | | | | | | | 锻炼身体过寒假 | | |

## （二）艺能科教学周计划

**2015学年上学期五年级(1)班运动与保健活动设计**

主题名称：神采奕奕运动会　日期：11月2日至12月31日　执教者：张淑玲

<table>
<tr><td colspan="3">IEP目标：<br>2.1.1　能用侧步横向移动(心、子)<br>2.1.2　能单脚站立维持3秒(正)<br>2.1.2　在协助下，能以蹲姿进行活动至少维持2分钟(正)<br>2.1.3　能提重物行走一段距离(正、心)<br>2.2.1　能进行上肢抬举活动至少3分钟(潘、子、桂)<br>2.2.2　能做肘支撑坚持至少30秒(心)<br>2.3.1　能坚持做低强度、长时间的运动如行走、散步(心)<br>2.1.1　能用侧步横向移动(心、子)<br>6.2.1　能掌握至少两项运动技能(尚、月、姿)<br>6.2.2　能遵守游戏规则(尚、月、姿)<br>6.2.3　提升肢体肌耐力(尚、月、姿、心、子、潘、桂、正、聪、勇)</td></tr>
<tr><th>教学目标<br>(以周活动为单位的教学目标)</th><th>活动计划</th><th>教学资源</th></tr>
<tr><td>1. 能以踩球的方式单脚站立至少2秒(正)<br>2. 能跑3分钟(心)<br>3. 能模仿老师的上肢动作，如举手(潘、子、桂)<br>4. 掌握踢球的运动技能(月、尚、姿、桂、聪、子、心、潘)<br>5. 加强下肢肌力及肌耐力</td><td>第一周<br>1. 活动引入<br>● 热身活动：全身关节的放松，之后慢跑。<br>2. 技能教授<br>● 学习动物跳的姿势(青蛙、兔子、袋鼠)。<br>● 老师先示范给学生看让学生说出动物名称，之后学生模仿老师动作，进行练习。<br>A组(月、尚、姿、桂)：能用正确的方式向前跳。<br>B组(子、聪、心、潘)：在老师的口头提示下能双脚离地跳。<br>C组(正、潘)：在老师的肢体辅助下能双脚离地跳。<br>D组(勇)：能将牌子高举，听到老师说跳，就把牌子放下。<br>3. 综合活动：立定跳远<br>A组(月、尚、姿、桂)：能用正确的姿势跳远。</td><td>足球、小足球(没气)、足球门、雪糕筒、垫子</td></tr>
</table>

**续　表**

| 教学目标<br>（以周活动为单位的教学目标） | 活动计划 | 教学资源 |
|---|---|---|
| | B组（子、聪、心、潘）：能双脚跳起，并尽量向前方。<br>C组（正、潘）：在协助下，能跳起来拍羽毛球。<br>D组（勇）：拿着羽毛球拍拍到挂着的羽毛球。<br>4. 整理活动<br>放松：下肢肌肉放松操。 | |
| 1. 能以踩球的方式单脚站立至少2秒（正）<br>2. 能围着跑道做跑走3分钟（心）<br>3. 能按提示找到足球（潘）<br>4. 能跟老师做一样的动作如举手、踢腿（潘、心）<br>5. 掌握踢球的运动技能（月、尚、姿、桂、聪、子、心）<br>6. 加强下肢肌力及肌耐力 | 第二周<br>1. 活动引入<br>● 热身活动：《我的身体最神气》律动操。<br>2. 技能教授<br>● 复习原地向前跳的技巧。<br>A组（月、尚、姿、桂）：能用正确的方式向前跳。<br>B组（子、聪、心、潘）：在老师的口头提示下能双脚离地跳。<br>C组（正、潘）：在老师的肢体辅助下能双脚离地跳。<br>D组（勇）：能将牌子高举，听到老师说跳，就把牌子放下。<br>3. 综合活动：定点射门<br>足球放于足球门前5米，学生单脚站立在足球内侧，提起惯用脚把足球射进球门。<br>A组（月、尚、姿、桂）：能掌握用单脚射门动作。<br>B组（子、聪、心、潘）：能抬脚把足球踢出去。<br>C组（正、潘）：老师把充气不足的球滚向学生，让学生单脚踩球的方式将球稳住。<br>D组（勇）：能坐在垫子上把球推出去。<br>4. 整理活动<br>放松：下肢肌肉放松操。 | 足球、足球门、雪糕、垫子 |

续 表

| 教学目标<br>(以周活动为单位的教学目标) | 活动计划 | 教学资源 |
|---|---|---|
| 1. 能以单脚踩球的方式发令(正)<br>2. 能围着跑道做跑走5分钟(心)<br>3. 能按提示找到交接棒(潘)<br>4. 能跟老师做一样的动作如半蹲(潘、心)<br>5. 掌握接力跑的运动技能(月、尚、姿、桂、聪、子、心)<br>6. 加强下肢肌力及肌耐力<br>7. 加强心肺功能 | 第三周<br>1. 活动引入<br>● 热身活动：全身关节的放松，之后做下肢肌肉的伸展活动。<br>2. 技能教授<br>● 复习足球射门的技能。<br>● 足球放于足球门前5米，学生单脚站立在足球内侧，提起惯用脚把足球射进球门。<br>A组(月、尚、姿、桂)：能掌握用单脚射门动作。<br>B组(子、聪、心、潘)：能抬脚把足球踢出去。<br>C组(正、潘)：老师把充气不足的球滚向学生，让学生单脚踩球的方式将球稳住。<br>D组(勇)：能坐在垫子上把球推出去。<br>3. 综合活动<br>学习跑步的技能，之后进行跑步比赛。<br>按学生能力分组进行跑步游戏。<br>A组(月、尚、姿、桂)：能用正确的姿势从起点跑到终点(距离为10米)。<br>B组(子、聪、心、正)：能跟随他人从起点跑到终点。<br>C组(潘)：在牵拉下，从起点跑到终点。<br>D组(勇)：能单手举旗发令。<br>4. 整理活动<br>放松：上下肢肌肉的放松。 | 接力棒、发令旗、雪糕筒 |
| 1. 能在协助下维持蹲姿至少10秒(正)<br>2. 能围着跑道做跑走8分钟(心)<br>3. 能按提示找到垒球(潘)<br>4. 能跟老师做一样的动作如上肢侧平举(潘、心) | 第四周<br>1. 活动引入<br>● 热身活动：躯干、上肢、下肢肌肉的伸展与关节活动。<br>2. 技能教授<br>抓老鼠：学生每人一个垒球和一个小的雪糕筒，统一站在起跑线上，学生听到指令把球丢出去，拿着雪糕筒追球，追到球后用雪糕筒把球盖着，把球捡起回到起跑线作好下次准备。 | |

续　表

| 教学目标<br>(以周活动为单位的教学目标) | 活动计划 | 教学资源 |
| --- | --- | --- |
| 5. 能单手持球维持至少5秒(潘、子、桂)<br>6. 掌握垒球的运动技能(月、尚、姿、桂、聪、子、心)<br>7. 加强上下肢肌力及肌耐力<br>8. 加强心肺功能 | A组(月、尚、姿、桂)：能拿着雪糕筒追着球跑。<br>B组(子、聪、心)：在老师的口头提示下能拿着雪糕筒把球捡回来。<br>C组(正、潘)：在老师的肢体辅助下拿着雪糕筒跟球走。<br>D组(勇)：能抛球给老师。<br>3. 综合活动：看谁投的准<br>在学生3米、5米处放置两块目标牌，根据学生的能力分成两组，学生听到指令把手中的垒球投到对面的目标牌。<br>A组(月、尚、姿、桂)：能肩上曲肘过肩投球。<br>B组(子、聪、心)：能举起手把球扔出去。<br>C组(正、潘)：能下蹲捡球。<br>D组(勇)：能把球投掷到指定的篮子里。<br>4. 整理活动：<br>放松：躺在垫子上，听音乐，做全身放松。 | |
| 1. 能在协助下维持蹲姿至少10秒(正)<br>2. 能围着跑道做跑走8分钟(心)<br>3. 能按提示找到垒球(潘)<br>4. 能跟老师做一样的动作如上肢侧平举(潘、心)<br>5. 能单手持球维持至少10秒(潘、子、桂)<br>6. 掌握垒球的运动技能(月、尚、姿、桂、聪、子、心)<br>7. 加强上下肢肌力及肌耐力<br>8. 加强心肺功能 | 第五周<br>1. 活动引入<br>● 热身活动："我的身体最神气"律动操。<br>2. 技能教授<br>抓老鼠：学生每人一个篮球和一个小的羽毛球拍，统一站在起跑线上，学生听到指令把球丢出去，拿着羽毛球拍追球，追到球后用羽毛球拍把球盖着，把球捡起回到起跑线作好下次准备。<br>A组(月、尚、姿、桂)：能拿着羽毛球拍追着球跑。<br>B组(子、聪、心)：在老师的口头提示下能拿着羽毛球拍把球捡回来。<br>C组(正、潘)：在老师的肢体辅助下拿着羽毛球跟球走。<br>D组(勇)：能将篮球抛给老师。<br>3. 综合活动：看谁投的准<br>在学生3米、5米处放置两块目标牌，根据学生的能力分成两组，学生听到指令把手中的篮球投到对面的目标牌。 | 垒球、胶箱、橡皮筋、小雪糕筒 |

**续 表**

| 教学目标<br>(以周活动为单位的教学目标) | 活动计划 | 教学资源 |
| --- | --- | --- |
| | A组(月、尚、姿、桂)：能肩上曲肘过肩投球。<br>B组(子、聪、心)：能举起手把球扔出去。<br>C组(正、潘)：能蹲下捡球。<br>D组(勇)：能把篮球投掷到指定的篮子里。<br>4. 整理活动<br>放松：上下肢肌肉的放松。 | |
| 1. 能以踩球的方式单脚站立的方式发令(正)<br>2. 能围着跑道做跑走5分钟(心)<br>3. 能按提示找到交接棒(潘)<br>4. 能跟老师做一样的动作如半蹲(潘、心)<br>5. 掌握接力跑的运动技能(月、尚、姿、桂、聪、子、心)<br>6. 加强下肢肌力及肌耐力<br>7. 加强心肺功能 | 第六周<br>1. 活动引入<br>● 热身活动：全身关节的活动，之后做上肢和下肢肌肉的伸展。<br>2. 技能教授<br>● 复习跑步的技能，之后进行跑步比赛，按学生能力分组进行跑步游戏。<br>A组(月、尚、姿、桂)：能用正确的姿势从起点跑到终点(距离为10米)。<br>B组(子、聪、心、正)：能跟随他人从起点跑到终点。<br>C组(潘)：在牵拉下，从起点跑到终点。<br>D组(勇)：能单手举旗发令。<br>● 教授交接棒的技巧。<br>3. 综合活动<br>按学生能力分组进行4×10米的接力跑比赛。<br>A组(月、尚、姿、桂)：独自完成跑、交接棒的全过程。<br>B组(子、聪、心)：在口头提示下完成跑、交接棒的全过程。<br>C组(正、潘)：在肢体辅助下完成跑、交接捧的动作。<br>D组(勇)：能单手举旗发令。<br>4. 整理活动<br>放松：对上下肢肌肉进行拍打、按摩进行放松。 | 接力棒、发令旗、雪糕筒 |

**续　表**

| 教学目标<br>（以周活动为单位的教学目标） | 活动计划 | 教学资源 |
| --- | --- | --- |
| 1. 能在协助下维持蹲姿至少20秒（正）<br>2. 能围着跑道做跑走10分钟（心）<br>3. 能按提示找到篮球（潘）<br>4. 能跟老师做一样的动作如双脚打开站立（潘、心）<br>5. 掌握篮球的运动技能（月、尚、姿、桂、聪、子、心）<br>6. 加强上下肢肌力及肌耐力<br>7. 加强动作的协调性 | 第七周<br>1. 活动引入<br>● 热身活动：全身关节的活动，以及上肢和躯干的肌肉伸展。<br>2. 技能教授<br>教学生拍篮球的技巧。<br>● 老师讲解原地运球动作。<br>A组：提示用指根部和手指去拍打球，注意不要用掌心去拍打球。<br>B组：运球时的站姿，双脚平行站立、前后脚站立。<br>C组：模仿练习→分组练习、C组同学个别辅导→全班练习老师观察纠正。<br>● 原地运球练习与巩固。<br>A组（月、尚、姿、桂）：同学左、右手各原地运球20次。<br>B组（子、聪、心）：同学用习惯手原地连续运球10次。<br>C组（正、潘）：能在老师的肢体辅助下双手拍球3下。<br>D组（勇）：能在垫子上与老师做互相推、传篮球的动作。<br>3. 综合活动：赶小猪进门比赛<br>每个学生一个篮球，学生听到指令后用手拨篮球进对面的足球门里完成。<br>A组（月、尚、姿、桂）：能用手把球拨进球门。<br>B组（子、聪、心）：在老师的口头提示下用手把球拨进球门。<br>C组（正、潘）：在老师的肢体辅助下能用手把球拨进球门。<br>D组（勇）：坐姿下，能弯腰捡球并抱起递给老师或同学。<br>4. 整理活动<br>放松：上下肢肌肉的放松。 | 篮球、雪糕筒 |

续 表

| 教学目标<br>（以周活动为单位的教学目标） | 活动计划 | 教学资源 |
|---|---|---|
| 1. 能在协助下维持蹲姿至少20秒（正）<br>2. 能围着跑道做跑走10分钟（心）<br>3. 能按提示找到篮球（潘）<br>4. 能跟老师做一样的动作如双脚打开站立（潘、心）<br>5. 掌握篮球的运动技能（月、尚、姿、桂、聪、子、心）<br>6. 加强上下肢肌力及肌耐力<br>7. 加强动作的协调性 | 第八周<br>1. 活动引入<br>● 热身活动：全身关节的放松活动，并慢跑。<br>2. 综合复习，为校运会做准备<br>按照运动会，学生所报比赛项目做分组练习。<br>3. 整理活动<br>放松：上下肢肌肉的放松。 | 篮球、雪糕筒 |

评 鉴 表

| IEP/本专业目标 | 月 | 尚 | 姿 | 桂 | 子 | 聪 | 心 | 潘 | 正 | 勇 |
|---|---|---|---|---|---|---|---|---|---|---|
| 1. 加强学生上下肢的力量 | * | * | * | * | * | * | * | * | * | * |
| 2. 能单脚独立维持3秒 | | | | | | | | | * | |
| 3. 在协助下，能以蹲姿进行活动至少维持2分钟 | | | | | | | | | * | |
| 4. 加强学生身体动作计划性 | * | * | * | * | * | * | * | * | * | * |
| 5. 能够进行上肢抬举活动至少3分钟 | | | | * | * | | | * | | |
| 6. 加强学生上下肢力量 | | | | * | * | | | | | * |
| 7. 能坚持做低强度长时间的运动，如行走散步 | | | | | | | * | | | |
| 8. 能进行手脚交替活动，如踏步、早操 | | | | | | | * | * | | |
| 9. 能用侧步横向移动 | | | | | * | | * | | | |
| 10. 能掌握至少两项运动技能 | * | * | * | * | * | * | * | | | |

续 表

| IEP/本专业目标 | 月 | 尚 | 姿 | 桂 | 子 | 聪 | 心 | 潘 | 正 | 勇 |
|---|---|---|---|---|---|---|---|---|---|---|
| 11. 提升学生的心肺功能 | * | * | * | * | * | * | * | * | * | * |
| 0—完全困难或没有反应;1—在部分肢体协助下可以达成或偶有反应;2—需在辅具使用下可以独立完成或需口头提示下即可独立完成;3—独立完成且质量良好。 | | | | | | | | | | |

备注:标 * 号代表该学生有此目标。

(三) 运动与保健课教学活动设计

## “打篮球”教学活动设计

执教者:张淑玲

**教学内容分析:**

开展篮球教学对学生各方面的能力发展都有好处。篮球具有对抗性、集体性、综合性和游戏性的特点,深受学生喜爱。本单元分为以下几个部分:原地拍球—行进间运球—传接球—投篮。篮球活动中,上肢运用较多,在拍球的过程中,学生可以通过手亲自去感知球的形状、质感、大小等,反复对球的触摸和拍球的反作用力有助于学生的触觉与本体觉的整合。在传球的过程中,学生要具有奔跑、躲闪的能力和高度集中的精神,才能在变化莫测的篮球运动中必须要不停的去调整姿势以迎接从不同的方向反弹回来的球。因此,篮球训练了学生的粗大动作、手眼协调能力、注意力、躲闪能力,实现了康复的目的。同时,篮球运动是在有规则约束的情况下进行的运动项目,对于培养学生遵守纪律、听从指挥的行为习惯有很好的促进作用。篮球竞赛的趣味性比较高,容易吸引学生的目光与调动学生的良好情绪,还可以训练学生团结协作的集体主义精神。

**教学对象分析:**

本次课的授课对象为本校五年级(1)班的学生,共 10 人,其中 5 名自闭症儿童,1 名智障儿童,脑瘫 2 人,唐氏 2 人。现根据教学需要分成两组,A 组 4 人,B 组 4 人,C 组 2 人。A 组学生身体协调性比较好,能遵守上课纪律,能根据老师的指令灵活的做出各种动作,对动作技能与游戏规则的理解能力相对较好，但偶尔会因环境中不相关的刺激而分心。B组学生注意力与指令性稍弱，过动或注意力完全不能集中，自我约束能力和控制能力较弱，对一个事物的注意力不持久，对活动目标不能完全理解，对动作技巧学习有难度，身体协调性与动作计划能力较弱，动作灵活度较弱、笨拙，各种感知觉不能较好的整合，奔跑、躲闪能力也较弱，同时在课堂上不能很好地遵守课堂规则，不清楚活动的目标，在课堂上总是表现出一种无所事事的状态，但经过教师的反复说明、身体示范、鼓励等手段，情况会有所好转。C组学生为脑瘫学生，有一定的认知能力，但身体运动能力和自我控制能力较弱。

**教学目标：**

| 组　别 | 教　学　目　标 |
|---|---|
| A组 | 1. 学生能自如控制篮球。<br>2. 能够左、右手分别在原地运球，次数达到20次以上。（月、尚、姿、桂） |
| B组 | 能够用自己的惯用手在原地运球，次数达到10次以上。（聪、子、心） |
| C组 | 能双手抱住球，做推、传的动作。（正、勇、潘） |

**教学重点、难点：**

重点：掌握篮球原地运球的动作。

难点：在拍球、运球的过程中对篮球的操控。

**教学准备：**篮球场、篮球10个、雪糕筒4个。

**教学过程分析：**

| 教　学　过　程 | 设计意图及支持策略 |
|---|---|
| 一、活动引入<br>1. 师生问好、点名。告诉学生在12月学校准备开运动会，篮球运球、篮球投篮是我们校运会比赛项目之一，这节课我们学习篮球拍球。<br>2. 做球操，排成两列横队，老师带着学生做球操。<br>要求学生双手持球，做上举、转腕、弯腰、下蹲、转体等动作熟悉球性。 | 配合主题“校运会”，建立课堂常规。<br>通过有趣的球操做准备活动，初步感知球性。<br>通过游戏再次让学熟悉球性。 |

续　表

| 教　学　过　程 | 设计意图及支持策略 |
| --- | --- |
| 二、技能教授<br>排成两列纵队，学生在胸前抱球跑到对面的雪糕筒折回到起点把球交给另一位同学然后排到队伍后面。<br>三、综合活动<br>1. 老师讲解原地运球动作。<br>● 提示用指根部和手指去拍打球，不要用掌心去拍打球。<br>● 运球时的站姿，双脚平行站立、前后脚站立。<br>2. 模仿练习→分组练习、C组同学个别辅导→全班练习老师观察纠正。 | 情景教学：我们要与篮球做好朋友，五指张开用手掌轻轻压下去，这样就会跟我们做好朋友了。然后教学生边唱你真乖、你真棒！边拍球。<br>采用讲解与示范教学方法使学生掌握篮球原地运球的动作，突破重点。<br>分层教学，巡视并个别辅导，解决教学难点。 |
| 3. 原地运球练习与巩固。<br>分层达标：A组同学左、右手各原地运球20次。<br>B组同学用习惯手原地连续运球10次。<br>C组同学座、跪在垫子上互相推、传篮球。 | 分层检测学生达标情况。 |
| 运球接力游戏：把A组与B组同学分成两队，采用运球接力方式进行。C组传球练习：坐在垫子上相互做推、传球。 | 分层教学为学生提供拓展训练机会，为下节课内容作铺垫。 |
| 四、整理活动<br>评价学生课堂的学习情况，请做得好的同学示范。<br>布置学生在家或每天大课间活动时间加强练习。 | 让做得好的同学示范表演，既满足学生的成功需要，也能以此做榜样强化动作规范。 |

评　鉴　表

| 目　标 | 姿 | 月 | 尚 | 桂 | 聪 | 子 | 心 | 潘 | 正 | 勇 |
| --- | --- | --- | --- | --- | --- | --- | --- | --- | --- | --- |
| 1. 学生能自如控制好篮球 | * | * | * | * | | | | | | |
| 2. 能够左、右手分别在原地运球，次数达到20次以上 | * | * | * | * | | | | | | |
| 3. 能够用自己的习惯手在原地运球，次数达到10次以上(聪、子、心、桂) | | | | | * | * | * | | | |
| 4. 能坐在垫子上点名推篮球 | | | | | | | | * | * | * |
| 5. 能跪在垫子上点名传球 | | | | | | | | * | * | * |
| 0—完全困难或没有反应；1—在部分肢体协助下可以达成或偶有反应；2—需在辅具使用下可以独立完成或需口头提示下即可独立完成；3—独立完成且质量良好。 | | | | | | | | | | |

备注：标*号代表该学生有此目标。

## 三、唱游与律动

### （一）唱游与律动课学期教学计划

**广州市越秀区启智学校(2015学年度上学期)学期音乐教学计划表**

五年级(1)班　教师：肖琪

| 周次 | 一 | 二 | 三 | 四 | 五 | 六 | 七 | 八 | 九 | 十 | 十一 | 十二 | 十三 | 十四 | 十五 | 十六 | 十七 | 十八 | 十九 | 二十 | 二十一 |
|---|---|---|---|---|---|---|---|---|---|---|---|---|---|---|---|---|---|---|---|---|---|
| 日期 | 9/1—9/5 | 9/6—9/12 | 9/13—9/19 | 9/20—9/26 | 9/27—10/3 | 10/4—10/10 | 10/11—10/17 | 10/18—10/24 | 10/25—10/31 | 11/1—11/7 | 11/8—11/14 | 11/15—11/21 | 11/22—11/28 | 11/29—12/5 | 12/6—12/12 | 12/13—12/19 | 12/20—12/26 | 12/27—1/2 | 1/3—1/9 | 1/10—1/16 | 1/17—1/23 |
| 单元主题 | 高高兴兴来上学 | | 其乐融融庆中秋 | | | | | | | 神采奕奕运动会 | | | | | | | | | 开开心心过寒假 | | |
| 小主题 | 1. 歌曲表演：《高高兴兴上学校》<br>2. 歌曲学习：《长大后我就变成你》 | | 1. 歌曲学习：《八月十五月儿圆》(三、四)<br>2. 歌曲表演：《八月十五月儿圆》(五)<br>3. 歌曲学习：《游击队队歌》(六、七)<br>4. 打击乐小合奏：《游击队队歌》(八、九) | | | | | | | 1. 歌曲学习《运动操》(十)<br>2. 歌曲律动《运动操》(十一)<br>3. 乐器伴奏《运动操》(十二)<br>4. 歌曲学习《勇敢向前冲》(十三)<br>5. 歌曲律动《勇敢向前冲》(十四)<br>6. 乐器合奏《勇敢向前冲》(十五)<br>7. 歌曲表演《勇敢向前冲》(十六)<br>8.《我是歌星》演唱会(十七、十八) | | | | | | | | | 我是歌手(卡拉OK) | | IEP检核会议 |

## (二) 唱游与律动课教学周计划

**2015 学年上学期五年级(1)班唱游与律动课教学周计划**

主题名称：快乐的运动会　日期：11 月 2 日至 12 月 31 日　执教者：肖　琪

<table>
<tr><td colspan="3">IEP 目标：<br>2.2.1　能够进行上肢抬举活动至少三分钟(潘、子、桂)<br>6.2.2　能遵守游戏规则，如只在区域内玩(潘、姿、月、正、桂)<br>7.1.1　能唱卡拉 OK(子、勇、姿)</td></tr>
<tr><td>教学目标<br>(以周活动为单位的教学目标)</td><td>教　学　计　划</td><td>教学资源</td></tr>
<tr><td>1. 能在语言提示下指出自己喜欢的歌曲(子、勇、姿)<br>2. 能在聆听歌曲时有反应(心、潘、勇)<br>3. 能随音乐在提示下低声哼唱歌词(姿、桂、聪、子)<br>4. 能跟随音乐大声跟唱歌词(正、尚、月)</td><td>第一周：歌曲学习《运动操》<br>1. 暖身活动<br>(1) 常规问好：《你好歌》。<br>(2) 歌曲点唱：点唱(子、勇、姿)。<br>放音乐全班跟唱(姿领唱)。<br>2. 音乐活动：学习歌曲《运动操》<br>(1) 熟悉旋律：看歌曲视频。<br>(2) 跟随歌曲轻声哼唱。<br>(3) 逐句教学：歌词念白教学。<br>(4) 歌曲教学：跟随音乐，大声跟唱歌词。<br>(5) 全首完整跟唱：<br>A 组(正、尚、月)，能跟随歌曲原唱模仿唱出歌词。<br>B 组(姿、桂、聪、子)，能跟随歌曲原唱在老师提示下低声哼唱部分歌词。<br>C 组(心、潘、勇)，能在老师协助下随音乐轻轻摆动头部或上肢。<br>3. 小结、放松活动<br>(1) 放松操《小太阳》。<br>(2)《再见歌》。</td><td>歌曲节目单<br><br>电脑<br>投影仪<br>音响</td></tr>
<tr><td>1. 能看图指出自己喜欢的歌曲(子、勇、姿)<br>2. 能跟随音乐在辅助下做头部运动(勇)</td><td>第二周：歌曲律动《运动操》<br>1. 暖身活动<br>(1) 常规问好：《你好歌》。<br>(2) 歌曲点唱：(歌曲收集，至少有一首与上周不同)点唱(子、勇、姿)。<br>放音乐全班跟唱(姿领唱)。</td><td>歌曲节目单</td></tr>
</table>

**续　表**

| 教学目标<br>（以周活动为单位的教学目标） | 教　学　计　划 | 教学资源 |
|---|---|---|
| 3. 能跟随音乐在提示下进行上肢律动（潘、子、桂）<br>4. 能跟随音乐在提示下模仿做律动动作（姿、桂、聪）<br>5. 能主动跟随音乐做完整律动（正、尚、月）<br>6. 能参与音乐活动（歌曲收集） | 2. 音乐活动：歌曲表演《运动操》<br>(1) 复习《运动操》，跟随音乐大声唱。<br>(2) 律动教学：分段教学。<br>(3) 跟随音乐做全曲律动。<br>(4) 跟随音乐节奏自由律动：<br>A组（正、尚、月）：能主动跟随歌曲做完整律动动作。<br>B组（姿、桂、聪、子）：能跟随歌曲在语言提示下模仿做律动动作。<br>C组（心、潘、勇）：能跟随音乐在老师协助下做上肢的律动。<br>3. 小结、放松活动<br>(1) 放松操《小太阳》。<br>(2)《再见歌》。 | 电脑<br>投影仪<br>音响 |
| 1. 能跟随音乐在提示下做上肢律动（心、潘、勇）<br>2. 能跟随音乐在提示下模仿做律动动作（姿、桂、聪、子）<br>3. 能跟随音乐边唱边做律动动作（正、尚、月）<br>4. 能跟随音乐按节奏演奏铃鼓（正、尚、月）<br>5. 能跟随音乐模仿拍铃鼓（姿、桂、聪、子）<br>6. 能跟随音乐在辅助下轻拍铃鼓（心、潘、勇） | 第三周：乐器伴奏《运动操》<br>1. 暖身活动<br>(1) 常规问好：《你好歌》。<br>(2) 歌曲点唱：（歌曲收集）。<br>2. 音乐活动：乐器伴奏《运动操》<br>(1) 复习律动，跟随音乐做律动：<br>A组（正、尚、月），能跟随歌曲原唱边唱边做律动。<br>B组（姿、桂、聪、子），能跟随音乐在老师提示下模仿做律动。<br>C组（心、潘、勇），能在老师协助下随音乐轻轻摆动头部或上肢。<br>(2) 学习用 X $\underline{X\ X}$ \| 的节奏型为歌曲做声势伴奏。<br>(3) 学习铃鼓的演奏方法。<br>(4) 学习用 X $\underline{X\ X}$ \| 的节奏型为歌曲做乐器伴奏：<br>A组（正、尚、月）：能跟随音乐按节奏正确的演奏铃鼓。<br>B组（姿、桂、聪、子）：能跟随音乐在老师提示下演奏铃鼓。<br>C组（心、潘、勇）：能跟随音乐在老师协助下拍铃鼓。 | 歌曲节目单<br><br>电脑<br>投影仪<br>音响<br><br>乐器：铃鼓 |

**续　表**

| 教学目标<br>（以周活动为单位的教学目标） | 教　学　计　划 | 教学资源 |
| --- | --- | --- |
| | 3. 小结、放松活动<br>（1）放松操《小太阳》。<br>（2）《再见歌》。 | |
| 1. 能看图指出自己喜欢的歌曲的歌名（正、尚、月、姿、桂、聪、子）<br>2. 能遵守音乐游戏规则，如只在区域内表演（潘、姿、月、正、尚、桂）<br>3. 能跟随音乐在辅助下有节奏地拍手（心、潘、勇）<br>4. 能跟随音乐在提示下低声哼唱歌词（尚、桂、聪、子）<br>5. 能随音乐大声跟唱歌词（正、尚、月）<br>6. 能主动参与音乐活动（歌曲收集） | 第四周：歌曲学习《勇敢向前冲》<br>1. 暖身活动<br>（1）常规问好：《你好歌》《运动操》。<br>（2）歌曲点唱：点唱（正、尚、月、姿、桂、聪、子）。<br>放音乐全班跟唱（可选领唱）。<br>2. 音乐活动：学习歌曲《勇敢向前冲》<br>（1）熟悉旋律：看歌曲视频。<br>（2）跟随歌曲轻声哼唱。<br>（3）逐句教学：歌词念白教学。<br>（4）歌曲教学：跟随音乐，大声跟唱歌词。<br>（5）全首完整跟唱：<br>A组（正、尚、月），能跟随歌曲原唱模仿唱出歌词。<br>B组（姿、桂、聪、子），能跟随歌曲原唱在老师提示下低声哼唱部分歌词。<br>C组（阳、潘、勇），能在老师协助下随音乐轻轻摆动头部或上肢。<br>3. 小结、放松活动<br>（1）放松操《小太阳》。<br>（2）《再见歌》。 | 歌曲节目单<br><br><br><br>电脑<br>投影仪<br>音响 |
| 1. 能跟随音乐与他人齐唱歌曲（正、尚、月）<br>2. 能跟随音乐在辅助下做头部运动（勇）<br>3. 能跟随音乐在提示下进行上肢律动（潘、子、桂）<br>4. 能跟随音乐在提示下模仿做律动动作（姿、桂、聪） | 第五周：歌曲律动《勇敢向前冲》<br>1. 暖身活动<br>（1）常规问好：《你好歌》《运动操》。<br>（2）歌曲点唱：轮流点唱。<br>放音乐全班跟唱（可选领唱）。<br>2. 音乐活动：歌曲律动《勇敢向前冲》<br>（1）复习《勇敢向前冲》，跟随音乐大声唱。<br>（2）律动教学：分段教学。<br>（3）跟随音乐做全曲律动。<br>（4）跟随音乐节奏自由律动：<br>A组（正、尚、月），能主动跟随歌曲做完整律动动作。 | 歌曲节目单<br><br><br><br>电脑<br>投影仪<br>音响 |

续　表

| 教学目标<br>（以周活动为单位的教学目标） | 教　学　计　划 | 教学资源 |
|---|---|---|
| 5. 能主动跟随音乐做完整律动（正、尚、月） | B组（姿、桂、聪、子），能跟随歌曲在语言提示下模仿做律动动作。<br>C组（心、潘、勇），能跟随音乐在老师协助下做上肢的律动。<br>3. 小结、放松活动<br>（1）放松操《我来给你捶捶背》。<br>（2）《再见歌》。 | |
| 1. 能遵守音乐游戏规则（如轮流点歌）<br>2. 能跟随音乐节奏用正确方法演奏鼓（正、尚、月）<br>3. 能跟随音乐节奏模仿拍铃鼓（姿、桂、聪、子）<br>4. 能跟随音乐节奏在辅助下拍铃鼓（心、潘、勇） | 第六周：乐器合奏《勇敢向前冲》<br>1. 暖身活动<br>（1）常规问好：《你好歌》。<br>（2）歌曲点唱：点唱（正、尚、月、姿、桂、聪、子）。<br>放音乐全班跟唱（可选领唱）。<br>2. 音乐活动：乐器合奏《勇敢向前冲》<br>（1）复习律动，跟随歌曲做律动：<br>A组（正、尚、月），能跟随歌曲原唱边唱边做律动。<br>B组（姿、桂、聪、子），能跟随音乐在老师提示下模仿做律动。<br>C组（心、潘、勇），能在老师协助下随音乐轻轻摆动头部或上肢。<br>（2）学习用 $X\ \underline{X\ X}\ \vert$ 的节奏型为歌曲做声势伴奏。<br>（3）复习铃鼓的演奏方法（姿、桂、聪、子、心、潘、勇）。<br>（4）学习鼓的演奏方法（正、尚、月）。<br>（5）学习用 $X\ \underline{X\ X}\ \vert$ 的节奏型为歌曲做乐器伴奏：<br>A组（正、尚、月），能跟随音乐按节奏正确的演奏鼓。<br>B组（姿、桂、聪、子），能跟随音乐在老师提示下演奏铃鼓。<br>C组（心、潘、勇），能跟随音乐在老师协助下拍铃鼓。<br>3. 小结、放松活动<br>（1）放松操《我来给你捶捶背》。<br>（2）《再见歌》。 | 歌曲节目单<br><br>电脑<br>投影仪<br>音响<br><br>打击乐器：<br>鼓、铃鼓 |

**续　表**

| 教学目标<br>（以周活动为单位的教学目标） | 教　学　计　划 | 教学资源 |
|---|---|---|
| 1. 能跟随音乐节奏在辅助下拍铃鼓（心、潘、勇）<br>2. 能跟随音乐节奏模仿做律动动作（姿、桂、聪、子）<br>3. 能跟随音乐边唱边按节奏拍鼓（正、尚、月）<br>4. 能主动参与音乐表演（正、尚、月）<br>5. 能在提示下参与音乐表演（姿、桂、聪、子）<br>6. 能在辅助下参与音乐表演（心、潘、勇） | 第七周：歌曲表演《勇敢向前冲》<br>1. 暖身活动<br>（1）常规问好：《你好歌》《运动操》。<br>（2）歌曲点唱：轮流点唱。<br>放音乐全班跟唱（可选领唱）。<br>2. 音乐活动：歌曲表演《勇敢向前冲》<br>（1）听音乐，复习乐器合奏。<br>（2）角色分组练习：<br>A组（正、尚、月）：演唱＋鼓。<br>B组（姿、桂、聪、子）：律动或铃鼓。<br>C组（心、潘、勇）：铃鼓。<br>（3）跟随音乐分段进行合作练习。<br>（4）跟随音乐进行全曲合作表演：<br>A组（正、尚、月）：能跟随歌曲原唱边唱边按节奏拍鼓。<br>B组（姿、桂、聪、子）：能跟随歌曲模仿做律动动作或拍铃鼓。<br>C组（心、潘、勇）：能跟随音乐在老师协助下拍铃鼓。<br>3. 小结、放松活动<br>（1）放松操《我来给你捶捶背》。<br>（2）《再见歌》。 | 歌曲节目单<br><br>电脑<br>投影仪<br>音响<br><br>打击乐器：<br>鼓、铃鼓 |
| 1. 能遵守音乐游戏规则（如轮流点歌）<br>2. 能主动与他人分享自己喜欢的歌曲（正、尚、月）<br>3. 能主动参与音乐表演（正、尚、月）<br>4. 能在提示下参与音乐表演（姿、桂、聪、子）<br>5. 能在辅助下参与音乐表演（心、潘、勇） | 第八周：《我是歌星》演唱会<br>1. 暖身活动<br>常规问好：《你好歌》。<br>2. 音乐活动：《我是歌星》演唱会<br>（1）点歌：<br>A组（正、尚、月）：能说出自己喜欢的歌曲。<br>B组（姿、桂、聪、子）：能在提示下指认自己喜欢的歌曲。<br>C组（心、潘、勇）：能在老师辅助下点歌。<br>（2）卡拉OK演唱表演：<br>A组（正、尚、月）：能用喜欢的方式进行表演（边唱边律动或边唱边乐器伴奏）。 | 歌曲节目单<br><br>电脑<br>投影仪<br>音响<br><br>打击乐器：<br>鼓、铃鼓 |

**续　表**

| 教学目标（以周活动为单位的教学目标） | 教　学　计　划 | 教学资源 |
|---|---|---|
| | B组（姿、桂、聪、子）：能在老师提示下选择喜欢的方式进行表演（哼唱、律动、乐器伴奏）。<br>C组（心、潘、勇）：能在老师辅助下随音乐拍铃鼓。<br>3. 小结、放松活动<br>（1）放松操《我来给你捶捶背》。<br>（2）《再见歌》。 | |

**评　鉴　表**

| 教　学　目　标 | 正 | 尚 | 月 | 姿 | 子 | 桂 | 聪 | 心 | 潘 | 勇 |
|---|---|---|---|---|---|---|---|---|---|---|
| 1. 能在语言提示下指出自己喜欢的歌曲 | | | | * | * | | | | | * |
| 2. 能在聆听歌曲时有反应 | | | | | | | | * | * | * |
| 3. 能随音乐在提示下低声哼唱歌词 | | | | * | * | * | * | | | |
| 4. 能跟随音乐模仿唱歌词 | * | * | * | | | | | | | |
| 5. 能看图指出自己喜欢的歌曲 | * | * | * | * | * | * | * | | | * |
| 6. 能跟随音乐在辅助下做头部运动 | | | | | | | | | | * |
| 7. 能跟随音乐在提示下进行上肢律动 | | | | | * | * | | * | * | |
| 8. 能跟随音乐在提示下模仿做律动动作 | | | | * | | * | * | | | |
| 9. 能主动跟随音乐做完整律动 | * | * | * | | | | | | | |
| 10. 能参与音乐活动（歌曲收集） | * | * | * | * | * | * | * | * | * | * |
| 11. 能跟随音乐边唱边做律动动作 | * | * | * | | | | | | | |
| 12. 能跟随音乐按节奏演奏铃鼓 | * | * | * | | | | | | | |
| 13. 能跟随音乐模仿拍铃鼓 | | | | * | * | * | * | | | |
| 14. 能跟随音乐在辅助下轻拍铃鼓 | | | | | | | | * | * | * |
| 15. 能遵守音乐游戏规则，如只在区域内表演 | * | * | * | * | | * | | | * | |

续　表

| 教　学　目　标 | 正 | 尚 | 月 | 姿 | 子 | 桂 | 聪 | 心 | 潘 | 勇 |
|---|---|---|---|---|---|---|---|---|---|---|
| 16. 能遵守音乐游戏规则(如轮流点歌) | | | | | | | | * | * | * |
| 17. 能跟随音乐在辅助下有节奏地拍手 | | | | | | | | * | * | * |
| 18. 能跟随音乐节奏用正确方法演奏鼓 | * | * | * | | | | | | | |
| 19. 能主动参与音乐表演 | * | * | * | | | | | | | |
| 20. 能在提示下参与音乐表演 | | | | * | * | * | * | | | |
| 21. 能在辅助下参与音乐表演 | | | | | | | | * | * | * |
| 22. 能主动与他人分享自己喜欢的歌曲 | * | * | * | | | | | | | |
| 0—完全困难或没有反应;1—在部分肢体协助下可以达成或偶有反应;2—需在辅具使用下可以独立完成或需口头提示下即可独立完成;3—独立完成且质量良好。 | | | | | | | | | | |

备注：标 * 号代表该学生有此目标。

(三) 艺能科教学活动设计

## 乐器合奏《勇敢向前冲》教学活动设计

执教者：肖　琪

**教学内容分析：**

本课教学活动中，主要运用三首音乐：《你好歌》《对比》和《勇敢向前冲》。第一个问好活动音乐《你好歌》，第二个是乐器练习音乐《对比》，两首音乐都是两段体结构，结构规整，节奏明显，学生能较容易根据歌词或节奏做出反应。《勇敢向前冲》是 ABAB 结构曲式，分段明显，歌词清楚，能使学生容易根据歌词意思变化，做不同的动作。

**教学对象分析：**

这个班共有学生 10 人，智障 1 名、唐氏综合征 2 名、自闭症 5 名、脑瘫 2 名。整体来说，学生对音乐比较感兴趣，有一定的模仿力，有两个学生节奏感较强；但是由于整体语言能力较弱，所以唱的能力受到限制，大部分学生的注意力、听指令能力稍弱，需要老师提供多种形式及方法来提高学生的注意力。

**教学目标：**

| 组　别 | 教　学　目　标 |
| --- | --- |
| A组 | 1. 能跟随音乐边唱做律动动作<br>2. 能按 X <u>X X</u> \| 节奏演奏鼓<br>3. 能跟随音乐用乐器合奏同一乐曲 |
| B组 | 1. 能模仿老师动作做律动<br>2. 能在他人提示下按 X <u>X X</u> \| 节奏拍铃鼓<br>3. 能跟随音乐在老师提示下用乐器合奏同一乐曲 |
| C组 | 1. 能在老师协助下做上肢动作<br>2. 能在他人辅助下拍铃鼓<br>3. 能跟随音乐在老师协助下用乐器合奏同一乐曲 |

**教学重点、难点：**能打准 X <u>X X</u> | 的节奏型。

**教学过程：**

| 教　学　过　程 | 设计意图及支持策略 |
| --- | --- |
| 一、课堂常规<br>1. 学生随《勇敢向前冲》的音乐进教室，音乐停止学生围圈坐下。<br>2. 问好：唱《你好歌》，师生随歌词互相拍手和握手问好。<br>A组：能用唱歌和律动的形式向老师问好（正、尚、月）。<br>B组：能用律动的形式向老师问好（姿、桂、聪、子）。<br>C组：能用手势表达回应老师（心、潘、勇）。 | 让学生在课程开始对本课要学习的音乐引起兴趣。<br><br>和每一个学生问好，让学生感受被关注。也让学生关注一起上课的有什么人，建立学生间的友谊。 |
| 二、暖身活动<br>歌曲点唱：点唱（正、尚、月、姿、桂、聪、子）。<br>放音乐全班跟唱（可举手自荐做领唱）。<br>三、导入课题：乐器合奏《勇敢向前冲》<br>1. 乐器游戏《对比》：<br>A组打鼓：音乐快时拍，音乐慢时停止。<br>B、C组拍铃鼓：音乐快时停止，音乐慢时拍。 | 热身运动，利用点唱环节调动起学生的学习情绪，领唱可增强学生的自信心。 |
| 2. 出示课题《勇敢向前冲》。<br>（1）看歌曲视频复习歌唱与律动：<br>A组（正、尚、月），能跟随歌曲原唱边唱边做律动。 | 让学生感知稳定的节奏，为解决这节课的难点做铺垫。 |

续　表

| 教　学　过　程 | 设计意图及支持策略 |
|---|---|
| B组(姿、桂、聪、子),能跟随音乐在老师提示下模仿做律动。<br>C组(心、潘、勇),能在老师协助下随音乐轻轻摆动头部或上肢。<br>(2) 师生拍 x x x \| 节奏为歌曲进行声势伴奏:<br>A组,能边拍节奏边演唱歌曲(正、尚、月)。<br>B组,能在老师提示下哼唱歌曲(姿、桂、聪、子)。<br>C组,能在老师协助下跟随旋律拍手(心、潘、勇)。<br>3. 乐器游戏:按老师出示的鼓和铃鼓的乐器图片演奏乐器(图片举起就演奏,图片放下就要停止)。<br>4. 分组学习用 x x x \| 的节奏型为歌曲做乐器伴奏:<br>A组,能随音乐按 x x x \| 节奏演奏鼓(正、尚、月)。<br>B组,在老师提示下模仿 x x x \| 节奏拍铃鼓(姿、桂、聪、子)。<br>C组,在老师协助下在"X"节奏是拍一下铃鼓(心、潘、勇)。<br>5. 用乐器为歌曲《勇敢向前冲》进行合奏。<br>四、小结、放松活动<br>放松操《小太阳》。<br>五、小结再见<br>师生回顾这节课的上课内容,一起唱《再见歌》下课。 | 教学拓展:用分组的练习提高学生的注意力,使学生对节奏有更直观的印象。<br>引导学生分组表演,熟悉本课的学习重点。<br>调整学生兴奋的情绪,休息放松。<br>帮助学生回忆并了解这节课自己参与了哪些活动。 |

评　鉴　表

| 教　学　目　标 | 正 | 尚 | 月 | 姿 | 桂 | 聪 | 子 | 心 | 潘 | 勇 |
|---|---|---|---|---|---|---|---|---|---|---|
| 1. 能跟随音乐边唱做律动动作 | * | * | * | * | | | | | | |
| 2. 能按 x x x \| 节奏演奏鼓 | * | * | * | * | | | | | | |
| 3. 能跟随音乐用乐器合奏同一乐曲 | * | * | * | * | | | | | | |
| 4. 能模仿老师动作做律动 | | | | | * | * | * | * | | |
| 5. 能在他人提示下按 x x x \| 节奏拍铃鼓 | | | | | * | * | * | * | | |
| 6. 能跟随音乐在老师提示下用乐器合奏同一乐曲 | | | | | * | * | * | * | | |
| 7. 能在老师协助下做动作 | | | | | | | | | * | * |
| 8. 能在他人辅助下拍铃鼓 | | | | | | | | | * | * |

续 表

| 教学目标 | 正 | 尚 | 月 | 姿 | 桂 | 聪 | 子 | 心 | 潘 | 勇 |
|---|---|---|---|---|---|---|---|---|---|---|
| 9. 能跟随音乐在老师协助下用乐器合奏同一乐曲 | | | | | | | | | * | * |
| 0—完全困难或没有反应;1—在部分肢体协助下可以达成或偶有反应;2—需在辅具使用下可以独立完成或需口头提示下即可独立完成;3—独立完成且质量良好。 | | | | | | | | | | |

备注：标 * 号代表该学生有此目标。

# 第三节 康复科教学活动设计

## 一、情绪行为管理组

### (一) 专业组教学周计划

**2015 学年上学期五年级(1)班某生(心)情绪与行为管理组活动计划**

主题名称：神采奕奕运动会　日期：11 月 2 日至 12 月 31 日　执教者：梁　娟

| IEP 目标：<br>5.2.1 能在五张图片中选择适当的图片表达需求 | | |
|---|---|---|
| 教学目标<br>(以周活动为单位的教学目标) | 活动计划 | 教学资源 |
| 在辅助下能拿自己桌面的图片给老师进行交换 | 第一周,能用图片表达需求(第一阶)<br>1. 活动预告。<br>2. 训练过程,点心时间。<br>(1) 主教老师用零食诱发学生动机,学生直接伸手拿零食,则助教老师肢体辅助学生拿图片和主教老师交换零食。<br>(2) 主教老师用零食诱发学生动机,学生动了动手但没有拿图片,则助教老师用手触碰学生胳膊辅助学生拿图片和主教老师交换零食。<br>3. 收拾整理。<br>依据老师的指示把物品放好。 | 零食、零食图片、喝水图片 |

续　表

| 教学目标<br>（以周活动为单位的教学目标） | 活　动　计　划 | 教学资源 |
| --- | --- | --- |
| | 班级支持目标：课间能在辅助下拿喝水图片表达要喝水。<br>班级支持策略：老师把水放在学生看到，不容易拿的地方，当学生要去拿水，老师随即辅助拿图片，递给另一个老师，接到图片的老师指着图片对学生说："小阳要喝水。"随即把水给小阳。 | |
| 能主动拿图片给老师进行交换 | 第二周，能用图片表达需求（第一阶）<br>1. 活动预告。<br>2. 训练过程，交换时间。<br>（1）主教老师用零食诱发学生动机，助教老师辅助学生拿图片和主教老师交换零食。<br>（2）主教老师用零食诱发学生动机，学生主动拿图片和主教老师交换零食。<br>（3）主教老师用手机诱发学生动机，助教老师辅助学生拿图片和主教老师交换手机。<br>（4）主教老师用手机诱发学生动机，学生主动拿图片和主教老师交换手机。<br>3. 收拾整理。<br>依据老师的指示把物品放好。<br><br>班级支持目标：课间能主动拿喝水图片表达要喝水。<br>班级支持策略：图片放在学生容易拿到的地方。 | 零食、零食图片、喝水图片、手机图片 |
| 能将离自己近的图片交给离自己远的老师进行交换 | 第三周，能用图片表达需求（第二阶）<br>1. 活动预告。<br>2. 训练过程，点心时间。<br>（1）图片放在桌面上，主教老师坐到离桌子稍远的后方，主教老师用零食诱发学生动机，助教老师辅助学生拿图片和主教老师交换零食。 | 零食、零食图片、喝水图片 |

续 表

| 教学目标（以周活动为单位的教学目标） | 活动计划 | 教学资源 |
|---|---|---|
| | (2) 图片放在桌面上，主教老师坐到离桌子稍远的后方，主教老师用零食诱发学生动机，学生主动拿图片和主教老师交换零食。<br>3. 收拾整理。<br>依据老师的指示把物品放好。<br><br>班级支持目标：课间能主动拿喝水图片表达；课堂中和点心时间能用个训课中的图片表达想要的，加以泛化。<br>班级支持策略：图片放在学生容易拿到的地方。 | |
| 能将远离自己的图片交给离自己近的老师进行交换 | 第四周，能用图片表达需求（第二阶）<br>1. 活动预告。<br>2. 训练过程，点心时间。<br>(1) 图片放在桌面上，主教老师坐到离桌子稍远的后方，主教老师用零食诱发学生动机，助教老师辅助学生拿图片和主教老师交换零食。<br>(2) 图片放在桌面上，主教老师坐到离桌子稍远的后方，主教老师用零食诱发学生动机，学生主动拿图片和主教老师交换零食。<br>(3) 图片放在桌面上，主教老师坐在桌边，学生坐到离桌子稍远的后方，主教老师用零食诱发学生动机，助教老师辅助学生拿图片和主教老师交换零食。<br>(4) 图片放在桌面上，主教老师坐在桌边，学生坐到离桌子稍远的后方，主教老师用零食诱发学生动机，学生主动拿图片和主教老师交换零食。<br>3. 收拾整理。<br>依据老师的指示把物品放好。<br><br>班级支持目标：课间能主动拿喝水图片表达；课堂中和点心时间能用个训课中的图片表达想要的，加以泛化。<br>班级支持策略：图片放在学生容易拿到的地方。 | 零食、零食图片、喝水图片 |

**续　表**

| 教学目标<br>（以周活动为单位的教学目标） | 活　动　计　划 | 教学资源 |
| --- | --- | --- |
| 能将远离自己的图片交给离自己远的老师进行交换 | 第五周，能用图片表达需求（第二阶）<br>1. 活动预告。<br>2. 训练过程，点心时间。<br>(1) 图片放在桌面上，主教老师坐在桌边，学生坐到离桌子稍远的后方，主教老师用零食诱发学生动机，助教老师辅助学生拿图片和主教老师交换零食。<br>(2) 图片放在桌面上，主教老师坐在桌边，学生坐到离桌子稍远的后方，主教老师用零食诱发学生动机，学生主动拿图片和主教老师交换零食。<br>(3) 图片放在桌面上，主教老师和学生都坐到离桌子稍远的后方，主教老师用零食诱发学生动机，助教老师辅助学生拿图片和主教老师交换零食。<br>(4) 图片放在桌面上，主教老师和学生都坐到离桌子稍远的后方，主教老师用零食诱发学生动机，学生主动拿图片和主教老师交换零食。<br>3. 收拾整理。<br>依据老师的指示把物品放好。<br><br>班级支持目标：课间能主动拿喝水图片表达；课堂中和点心时间能用零食图片表达想要的，加以泛化。课间在辅助下拿上厕所图片表达。<br>班级支持策略：图片放在学生容易拿到的地方。辅助要及时。 | 零食、零食图片、喝水图片、上厕所图片 |
| 能在空白图片和零食图片中选择零食图片进行交换 | 第六周，能用图片表达需求（第三阶）<br>1. 活动预告。<br>2. 训练过程，点心时间。<br>(1) 桌面上一张零食图片和一张空白图片，零食图片离学生较近，学生主动拿图片和主教老师交换，老师做说明。 | 零食、零食图片、喝水图片、上厕所图片 |

**续　表**

| 教学目标<br>（以周活动为单位的教学目标） | 活动计划 | 教学资源 |
|---|---|---|
| | （2）桌面上一张零食图片和一张空白图片，零食图片离学生较远，学生主动拿图片和主教老师交换，老师做说明。<br>3. 收拾整理。<br>依据老师的指示把物品放好。<br><br>班级支持目标：课间能主动拿喝水图片表达；课堂中和点心时间能用零食的图片表达想要的，加以泛化。课间在辅助下拿上厕所图片表达。<br>班级支持策略：图片放在学生容易拿到的地方。辅助要及时。 | |
| 能在两张图片中选择图片进行交换 | 第七周，能用图片表达需求（第三阶）<br>1. 活动预告。<br>2. 训练过程，点心时间。<br>桌面上一张零食图片和一张玩具图片，两张图片并排放好，学生主动拿图片和主教老师交换，老师做说明。<br>3. 收拾整理。<br>依据老师的指示把物品放好。<br><br>班级支持目标：课间能主动拿喝水和上厕所的图片表达。课堂中和点心时间能用零食图片表达想要的，加以泛化。课堂中能在辅助下拿运动会主题中的图片表达。<br>班级支持策略：图片放在学生容易拿到的地方。辅助要及时。 | 零食、零食图片、喝水图片、上厕所图片、运动会主题图片 |
| 能在三张图片中选择图片交换 | 第八周，能用图片表达需求（第三阶）<br>1. 活动预告。<br>2. 训练过程，点心时间。<br>桌面上一张零食图片和一张玩具图片，两张图片并排放好，学生主动拿图片和主教老师交换，老师做说明。<br>3. 收拾整理。<br>依据老师的指示把物品放好。 | 零食、零食图片、喝水图片、上厕所图片、运动会主题图片 |

**续　表**

| 教学目标（以周活动为单位的教学目标） | 活　动　计　划 | 教学资源 |
|---|---|---|
| | 班级支持目标：课间能主动拿喝水和上厕所的图片表达；课堂中能用零食图片和运动会主题中的图片表达。点心时间加以泛化。<br>班级支持策略：图片放在学生容易拿到的地方。辅助要及时。 | |

**评　鉴　表**

| IEP/本专业目标 | 第一周 | 第二周 | 第三周 | 第四周 | 第五周 | 第六周 | 第七周 | 第八周 |
|---|---|---|---|---|---|---|---|---|
| 1. 在肢体辅助下能拿自己桌面的图片给老师 | | | | * | * | * | * | * |
| 2. 在触碰肢体辅助下能拿自己桌面的图片给老师 | | | | | | | | |
| 3. 能主动拿图片给老师交换 | * | | | * | * | * | * | * |
| 4. 能将离自己近的图片交给离自己远的老师 | * | * | | * | | * | * | * |
| 5. 能将远离自己的图片交给离自己近的老师 | * | * | * | | | * | * | * |
| 6. 能将远离自己的图片交给离自己远的老师 | * | * | * | * | | * | * | * |
| 7. 能在空白图片和零食图片中选择零食图片交换 | * | * | * | * | * | | * | * |
| 8. 能在两张图片中选择图片交换 | * | * | * | * | * | * | | |
| 9. 能在三张图片中选择图片交换 | * | * | * | * | * | * | * | |
| 0—完全困难或没有反应；1—在部分肢体协助下可以达成或偶有反应；2—需在辅具使用下可以独立完成或需口头提示下即可独立完成；3—独立完成且质量良好。 | | | | | | | | |

备注：标 * 号代表该学生有此目标。

**班级支持评鉴表**

| 班级支持目标 | 第一周 | 第二周 | 第三周 | 第四周 | 第五周 | 第六周 | 第七周 | 第八周 |
|---|---|---|---|---|---|---|---|---|
| 1. 课间时能拿图片沟通 | | | | | | | | |
| 2. 点心时间能拿图片沟通 | * | * | | | | | | |
| 3. 课堂中能拿图片沟通 | * | * | | | | | | |
| 4. 课堂中能在 2 张拿图片沟通 | | | | | | | | |
| 0—完全困难或没有反应;1—在部分肢体协助下可以达成或偶有反应;2—需在辅具使用下可以独立完成或需口头提示下即可独立完成;3—独立完成且质量良好。 | | | | | | | | |

备注：标 * 号代表该学生有此目标。

（二）抽离课教学活动设计

## “我们一起换东西”抽离课教学设计

执教者：梁　娟

**教学内容分析：**

图片沟通交换系统(PECS)是针对传统自闭症学习者的沟通行为特点，而采取视觉提示策略为辅助方式的一种沟通系统。PECS 是一套专为自闭症学生设计的语言沟通方法,依学生的程度分阶段实施训练。PECS 分为六个训练阶段,每个训练阶段都有清晰的目标和训练方法,各个阶段的目标分别为：以物换物建立初步的交换意识;图片换物,拉开距离,提升学生沟通的动机,增加沟通的主动性;辨认图片,增加沟通的内容;建立句式结构,提升使用简单句沟通的能力;回应“你要什么”,提升回应简单疑问句的能力;能回答评论性问题以及表达意念,提升沟通的丰富性。针对学生“看到喜欢的东西就抢”的行为,采用此沟通系统,为其建立符合社会规则的沟通方式。同时依据学生喜欢吃东西这一兴趣点,在教学中,采用点心时间的活动方式展开教学。

**教学对象分析：**

心是一名自闭症学生,目前的行为问题是看到他喜欢的东西(葡萄干、手机等),就用抢的方式来获得。经过综合评估学生的能力和需求,决定采用图片沟通交换系统建立正确的沟通方式。经过前期的训练，已经具备了图片和物交换的意识，初步发展出“一样”“相同”的概念，在视觉，听觉的提示下，能仿说简单句。

**教学目标：**

能将离自己近的图片交给离自己远的老师进行交换来表达自己的需求。

能将远离自己的图片交给离自己近的老师进行交换来表达自己的需求。

**教学重点、难点：**能用图片进行交换来表达自己的需求。

**教学过程：**

| 教　学　过　程 | 设计意图及支持策略 |
|---|---|
| 一、导入<br>1. 伙伴问好。<br>学生进入教室，在座位上坐好，师生互相问好。<br>2. 活动预告。<br>问好后，老师向学生预告今天是点心时间。 | 规范学生的课堂常规与交往礼仪，提醒学生上课时间到<br>预告课堂内容，让学生心中有数，消除其焦虑感，并提高学生活动的主动性 |
| 二、进行教学活动<br>第一环节：复习图片和物的交换的技能。（图片沟通第一阶）<br>零食图片放在桌子上，主教老师手上拿零食，心拿图片给主教老师，主教老师说：“心要咪咪。”然后马上把咪咪给心。<br>第二环节：建立当学生与图片、老师的距离拉长时，学生能用图片交换物品的技能。 | |
| 1. 图片放桌上，主教老师坐到离桌子稍远的位置，心拿图片走到主教老师面前交换，如果心不知道走到主教老师面前，辅助老师便拉心的手提示走到主教老师面前。练习多个回合后渐渐撤消辅助。 | 用学生喜欢的强化物作为课堂内容，增强学生的兴趣与学习动机 |
| 2. 图片放桌上，主教老师坐在桌边，心坐在稍远位置，心走过来拿图片和主教老师交换。如果心不知道走过来拿图片，辅助老师便拉心的手提示走到桌边拿图片。练习多个回合后渐渐撤消辅助。<br>3. 主教老师和心都坐在桌边，主教老师把零食和图片都放在桌面上，心拿图片和主教老师交换。如果心直接拿零食，辅助老师要立即辅助心拿图片跟主教老师交换。 | 适当的辅助，减少学生的错误，增强学习信心 |
| 三、活动结束<br>1. 整理收拾。<br>2. 数到10下课。 | 下课仪式 |

**评 鉴 表**

| IEP/本专业目标 | 完成情况 |
|---|---|
| 1. 能将离自己近的图片交给离自己远的老师进行交换来表达自己的需求； | |
| 2. 能将远离自己的图片交给离自己近的老师进行交换来表达自己的需求。 | |
| 0—完全困难或没有反应；1—在部分肢体协助下可以达成或偶有反应；2—需在辅具使用下可以独立完成或需口头提示下即可独立完成；3—独立完成且质量良好。 | |

## 二、语言训练组

### （一）专业组教学周计划

**2015学年上学期五年级(1)班某生(勇)语言训练组活动设计**

主题名称：神采奕奕运动会　日期：11月2日至12月31日

执教者：刘思琳

| IEP目标：<br>5.1.1 增加方位词理解的量<br>5.2.1 能理解含方位词的复杂句<br>5.2.2 能理解含方位词的复杂句(前、后)<br>5.3.1 能用简单句告知事件<br>5.3.2 能表达含方位词的复杂句 | | |
|---|---|---|
| 教学目标<br>(以周活动为单位的教学目标) | 活 动 计 划 | 教学资源 |
| 能用简单句描述当前情景中的事件 | 第一周：11月2日至6日<br>抽离课：<br>1. 活动预告。<br>2. 训练活动。<br>能描述当前情景的内容。<br>① 描述照片：能用简单句描述照片的内容。<br>② 我是指挥员：能用简单句指示某人做某事情。 | 照片、运动器材 |

续　表

| 教学目标（以周活动为单位的教学目标） | 活　动　计　划 | 教学资源 |
|---|---|---|
| | ③ 说说我在做什么：能用简单句描述老师正在做的事情，如老师在打球、老师在跑步等。<br>3. 总结。<br><br>班级支持目标：同上。<br>支持策略：<br>1. 在主题活动课分配制作海报任务时，请勇告知同学老师分配给他们的任务，如使用句式“尚负责画大海报”。<br>2. 在分组活动时，能具体告知同学他们的分工，如使用句式“尚负责拿画笔”。<br>3. 在分享海报成品时，能说出自己和同学做了什么，如使用句式“我画了一朵花”。 | |
| 能用简单句描述图片中的事件 | 第二周（11 月 9 日至 13 日）<br>抽离课：<br>1. 活动预告。<br>2. 训练活动。<br>能描述图片的内容。<br>① 抽卡片：从箱子里抽卡片，能用简单句描述照片的内容。<br>② 拼图：将图片分成四块，请学生拼好图片后再用简单句描述图片。<br>③ 制作相册：请学生挑选喜欢的相片，将相片放入相册中请学生用简单句描述照片。<br>3. 总结。<br><br>班级支持目标：同上。<br>支持策略：<br>1. 当想要上厕所时，引导学生用简单句告知老师需求。<br>2. 在午点时间，引导学生用简单句告知老师需求。<br>3. 要去上抽离课前，引导学生用简单句告知班任老师。 | 箱子、卡片、拼图、相册 |

续 表

| 教学目标<br>（以周活动为单位的教学目标） | 活 动 计 划 | 教学资源 |
|---|---|---|
| 能理解方位词上、下、里、外 | 第三周：11 月 16 日至 20 日<br>抽离课：<br>1. 活动预告。<br>2. 训练活动。<br>(1) 能理解上、下。<br>① 音乐律动：能根据音乐律动向上举手，向下伸手。<br>② 贴一贴：将按指令将贴纸贴到头上或脚下。<br>③ 拿一拿：能按指令拿出头上或脚下的贴纸。<br>④ 帮手：拿柜子上或下的指定球类给老师。<br>(2) 能理解里、外。<br>① 摆一摆：把东西按指令放篮子的里或外。<br>② 拿一拿：拿篮子里的或外面的东西。<br>③ 投球活动：让学生投球后判断球是在篮子里面还是外面。<br>3. 总结。<br><br>班级支持目标：同上。<br>支持策略：<br>1. 出场仪式练习时，引导学生听指令把泡泡向上或向下喷。<br>2. 当同学练习投篮时，引导学生判断投入篮内还是投到篮外。<br>3. 摆放杯子时，引导学生听指令放到上层或下层。<br>4. 课间时，引导学生判断某同学在教室的里面还是外面。 | 音乐、贴纸、球、篮子 |
| 能理解方位词前、后 | 第四周：11 月 23 日到 11 月 27 日<br>抽离课：<br>1. 活动预告。<br>2. 训练活动。<br>(1) 复习上周的方位词(上下、里外)。 | 动物若干、图片、PPT |

续　表

| 教学目标<br>（以周活动为单位的教学目标） | 活　动　计　划 | 教学资源 |
| --- | --- | --- |
| | （2）能理解前、后。<br>① 指一指：动物排队，然后说出谁在谁的前面，谁在谁的后面（从 2 人到 3 人）。<br>② 排一排：把 A 排在 B 前面或把 C 排在 B 后面。<br>③ 说一说：能说出图片上人物的方位（如 A 排在前面，C 排在后面）。<br>④ 解决问题：<br>排队的时候，应该在队伍的最前还是最后开始排？<br>如果看不到黑板的时候，应该坐在教室的前面还是后面。<br>3. 总结。<br><br>班级支持目标：同上。<br>支持策略：<br>1. 在出教室时，引导学生听指令从前门出或从后门出。<br>2. 在排队时，引导学生听指令排在某个同学前面或后面。<br>3. 在户外活动时，引导学生听指令向前或向后移动。 | |
| 能理解含上下、里外方位词的复杂句 | 第五周：11 月 30 日至 12 月 4 日<br>1. 活动预告。<br>2. 训练活动。<br>（1）能理解含上、下方位词的复杂句。<br>① 贴一贴：将按指令把东西贴到指定的位置，如把篮球/足球贴到柜子的上面/下面。<br>② 拿一拿：能按指令拿指定位置的东西，如拿架子上面/下面的垒球/足球。<br>（2）能理解里、外方位词的复杂句。<br>① 摆一摆：把东西按指令放到指定位置，如把筷子/毛巾放到碗/篮子/杯的里面/外面。<br>② 拿一拿：拿指定位置的东西，如拿碗/篮子里/外的勺子/糖。<br>3. 总结。 | 卡片、生活用品若干 |

**续 表**

| 教学目标<br>（以周活动为单位的教学目标） | 活动计划 | 教学资源 |
|---|---|---|
| | 班级支持目标：同上。<br>支持策略：<br>1. 收拾物品时，引导学生按含方位词的复杂指令从多样物品中拿出指定物品放到指令位置。<br>2. 在分享图片时，引导学生根据含方位词的复杂指令找出图片中不同的人。 | |
| 能理解含前后方位词的复杂句 | 第六周：12 月 7 日至 12 月 11 日<br>抽离课：<br>1. 活动预告。<br>2. 训练活动。<br>（1）复习上周的含方位词的复杂句（上下、里外）。<br>（2）能理解含前、后方位词的复杂句。<br>① 排一排：在教具板上，把物品排在指定的位置上，如把喻滢月/雷尚臻排在高心阳/潘浩烨的前面/后面。<br>② 收拾物品：在教具板上，把物品放指定位置上，如把足球放在篮子的前面/后面。<br>3. 总结。<br><br>班级支持目标：同上。<br>支持策略：<br>1. 收拾物品时，引导学生按含方位词的复杂指令从多样物品中拿出指定物品放到指令位置。<br>2. 在分享图片时，引导学生根据含方位词的复杂指令找出图片中不同的人。 | 人形牌、篮子、球 |
| 能表达含上下、里外方位词的复杂句 | 第七周：12 月 14 日至 12 月 18 日<br>抽离课：<br>1. 活动预告。<br>2. 训练活动。<br>（1）能表达含上、下方位词的复杂句。 | 运动用品、故事书、贴纸 |

**续　表**

| 教学目标（以周活动为单位的教学目标） | 活　动　计　划 | 教学资源 |
| --- | --- | --- |
| | ① 找一找：能用含上、下方位词的复杂句说出物品放置的方位，如篮球放哪里。<br>② 贴一贴：贴完物品以后，能用含上、下方位词的复杂句说出该物品放置的位置，如篮球放在了架子的下面。<br>③ 看故事卡片：根据故事内容，说出该故事中不同物品放置的位置。<br>（2）能表达含里、外方位词的复杂句。<br>① 找一找：能用含里、外方位词复杂句说出物品放置的方位，如篮球放哪里。<br>② 贴一贴：贴完物品以后，能用含里、外方位词复杂句说出该物品放置的位置，如篮球放在了架子的下面。<br>③ 丢球游戏：把球丢出去，然后用含里、外方位词复杂句说出球的方位，如球丢到圆圈的里面。<br>3. 总结。<br><br>班级支持目标：同上。<br>支持策略：<br>1. 当要上厕所时，引导学生用含方位词的复杂指令告诉老师要上 4 楼或上 2 楼的厕所。<br>2. 请别人帮忙拿物品时，引导学生用含方位词的复杂指令说出该物品的位置。 | |
| 能表达含前、后方位词的复杂句 | 第八周：12 月 21 日至 12 月 25 日<br>抽离课：<br>1. 活动预告。<br>2. 训练活动。<br>（1）复习上周含方位词的复杂句（上下、里外）。<br>（2）能说出含前、后方位词的复杂句。 | 人形牌、球类用品 |

续 表

| 教学目标（以周活动为单位的教学目标） | 活 动 计 划 | 教学资源 |
|---|---|---|
| | ① 找一找：能用含前、后方位词复杂句说出人物的方位，如喻滢月站在雷尚臻的前面。<br>② 贴一贴：贴完物品以后，能用含前、后方位词复杂句说出该物品的位置，如篮球掉到雷尚臻的后面。<br>3. 总结。<br><br>班级支持目标：同上。<br>支持策略：<br>1. 请别人帮忙拿物品时，引导学生用含方位词的复杂指令说出该物品的位置。<br>2. 观看跑步比赛时，引导学生用含方位词的复杂指令说出谁跑在前面谁跑在后面。 | |

## 评 鉴 表

| 教 学 目 标 | 第一周 | | 第二周 | | 第三周 | | 第四周 | | 第五周 | | 第六周 | | 第七周 | | 第八周 | |
|---|---|---|---|---|---|---|---|---|---|---|---|---|---|---|---|---|
| 能用简单句描述当前情景中的事件 | * | * | | | | | | | | | | | | | | |
| 能用简单句描述图片中的事件 | | | * | * | | | | | | | | | | | | |
| 能理解方位词上下、里外 | | | | | * | * | | | | | | | | | | |
| 能理解方位词前后 | | | | | | | * | * | | | | | | | | |
| 能理解含上下、里外方位词的复杂句 | | | | | | | | | * | * | | | | | | |
| 能理解含前后方位词的复杂句 | | | | | | | | | | | * | * | | | | |
| 能理解含方位词复杂句的 | | | | | | | | | | | | | * | * | | |
| 能表达含前、后方位词的复杂句 | | | | | | | | | | | | | | | * | * |
| 0—完全困难或没有反应；1—在部分肢体协助下可以达成或偶有反应；2—需在辅具使用下可以独立完成或需口头提示下即可独立完成；3—独立完成且质量良好。 | | | | | | | | | | | | | | | | |

**班级支持目标**

| 班级支持目标 | 第一周 | | 第二周 | | 第三周 | | 第四周 | | 第五周 | | 第六周 | | 第七周 | | 第八周 | |
|---|---|---|---|---|---|---|---|---|---|---|---|---|---|---|---|---|
| 1. 在主题活动课分配制作海报任务时，能用简单句告知同学老师分配给他们的任务。 | * | * | | | | | | | | | | | | | | |
| 2. 在分组活动时，能用简单句告知同学他们的分工。 | * | * | | | | | | | | | | | | | | |
| 3. 在分享海报成品时，能用简单句说出自己和同学做了些什么。 | * | * | | | | | | | | | | | | | | |
| 4. 当想要上厕所时，能用简单句告知老师需求。 | | | * | * | | | | | | | | | | | | |
| 5. 在午点时间，能用简单句告知老师需求。 | | | * | * | | | | | | | | | | | | |
| 6. 要去上抽离课前，能用简单句告知班任老师。 | | | * | * | | | | | | | | | | | | |
| 7. 出场仪式练习时，能听指令把泡泡向上或向下喷。 | | | | | * | * | | | | | | | | | | |
| 8. 当同学练习投篮时，能判断投入篮内还是投到篮外。 | | | | | * | * | | | | | | | | | | |
| 9. 摆放杯子时，能听指令放到上层或下层。 | | | | | * | * | | | | | | | | | | |
| 10. 课间时，能判断某同学在教室的里面还是外面。 | | | | | * | * | | | | | | | | | | |
| 11. 在出教室时，能听指令从前门出或从后门出。 | | | | | | | * | * | | | | | | | | |
| 12. 在排队时，能听指令排在某个同学前面或后面。 | | | | | | | * | * | | | | | | | | |
| 13. 在户外活动时，能听指令向前或向后移动。 | | | | | | | * | * | | | | | | | | |
| 14. 收拾物品时，能按含方位词的复杂指令从多样物品中拿出指定物品放到指令位置(含上下、里外)。 | | | | | | | | | * | * | | | | | | |

续 表

| 班级支持目标 | 第一周 | | 第二周 | | 第三周 | | 第四周 | | 第五周 | | 第六周 | | 第七周 | | 第八周 | |
|---|---|---|---|---|---|---|---|---|---|---|---|---|---|---|---|---|
| 15. 在分享图片时，能根据含方位词的复杂指令找出图片中不同的人(含上下、里外)。 | | | | | | | | | * | * | | | | | | |
| 16. 收拾物品时，能按含方位词的复杂指令从多样物品中拿出指定物品放到指令位置(含前后)。 | | | | | | | | | | | * | * | | | | |
| 17. 在分享图片时，能根据含方位词的复杂指令找出图片中不同的人(含前后)。 | | | | | | | | | | | * | * | | | | |
| 18. 当要上厕所时，能用含方位词的复杂指令告诉老师要上4楼或上2楼的厕所。 | | | | | | | | | | | | | * | * | | |
| 19. 请别人帮忙拿物品时，能用含方位词的复杂指令说出该物品的位置(含上下、里外)。 | | | | | | | | | | | | | * | * | | |
| 20. 请别人帮忙拿物品时，能用含方位词的复杂指令说出该物品的位置(含前后)。 | | | | | | | | | | | | | | | * | * |
| 21. 观看跑步比赛时，能用含方位词的复杂指令说出谁跑在前面谁跑在后面。 | | | | | | | | | | | | | | | * | * |
| 0—完全困难或没有反应；1—在部分肢体协助下可以达成或偶有反应；2—需在辅具使用下可以独立完成或需口头提示下即可独立完成；3—独立完成且质量良好。 | | | | | | | | | | | | | | | | |

备注：标*号代表该学生有此目标。

(二) 抽离课教学活动设计

## “方位词我知道”抽离课教学活动设计

执教者：刘思琳

**教学内容分析：**

学生在日常生活中经常使用到方位词，如外出购物时，听他人指示拿放物品等，都需要用到方位词。学生对方位词的学习往往来自自己的生活经验，尚停留在感性认识的基础上，未能理解及运用。因此设计相应教学活动，帮助学生理解及运用方位词，使其更好适应日常生活。

**教学对象分析：**

本节课教学对象是一名脑瘫学生，能够理解生活中常见的名词、动词、常见的指令、疑问句、部分复杂句，但对于方位词理解的量较少。表达方面能够说出常用的简单句，能够命名、描述、提问及简单对话。日常沟通使用口语、表情为主，受肢体动作限制，较少使用身体动作进行表达。

**教学目标：**

1. 能够理解方位词前、后。
2. 能够说出含方位词前、后的短语。

**教学重点、难点：**

重点：1. 理解整体方位的前后。

　　　2. 理解两两相对方位的前后。

难点：运用比较前后的方法解决生活问题。

**教学过程：**

| 教　学　过　程 | 设计意图及支持策略 |
| --- | --- |
| 一、热身活动<br>边唱《快乐拍手歌》，边用拍手掌的玩具与学生一起玩拍手游戏。<br>拍手拍手拍拍手，上拍拍、下拍拍。<br>拍手拍手拍拍手，前拍拍、后拍拍。 | 通过拍手游戏，让学生从自身开始感受前、后的方位。 |
| 二、激趣导入<br>师：今天老师带来了两个小伙伴跟我们一起上课哦，看看，他们是谁？<br>（老师出示学生喜欢的两个玩偶：小老虎、小乌龟）<br>师：我们来跟他们握握手巴，跟谁先握好呢？<br>（由学生决定先跟谁握手，假设先是小老虎）<br>生：先跟小老虎握手。<br>师：好的，那我们就先跟小老虎握手。<br>（老师把小老虎放在前面，小乌龟放在后面） | 通过学生喜欢的玩偶引起学生的兴趣。并且通过握手的活动，初步感知前、后。 |

续 表

| 教 学 过 程 | 设计意图及支持策略 |
|---|---|
| 师：小老虎先握手排在前面，小乌龟后握手排在后面。<br>（学生依次与小动物握手） | |
| 三、指一指<br>创设情境：小动物们想要去看电影玩。要坐公交车、要买票、要选择座位。请学生用指的方式，指出谁排在前面，谁排在后面。<br>坐公交车时：要排队上车、下车。<br>（老师安排玩偶的位置，请学生指出前或后）<br>买票时，要排队。<br>（老师安排玩偶的位置，请学生指出前或后）<br>选座位时，可以选择坐前面的位置，可以选择坐后面的位置。<br>（请学生判断靠近电影屏幕的是前或后。请学生安排看电影的位置前或后） | 通过创设坐公交车、买票、选择座位等，让学生能够切实体会到日常生活中的需要排队的场景。并且在这个阶段，学生只需要用指的方式判断前或后。 |
| 四、排一排<br>创设情境：看完电影了，小动物们想要去玩游戏。跳格子、跑步。老师说位置的前后，请学生根据指令摆放小动物的位置。<br>跳格子时，老师说："小老虎先跳，小乌龟后跳。你来帮他们排队吧。"<br>跳完之后，老师可以安排再跳多几次，且确定学生能够根据老师的指令帮小动物排队之后，再加入第三只小动物——小兔子。<br>师：小兔子看到你们玩得这么开心，它也想加入一起玩。<br>（学生根据老师的指令安排小动物的前后位置） | 在学生能够指出位置的前后之后，让学生用排的方式进步巩固位置的前后，确保学生能够理解方位词前和后。<br>从两个物件的前后概念过渡到三个物件的前后概念。 |
| 五、说一说<br>在请学生给小动物排队好之后，请学生根据老师的问题说出小动物的位置。<br>师：小乌龟排在哪里？<br>生：排在后面。<br>师：小兔子排在哪里？<br>生：排在前面。<br>师：小兔子排在谁的前面？<br>生：小老虎。 | 从整体方位的比较到两两的相对方位比较。<br>能力理解他人关于位置的疑问句。<br>学生能够用含方位词的短语说出小动物的位置。 |
| 六、解决生活问题<br>创设生活中常见的情境，请学生判断，当遇到这种问题时，如何运用前、后的方位概念解决生活中的问题。 | |

续 表

| 教 学 过 程 | 设计意图及支持策略 |
|---|---|
| 1. 在买票时，应该从队伍的前面排还是后面排？<br>2. 如果看不到黑板的时候，应该坐在教室的前面还是后面？<br>3. 当老师在上课时，你要进教室，是从前门进还是从后面进，才不会打扰到其他同学上课？ | 创设生活情境，请学生用前后概念解决生活中的问题，增加学生的问题解决能力。 |

评 鉴 表

| 目 标 | 勇 | |
|---|---|---|
| 能理解方位词：前、后 | | |
| 能说出含方位词前、后的短语 | | |
| 0—完全困难或没有反应；1—在部分肢体协助下可以达成或偶有反应；2—需在辅具使用下可以独立完成或需口头提示下即可独立完成；3—独立完成且质量良好。 | | |

## 三、知觉动作组

### （一）专业组教学周计划

**2015 学年上学期某生（烨）知觉动作课教学周计划**

主题名称：神采奕奕运动会 日期：11 月 2 日至 12 月 31 日 老师：黎耀斌

| IEP 目标：<br>1.1.1 能在简单背景下找到目标物<br>2.1.1 能进行上肢抬举的活动至少 10 秒 | | |
|---|---|---|
| 教学目标<br>（以周活动为单位的教学目标） | 活 动 计 划 | 教学资源 |
| 1. 能在桌面上追踪慢速移动光源<br>2. 能在桌面上追踪慢速移动的交通工具<br>3. 能维持上肢抬举 3 秒 | 第一周（11 月 2 日至 6 日）<br>一、抽离课<br>1. 热身活动：全身性关节肌肉暖身操，身体音阶歌<br>2. 训练活动：可以任选其中之二<br>（1）手电筒游戏：学生坐在桌面前，老师 | 手电筒、激光笔、汽车玩具 |

续 表

| 教学目标<br>(以周活动为单位的教学目标) | 活动计划 | 教学资源 |
| --- | --- | --- |
| | 打开手电或激光笔并缓慢移动,并引导学生用手追逐及拍打光源<br>(2) 交通工具在哪里:老师把链条玩具汽车等交通工具放在桌面上缓慢移动,让学生拿起移动的玩具汽车把玩<br>(3) 请你跟我这样做:协助学生完成上肢伸直侧平举及上举的视动模仿<br>3. 放松活动:头部的按摩、拍打、闭眼睛等<br>二、班级支持目标<br>动作示范下能完成双手侧平举的动作<br>策略:在早操时候让其模仿<br>三、对于该生班级教学中呈现教材教具的原则(本学期通用)<br>1. 选用学生感兴趣的物品为教材<br>2. 学生常用的物品上可用特别的图案或特征做区别<br>3. 呈现物品时尽量靠近学生眼前30厘米处<br>4. 用对比鲜明的颜色为基础,如黑白 | |
| 1. 能在桌面上追踪快速移动光源<br>2. 能在桌面上追踪快速移动的动物<br>3. 能维持上肢抬举3秒 | 第二周(11月9日至13日)<br>一、抽离课<br>1. 热身活动:全身性关节肌肉暖身操,身体音阶歌<br>2. 训练活动:可以任选其中之二<br>(1) 跟踪小光:学生坐在桌面前,老师打闪光球快速滚动,并引导学生用手追逐及拍打闪光球<br>(2) 动物在哪里:老师把链条玩具青蛙等动物放在桌面上快速移动,让学生拿起移动的玩具青蛙把玩<br>(3) 请你跟我这样做:协助学生完成上肢伸直侧平举及上举的视动模仿<br>3. 放松活动:头部的按摩、拍打、闭眼睛等<br>二、班级支持目标<br>1. 动作示范下能完成双手侧平举的动作<br>策略:在早操时候让其模仿<br>2. 能举起手举中的物品<br>策略:主题课出场式排练时模仿举班牌 | 闪光球、青蛙玩具 |

续　表

| 教学目标<br>（以周活动为单位的教学目标） | 活动计划 | 教学资源 |
|---|---|---|
| 1. 能追逐地面慢速移动光源<br>2. 能追逐地面慢速移动的交通工具<br>3. 能维持上肢抬举 3 秒 | 第三周（11 月 16 日至 20 日）<br>一、抽离课<br>1. 热身活动：全身性关节肌肉暖身操，身体音阶歌<br>2. 训练活动：可以任选其中之二<br>（1）热力追踪：老师打开手电或激光笔并在缓慢移动，并引导学生用手追逐及脚踩光源<br>（2）你追我赶：老师把链条玩具汽车等交通工具放在地面上缓慢移动，让学生追逐、拿起移动的玩具汽车把玩<br>（3）我是机器人：协助学生完成上肢伸直侧平举及上举的视动模仿，并尽量延长动作维持时间<br>3. 放松活动：头部的按摩、上下肢拍打放松等<br>二、班级支持目标<br>1. 动作示范下能完成双手侧平举的动作<br>策略：在早操时候让其模仿<br>2. 能举起手举中的物品<br>策略：主题课出场式排练时模仿举班牌 | 手电筒、激光笔、汽车玩具 |
| 1. 能追逐地面快速移动光源<br>2. 能追逐地面快速移动的青蛙<br>3. 能维持上肢抬举 3 秒 | 第四周（11 月 23 日至 27 日）<br>一、抽离课<br>1. 热身活动：全身性关节肌肉暖身操，身体音阶歌<br>2. 训练活动：可以任选其中之二<br>（1）热力追踪：老师打开手电或激光笔并在快速移动，并引导学生用手追逐及脚踩光源<br>（2）小动物跑来跑去：老师把链条动物玩具放在地面上快速移动，让学生追逐、拿起移动的玩具青蛙把玩<br>（3）我是机器人：协助学生完成上肢伸直侧平举及上举的视动模仿，并尽量延长动作维持时间 | 手电筒、激光笔、青蛙玩具 |

续　表

| 教学目标<br>（以周活动为单位的教学目标） | 活动计划 | 教学资源 |
| --- | --- | --- |
| | 3. 放松活动：头部的按摩、上下肢拍打放松等<br>二、班级支持目标<br>1. 动作示范下能完成双手侧平举的动作<br>策略：在早操时候让其模仿<br>2. 能过肩举起手中的配对物品<br>策略：把配对物品放在过肩位置让学生配对<br>3. 能在简单背景下呈现教具<br>策略：呈现配对物品时背景为白色 | |
| 1. 能在球池中找到相应的体育器材（足球）<br>2. 能维持上肢抬举完成游戏 | 第五周（11月30日至12月4日）<br>一、抽离课<br>1. 热身活动：全身性关节肌肉暖身操，身体音阶歌<br>2. 训练活动：可以任选其中之二<br>（1）找找它在哪：把足球放在球池上，让学生进行背景干扰下的视觉区辨<br>（2）我是神射手：双手高举持悬吊的气球，把气球拍向目标，通过双手持球及瞄准的动作延长上肢高举维持的时间<br>（3）接气球：气球缓慢落下，引导学生双手过肩接球，提升学生视觉注意及上肢力量<br>3. 放松活动：头部的按摩、上下肢拍打放松等<br>二、班级支持目标<br>1. 动作示范下能完成双手侧平举的动作<br>策略：在早操时候让其模仿<br>2. 能过肩举起手中的配对物品<br>策略：把配对物品放在过肩位置让学生配对<br>3. 能在简单背景下呈现教具<br>策略：呈现配对物品时背景为白色 | 足球、篮球、垒球、接力棒、气球、球池（全部白色海洋球） |

**续　表**

| 教学目标（以周活动为单位的教学目标） | 活动计划 | 教学资源 |
| --- | --- | --- |
| 1. 能在球池中找到相应的体育器材(篮球)<br>2. 能维持上肢抬举完成游戏 | 第六周(12月7日至11日)<br>一、抽离课<br>1. 热身活动：全身性关节肌肉暖身操，身体音阶歌<br>2. 训练活动：可以任选其中之二<br>(1) 找找它在哪：把篮球放在球池上，让学生进行背景干扰下的视觉区辨<br>(2) 我是神射手：双手高举持悬吊的气球，把气球拍向目标，通过双手持球及瞄准的动作延长上肢高举维持的时间<br>(3) 接气球：气球缓慢落下，引导学生双手过肩接球，提升学生视觉注意及上肢力量<br>3. 放松活动：头部的按摩、上下肢拍打放松等<br>二、班级支持目标<br>动作示范下能完成双手上举的动作<br>策略：在早操时候让其模仿 | 足球、篮球、垒球、接力棒、气球、球池(全部白色海洋球) |
| 1. 能在球池中找到相应的体育器材(接力棒)<br>2. 能维持上肢抬举完成游戏 | 第七周(12月14日至18日)<br>一、抽离课<br>1. 热身活动：全身性关节肌肉暖身操，身体音阶歌<br>2. 训练活动：可以任选其中之二<br>(1) 藏宝游戏：把接力棒放藏在球池上，让学生进行背景干扰下的视觉区辨<br>(2) 空中接力：双手高举持悬吊的气球，把气球传给老师，通过延长师生间传递的次数延长上肢高举维持的时间<br>(3) 接气球：气球缓慢落下，引导学生双手过肩接球，提升学生视觉注意及上肢力量<br>3. 放松活动：头部的按摩、上下肢拍打放松等 | 足球、篮球、垒球、接力棒、气球、球池(全部白色海洋球) |

续 表

| 教学目标<br>(以周活动为单位的教学目标) | 活动计划 | 教学资源 |
|---|---|---|
| | 二、班级支持目标<br>动作示范下能完成双手上举的动作<br>策略：在早操时候让其模仿 | |
| 1. 能在球池中找到相应的体育器材(垒球)<br>2. 能维持上肢抬举完成游戏 | 第八周(12 月 21 日至 25 日)<br>一、抽离课<br>1. 热身活动：全身性关节肌肉暖身操，身体音阶歌<br>2. 训练活动：可以任选其中之二<br>(1) 藏宝游戏：把垒球放藏在球池上，让学生进行背景干扰下的视觉区辨<br>(2) 空中接力：双手高举持悬吊的气球，把气球传给老师，通过延长师生间传递的次数延长上肢高举维持的时间<br>(3) 接气球：气球缓慢落下，引导学生双手过肩接球，提升学生视觉注意及上肢力量<br>3. 放松活动：头部的按摩、上下肢拍打放松等<br>二、班级支持目标<br>动作示范下能完成双手上举的动作<br>策略：在早操时候让其模仿 | 足球、篮球、垒球、接力棒、气球、球池(全部白色海洋球) |

评 鉴 表

| IEP 目标/本专业目标 | 学生：烨 | | | | | | | |
|---|---|---|---|---|---|---|---|---|
| | 1 周 | 2 周 | 3 周 | 4 周 | 5 周 | 6 周 | 7 周 | 8 周 |
| 能在桌面上追踪移动的物品或光源 | * | * | | | | | | |
| 能追逐地面上移动的物品或光源 | | | * | * | | | | |
| 能在球池中找到相应的体育器材 | | | | | * | * | * | * |
| 能维持上肢抬举 3 秒 | | | | | | | | |
| 能维持上肢抬举完成游戏 | | | | | * | * | * | * |

**班级支持目标评鉴表**

| 班级支持目标 | 学生：烨 | | | | | | | |
|---|---|---|---|---|---|---|---|---|
| | 1周 | 2周 | 3周 | 4周 | 5周 | 6周 | 7周 | 8周 |
| 动作示范下能完成双手侧平举的动作 | * | * | * | * | | | | |
| 动作示范下能完成双手上举的动作 | | | | | * | * | * | * |
| 能举起手举中的物品 | | | * | * | | | | |
| 能过肩举起手中的配对物品 | | | | * | * | | | |
| 能在简单背景下呈现教具 | | | | * | * | | | |
| 0—完全困难或没有反应;1—在部分肢体协助下可以达成或偶有反应;2—需在辅具使用下可以独立完成或需口头提示下即可独立完成;3—独立完成且质量良好。 | | | | | | | | |

备注：标*号代表该学生有此目标。

（二）抽离课教学活动设计

## “我的眼神真是好”抽离课教学活动设计

执教者：黎耀斌

**教学对象分析：**

烨是一名自闭症学生，现就读于本校五年级(1)班。该生有追视能力，但在有干扰物的背景下较难辨别物品图形等教学内容。动作能力能满足日常生活的需求，但欠缺敏捷性，双手能曲臂上举，但双手高举过肩取物有困难。无语言能力，配合动作能理解简单日常指令。

**教学内容分析：**

就如上所述，该生的问题在于在简单背景下找到目标物的能力及进行上肢抬举活动的能力。简单背景下找到目标物属于视觉辨识的内容，其训练的目的在于提高学生的视觉敏锐性、视觉注意力、视觉区辨能力。维持上肢抬举进行活动，其训练目的在于增加学生上肢肌力及肌耐力。根据学生情况，结合班级日常教学活动形式和班级本阶段的主题，设计了本节课。

**教学目标分析：**

(1) 能在球池(白色海洋球)中找到垒球。

(2) 能维持上肢抬举完成游戏。

**教学重点、难点：**

重点：能在球池(白色海洋球)中找到垒球。

难点：能在白色海洋球的视觉干扰下中找到垒球。

**教学过程：**

| 教 学 过 程 | 设计意图及支持策略 |
|---|---|
| 1. 课程预告<br>师生问好，学生把自己的名字贴到红绿程序条上。<br>老师通过活动程序表为学生介绍今天的活动，并和学生一起选择活动的顺序。 | 规范学生的课堂常规，提醒他现在开始上课了。<br>利用程序条及活动卡片等视觉策略预告活动，给予学生选择的机会，促进他更主动的参与活动。 |
| 2. 热身活动<br>简单全身关节肌肉暖身操，身体音阶歌。 | 防止运动损伤。 |
| 3. 训练活动(按学生选择的顺序活动)<br>(1) 我是神射手<br>老师和学生预告游戏规则，示范游戏玩法。<br>游戏规则：双手高举持悬吊的气球，把气球拍向目标，击中目标后，可与老师兑换食物或活动奖励。<br>游戏结束，请学生把图片贴到完成条上，并预告下面的活动。 | 通过双手持球及瞄准的动作延长上肢高举维持的时间，以锻炼上肢肌力及肌耐力。 |
| (2) 热力追踪<br>老师和学生预告要玩几次及游戏规则。<br>游戏规则：学生看到地面上移动的汽车时开始追逐汽车，当学生追上并拿到时，可与老师兑换食物或活动奖励。<br>游戏结束，请学生把图片贴到完成条上，并预告下面的活动。 | 追逐地板上移动的物体，提升学生警醒度、视觉敏锐性及视觉注意力，为进行有背景干扰下的视觉区辨能力训练做准备。 |
| (3) 藏宝游戏<br>老师和学生预告要玩几次及游戏规则。<br>游戏规则：老师把垒球藏球在池内。活动开始时，向学生出示垒球，让学生在球池内找一样的，放入高处的篮子里。找到了可与老师兑换食物或活动奖励。 | 利用白色海洋球和垒球较相似来提升学生在能在简单背景下找到目标物的能力。结合运动会主题认识运动器材的内容，让学生对垒球有简单认知。 |
| 4. 缓和活动<br>大象鼻子爱喝水(通过甩手等方式放松及伸展放松及伸展上肢肌群)。 | 放松主要活动的肌肉群以提升锻炼效果。 |
| 5. 小结回顾<br>回顾整个活动过程及学生表现。下课。 | |

**评 鉴 表**

| 活动内容 | 目 标 | 评 价 |
| --- | --- | --- |
| 我是神射手 | 能维持上肢抬举完成游戏 | |
| 热力追踪 | 能追踪地面快速移动的物体 | |
| 藏宝游戏 | 能维持上肢抬举完成游戏 | |
| | 能在球池(白色海洋球)中找到垒球 | |
| 0—完全困难或没有反应;1—在部分肢体协助下可以达成或偶有反应;2—需在辅具使用下可以独立完成或需口头提示下即可独立完成;3—独立完成且质量良好。 | | |

## 四、动作康复组

### (一) 动作康复课教学周计划

**2015 学年上学期五年级(1)班某生(勇)动作康复训练课教学周计划**

主题活动:运动会 时间:11 月 2 日至 12 月 31 日 执教者:梁媛媛

| IEP 目标:<br>2.1.1 能交替单手扶握扶手站立至少 2 分钟<br>2.1.2 能维持独立坐姿平衡,完成上肢活动,如双手交替上举拿取各方向物品,并放置指定处<br>2.3.1 能双手扶物坐在凳子上转动身体 | | |
| --- | --- | --- |
| 教学目标<br>(以周活动为单位的教学目标) | 活 动 计 划 | 教 学 资 源 |
| 1. 能双手扶 TB 架站维持站立姿 3 分钟<br>2. 能左手支撑坐 20 秒 | 第一周<br>抽离课:<br>1. 热身活动:髋关节、膝关节、肩关节等关节放松,臀肌、小腿三头肌等牵拉。<br>2. 训练活动:<br>(1) 双手扶 TB 架站立:学生单手扶 TB 架站立,同时数数、唱歌。<br>(2) 盘腿坐姿抓握小木棍:学生盘腿坐在地面上,右手拿起小木棍放到盒子中。<br>(3) 90 厘米凳上弯腰抱篮球:坐在凳子上,学生弯腰双手将放在地面上的篮球抱起给老师。 | 木棍插板、篮球、90 厘米凳子、TB 架 |

续　表

| 教学目标<br>(以周活动为单位的教学目标) | 活　动　计　划 | 教学资源 |
| --- | --- | --- |
| | 3. 放松活动：按摩放松上肢及下肢的大肌肉。<br><br>班级支持目标：能在摆位桌上完成上肢活动。<br>策略：坐订做的摆位桌。 | |
| 1. 能维持靠墙站立3分钟。<br>2. 能右手支撑坐20秒。 | 第二周<br>抽离课：<br>1. 热身活动：髋关节、膝关节、肩关节等关节放松，臀肌、小腿三头肌等牵拉。<br>2. 训练活动：<br>(1) 靠墙站立：辅助学生背靠墙站立，同时从右边的篮中拿出5个水果的模型放入左边的篮中。<br>(2) 坐地垫上拿取食物：学生坐在地垫上，右手支撑左手拿取放在左、右不同方向的紫菜。<br>(3) 仰卧起坐：学生仰躺地垫上，起身点数面前1—5的数字图卡。<br>3. 放松活动：<br>按摩放松上肢及下肢的大肌肉。<br><br>班级支持目标：能在摆位桌上完成上肢活动。<br>策略：坐适合学生高度的摆位桌，在分组活动时，可在摆位桌上完成拿放物品的活动。 | 食物(紫菜)<br>篮子两个<br>水果模型<br>1—5数字图卡 |
| 1. 左手扶物维持站立姿并能撕贴图片<br>2. 跪坐姿指认前、左、右方的食物 | 第三周<br>抽离课：<br>1. 热身活动：髋关节、膝关节、肩关节等关节放松，臀肌、小腿三头肌等牵拉。<br>2. 训练活动：<br>(1) 左手扶物站立：学生左手扶物站立，并听老师指令在撕贴板上撕贴贴在上、下、左、右的运动项目的图片。<br>(2) 跪坐姿指认放在不同方向的零食：学生跪坐姿，根据老师的口令指认出放在前、左、右方向的零食(棒棒糖、咪咪、QQ糖)，并用口语表达出指认的是什么。 | 运动项目图片、玩具、40厘米滚筒、零食(棒棒糖、咪咪、QQ糖) |

续　表

| 教学目标<br>（以周活动为单位的教学目标） | 活　动　计　划 | 教 学 资 源 |
| --- | --- | --- |
|  | （3）协助下跨坐滚筒上拾捡物品：学生跨坐在40厘米的滚筒上弯腰捡起放在前、左、右方的玩具。<br>3. 放松活动：按摩放松上肢及下肢的大肌肉。<br><br>班级支持目标：能在摆位桌上完成上肢活动。<br>策略：坐适合学生高度的摆位桌，可在摆位桌上做撕贴图片的活动。 |  |
| 1. 能右手扶物维持站立姿拍球<br>2. 能在无扶手的凳上维持坐姿并交替举手 | 第四周<br>抽离课：<br>1. 热身活动：髋关节、膝关节、肩关节等关节放松，臀肌、小腿三头肌等牵拉。<br>2. 训练活动：<br>（1）四点爬姿指认图卡：学生四点爬姿，并根据老师的口令指认5种运动项目图卡（跑步、跳远、篮球运球、足球射门、推轮椅跑）。<br>（2）右手扶物站立：学生左手扶物站立，同时右手拍打吊在上方的大棉球。<br>（3）坐无扶手的凳子上交替举手：学生坐在无扶手的凳子上，交替举手并数数。<br>3. 放松活动：按摩放松上肢及下肢的大肌肉。<br><br>班级支持目标：用站立架。<br>策略：请辅具组定制适合学生高度的站立架。 | 5种运动项目图片、大棉球、凳子 |
| 1. 能单手支撑维持坐姿状态下拿取指定数量的球<br>2. 能跨坐滚筒上维持稳定坐姿 | 第五周<br>抽离课：<br>1. 热身活动：髋关节、膝关节、肩关节等关节放松，臀肌、小腿三头肌等牵拉。<br>2. 训练活动：<br>（1）坐90厘米楔形垫：学生坐在90厘米的楔形垫上，并根据老师的要求找到并撕帖指定运动项目的图卡。 | 按摩球、运动项目图卡、90厘米楔形垫、40厘米滚筒、小球、篮子 |

续　表

| 教学目标<br>(以周活动为单位的教学目标) | 活　动　计　划 | 教学资源 |
|---|---|---|
| | (2) 坐姿拿取指定数量的按摩球：学生单手支撑维持坐姿，根据老师的要求(10个)将放在身体旁边的按摩球放到前方凳子上的盒子中(左右手交替)。<br>(3) 跨坐滚筒上拿放小球：学生跨坐在40厘米滚筒上，将滚筒下方的小球拿起放入上方的篮子中。<br>3. 放松活动：按摩放松上肢及下肢的大肌肉。<br><br>班级支持目标：可绑站站立架上主题课。<br>策略：在主题课时，学生可绑站在站立架上。维持站立的姿势上课(30分钟左右)。 | |
| 1. 能单手扶TB架坐站起<br>2. 能坐在凳子上拾捡小件物品 | 第六周<br>抽离课：<br>1. 热身活动：髋关节、膝关节、肩关节等关节放松，臀肌、小腿三头肌等牵拉。<br>2. 训练活动：<br>(1) 坐摆位凳上摆动身体：学生坐在摆位凳上，根据老师指令前、后、左、右摆动身体。<br>(2) 抓扶TB架坐站起：学生扶TB架坐站起身，坐下时拿身旁的小沙包，起身后放入前方的木板上(拿3个沙包为一组共3组)。<br>(3) 坐凳子上拾捡物品：学生听老师指令弯腰拿起摆放在地面上不同方位的相应数量的玩具(如左边放1个、右边放2个、中间放3个，学生听指令拿相应数量的一组玩具)。<br>3. 放松活动：按摩放松上肢及下肢的大肌肉。<br><br>班级支持目标：能坐在摆位桌上自己吃午点。<br>策略：调整摆位桌的高度，在桌板上粘魔术贴固定午点餐盘。 | 摆位凳、小沙包、玩具 |

续　表

| 教学目标（以周活动为单位的教学目标） | 活　动　计　划 | 教　学　资　源 |
| --- | --- | --- |
| 1. 单手扶物维持站立姿1分钟<br>2. 可维持坐姿抛球 | 第七周<br>抽离课：<br>1. 热身活动：髋关节、膝关节、肩关节等关节放松，臀肌、小腿三头肌等牵拉<br>2. 训练活动：<br>（1）单手扶TB架站立：学生单手扶TB架维持站立姿并做小老师发出指令："将运动项目图片贴于贴板上的某一位置"（如学生说把"跑步"的图片贴到左边，老师做出相应回应）。<br>（2）侧滚翻：学生根据老师的指令向左或向右翻滚拿取零食（旺旺饼、山楂糕）。<br>（3）盘腿坐抛球：学生在地垫上盘腿坐立，单手将球抛向目标物，打中一次目标有一朵小红花，集够五朵小红花可换零食。<br>3. 放松活动：按摩放松上肢及下肢的大肌肉及诱导学生主动肢体活动。<br><br>班级支持目标：自己可扶物维持站立小便。<br>策略：在厕所小便器上方加装扶手。 | 零食（旺旺饼、山楂糕）、运动项目图片、TB架、贴板、小红花、零食 |
| 1. 能坐在平衡板上拍球<br>2. 能坐凳子上转动身体 | 第八周<br>抽离课：<br>1. 热身活动：髋关节、膝关节、肩关节等关节放松，臀肌、小腿三头肌等牵拉。<br>2. 训练活动：<br>（1）坐平衡板上拍球：学生盘腿坐在平衡板上双手交替拍打吊在前、左、右方的弹力球。<br>（2）坐凳寻宝：学生坐在凳子上，寻找放在凳子上左、右、后方的方形积木。<br>（3）绑站站立架打保龄球：学生绑站在站立架上，抛球打中保龄球，打倒几个保龄球就记几分，集够10分可换零食。 | 方型积木、平衡板、弹力球、凳子、零食 |

续 表

| 教学目标<br>（以周活动为单位的教学目标） | 活动计划 | 教学资源 |
|---|---|---|
| | 3. 放松活动：按摩放松上肢及下肢的大肌肉及诱导学生主动肢体活动。<br><br>班级支持目标：自己可扶物维持站立小便。<br>策略：学生行小便时到厕所小便池处，双手扶扶手站立小便。 | |

**评 鉴 表**

| 教学目标 | 第一周 | 第二周 | 第三周 | 第四周 | 第五周 | 第六周 | 第七周 | 第八周 |
|---|---|---|---|---|---|---|---|---|
| 1. 能双手扶 TB 架站维持站立姿 3 分钟<br>2. 能左手支撑坐 20 秒 | * | | | | | | | |
| 1. 能维持靠墙站立 3 分钟<br>2. 能右手支撑坐 20 秒 | | * | | | | | | |
| 1. 左手扶物维持站立姿并能撕贴图片<br>2. 跪坐姿指认前、左、右方的食物 | | | * | | | | | |
| 1. 能右手扶物维持站立姿拍球<br>2. 能在无扶手的凳上维持坐姿并交替举手 | | | | * | | | | |
| 1. 能单手支撑维持坐姿状态下拿取指定数量的球<br>2. 能跨坐滚筒上维持稳定坐姿 | | | | | * | | | |
| 1. 能单手扶 TB 架坐站起<br>2. 能坐在凳子上拾捡小件物品 | | | | | | * | | |
| 1. 单手扶物维持站立姿 1 分钟<br>2. 可维持坐姿抛球 | | | | | | | * | |
| 1. 能坐在平衡板上拍球<br>2. 能坐凳子上转动身体 | | | | | | | | |
| 0—完全困难或没有反应；1—在部分肢体协助下可以达成或偶有反应；2—需在辅具使用下可以独立完成或需口头提示下即可独立完成；3—独立完成且质量良好。 * | | | | | | | | |

备注：标 * 号代表该周有此目标。

**班级支持目标评鉴表**

| 班级支持目标 | 第一周 | 第二周 | 第三周 | 第四周 | 第五周 | 第六周 | 第七周 | 第八周 |
|---|---|---|---|---|---|---|---|---|
| 目标：能在摆位桌上完成上肢活动<br>策略：坐订做的摆位桌 | * | | | | | | | |
| 目标：能在摆位桌上完成上肢活动<br>策略：坐适合学生高度的摆位桌，在分组活动时，可在摆位桌上完成拿放物品的活动 | | * | | | | | | |
| 目标：能在摆位桌上完成上肢活动<br>策略：坐适合学生高度的摆位桌，可在摆位桌上做撕贴图片的活动 | | | * | | | | | |
| 目标：用站立架<br>策略：请辅具组定制适合学生高度的站立架 | | | | * | | | | |
| 目标：可绑站站立架上主题课<br>策略：在主题课时，学生可绑站在站立架上维持站立的姿势上课(30 分钟左右) | | | | | * | | | |
| 目标：能坐在摆位桌上自己吃午点<br>策略：调整摆位桌的高度，在桌板上黏魔术贴固定午点餐盘 | | | | | | * | | |
| 目标：自己可扶物维持站立小便<br>策略：在厕所小便器上方加装扶手 | | | | | | | * | |
| 目标：自己可扶物维持站立小便<br>策略：学生行小便时到厕所小便池处，双手扶扶手站立小便 | | | | | | | | * |
| 0—完全困难或没有反应；1—在部分肢体协助下可以达成或偶有反应；2—需在辅具使用下可以独立完成或需口头提示下即可独立完成；3—独立完成且质量良好。 | | | | | | | | |

（二）抽离课教学活动设计

## “寻宝”抽离课教学活动设计

执教者：梁媛媛

**教学对象分析：**

勇，男，9 岁，是本校五年级学生，诊断脑瘫，动作障碍为该生的主要问题。现有能力为手支撑坐，动作发展阶段为躯干控制阶段，障碍类型为痉挛型四肢瘫，异常肌张力分布为上直下弯，双上肢挛缩张力高影响双手支撑的能力，目前最主要的问题是由于臀背肌肌力不足影响稳定的独立坐姿能力。

**教学内容分析：**

该生认知能力尚可，由于目前臀背肌肌力不足影响到独立坐姿的能力，手屈曲肌紧影响手的支撑能力与活动。根据学生的动作障碍的情况，在活动过程中以训练伸直肌群为主，同时加强其躯干的控制能力

**教学目标：**

1. 扶 TB 架站立并交替举手。
2. 盘腿坐立拿取物品。
3. 坐 90 厘米凳子上拾捡物品。

**教学重点：**

1. 单手扶 TB 架站立。
2. 坐 90 厘米凳子上拾捡物品。

**教学难点：**

1. 能单手扶 TB 架站立。
2. 坐凳子上弯腰拾物。

**教学准备：**

1. 学生姓名卡片。
2. 各活动的视觉提示卡片、活动程序表 1 张。
3. TB 架、90 厘米凳子、波波球或玩具若干。

**教学过程：**

| 教 学 过 程 | 设计意图及支持策略 |
| --- | --- |
| 1. 导入部分<br>师生问好，介绍本节课的流程。点名：学生认读自己的卡片 | 撕贴卡片，提升学生视觉的辨识及提升学生的积极性 |

续　表

| 教　学　过　程 | 设计意图及支持策略 |
| --- | --- |
| 2. 基本部分(主题部分)<br>(1) 热身活动：各关节放松，牵拉<br>首先牵拉右侧臀中肌(骨盆歪斜的矫正)，顺序牵拉内收肌及膝屈曲肌，最后牵拉放松肩关节的挛缩张力 | 热身活动，放松各关节，防止运动损伤。同时能使学生的关节及相关肌肉能快速进入运动状态 |
| (2) 站立<br>学生站立状态，双手扶握 TB 架，将滚筒横放于膝盖处，诱导学生单手扶握 TB 架，同时诱导学生数数或唱歌 | 站立的训练使学生的躯干的控制得到加强及缓解了下肢的屈曲张力，数数唱歌的同时加强了学生的口语表达及认知的学习，同时结合了班级的主题(数数、唱歌) |
| (3) 拿取物品我最棒<br>学生在坐立姿势下，学生抓握身边左侧的波波球将其放到 30 厘米凳上的篮中，右侧手重复 | 加强学生坐姿平衡的能力同时抓握波波球可提升部的操作能力 |
| (4) 弯腰寻宝<br>学生坐在 90 厘米无扶手的凳上，弯腰捡起凳前方的玩具，然后起身将捡到的玩具放入身后的篮中 | 提升学生躯干的控制能力，及手部的抓握能力，同时结合了班级运动会的主题(能从前到后操作物品) |
| 3. 结束部分<br>回顾本节课的内容 | |

评　鉴　表

| 活动内容 | 目　　标 | 评　价 |
| --- | --- | --- |
| 站立 | 单手扶 TB 架站立 30 秒 | |
| 拿取物品我最棒 | 盘腿坐立时能拿取放在 30 厘米凳子上的物品 5 次 | |
| 弯腰寻宝 | 坐 90 厘米凳子上弯腰拾捡地垫上的物品 10 次 | |
| 0 完全困难或没有反应；1—在部分肢体协助下可以达成或偶有反应；2—需在辅具使用下可以独立完成或需口头提示下即可独立完成；3—独立完成且质量良好。 | | |

| 第四章 |

# 高年部的运动会主题实施

## 第一节　班级教学活动设计

### 一、班级目标汇总表(见附件 4－1)

### 二、班级学期教学计划表(见附件 4－2)

### 三、班级主题树(见附件 4－3)

### 四、主题教学活动周计划

**2015 学年上学期九年级(2)班主题活动设计**

主题名称：快乐的运动会　日期：11 月 29 日至 1 月 2 日

执教者：梁秀连　杨秋红　林佩瑜

| 教学目标<br>(以周活动为单位的教学目标) | 活动计划 | 教学资源 |
| --- | --- | --- |
| 共同目标：<br>1. 增加场所标志理解的量(观众区、检录处、赛区、安全通道标志)；音：理解观众区的标志<br>2. 能对他人和事物 | 第一周<br>活动一：认识赛区、观众区、安全通道标志<br>(1) 引入今年“运动会场地”会有新变化<br>(2) 认识赛区、观众区、安全通道标志<br>(3) 分组练习<br>A 组：在辨别赛区、观众区、安全通道的基础上，练习使用安全通道<br>B 组：辨别观众区、安全通道 | 图片<br>PPT |

续 表

| 教学目标（以周活动为单位的教学目标） | 活动计划 | 教学资源 |
| --- | --- | --- |
| 发表意见（用一个完整的句子表达）；音：会用点头或摇头示意<br>3. 与人沟通时，有恰当的言行举止（如眼神）<br>4. 会要求协助，并表达谢意<br>5. 增加两个指令句子理解的量（“先……再……”）；<br>6. 增加简单肯定句理解的量（如“……参加……”“……当……员”）<br>个别目标：<br>音：会举手要求帮助，会点头礼貌用语感谢别人<br>扬：能认识工作人员通道 | C组：到实地加深对观众区、安全通道的认识<br>活动二：认识运动员常用场地：检录处、热身区、比赛场地、颁奖处<br>(1) 导入——“运动员认识场地”非常重要<br>(2) 学习运动员常用场地：检录处、热身区、比赛场地、颁奖处<br>(3) 分组练习<br>A组：能根据指引，自行到检录处、颁奖处，热身区<br>B组：在语言提示下，根据标识到检录处到颁奖处，热身区的相应练习<br>C组：熟悉相应的参赛场地<br>活动三：认识工作人员相应工作区域<br>(1) 导入工作人员相应工作区域<br>(2) 学习工作人员相应工作区域<br>广播员：广播站<br>医疗协助员：医疗室，检录员、计分员，计时员：检录处、热身区，颁奖礼仪员：颁奖区，递分员：工作人员通道<br>(3) 分组练习<br>A组：工作岗位与工作场地的匹配（文字与文字）<br>B组：工作岗位与工作场地的匹配（文字与图片）<br>C组：相应岗位的场地认识<br>活动四：复习以上学习过的场地及使用人员、使用规范<br>(1) 复习工作人员相应工作区域<br>(2) 分组练习<br>A组：广播员：广播站；医疗协助员：医疗室<br>B组：检录员、计分员、计时员：检录处、热身区<br>C组：颁奖礼仪员：颁奖区；递分员：工作人员通道 | PPT<br>实际场地<br><br>PPT<br>实际场地 |

**续 表**

| 教学目标<br>（以周活动为单位的教学目标） | 活动计划 | 教学资源 |
|---|---|---|
| 共同目标：<br>1. 增加两个指令句子理解的量（如“不仅……而且……”）<br>2. 熟悉自己的个人资料（姓名、性别、出生日期、学校、班级）<br>3. 增加复杂肯定句理解的量（如“……员负责……和……”）<br>4. 能遵守工作岗位的要求<br>个别目标：<br>鹏：增加词汇表达的量（运动员、工作人员）<br>扬：<br>1. 增加词汇表达的量（工作人员、递分）；<br>2. 表达简单陈述句：“……当……员”<br>桐：<br>表达简单陈述句：“……参加……”；<br>音：会举手要求帮助，点头礼貌用语感谢别人 | 第二周<br>活动一：区分运动员与工作人员<br>(1) 观看去年冬季运动会班级宣传、参赛领奖照片，引入 2014 年运动会的新变化<br>(2) 选用运动会赛跑发令视频、广播宣读成绩视频、赛事指引工作人员视频，提出问题让学生观察讨论，引出“参加运动会的人员除了运动员、观众，还有非常重要的工作人员”<br>A 组：通过观察图片和视频，思考回答老师，能知道发令、广播及指引工作都是工作人员负责的<br>B 组：通过老师的引导，指出图片中运动员、工作人员<br>C 组：能通过图片、视频，知道运动会上有运动员、工作人员<br>(3) 小结<br>活动二：认识工作人员的外形特征与相关视觉字<br>(1) 谈话导入“运动会工作人员”是一个非常好的锻炼机会，高年部可以自我选择工作岗位、竞岗，服务他人<br>(2) 通过找照片、情景视频，认识运动会工作人员：裁判员、检录员、发令员、计时员、计分员<br>A 组：把工作岗位和工作任务配对（文字）<br>B 组：将工作岗位名称（文字）与工作任务（图片）配对<br>C 组：指出运动员、工作人员<br>(3) 通过图片，介绍以上工作人员统一服装特征：短袖套头无领 T 恤，黄底黑字<br>A 组：在图片中选出相应特征的 T 恤<br>B 组：在图片中选出有黄底黑字的白 T 恤<br>C 组：在图片指出穿白色 T 恤的人<br>(4) 小结 | 图片<br>PPT<br><br><br><br><br><br><br><br><br><br><br>PPT<br>实际场地<br><br><br><br><br><br><br><br>PPT<br>实际场地<br><br><br><br><br><br>实际着装 |

续　表

| 教学目标<br>(以周活动为单位的教学目标) | 活动计划 | 教学资源 |
| --- | --- | --- |
| | 活动三：认识工作人员的工作内容<br>(1) 复习上一次课学习的工作人员<br>(2) 抛出问题，引出"保安员、广播员、后勤医疗协助员"<br>(3) 通过照片、小情景剧(颁奖时)，认识运动会工作人员：场地捡球员、场地整理员、保安员、广播员、颁奖礼仪员、后勤医疗协助员<br>介绍以上工作人员统一服装特征：短袖套头无领T恤，红底黑字<br>A组：把工作岗位和工作任务配对(文字)，在图片中选出相应特征的T恤<br>B组：将工作岗位名称(文字)与工作任务(图片)配对，在图片中选出有红底黑字的白T恤<br>C组：指出运动员、工作人员，在图片指出穿白色T恤的人<br>(4) 小结<br>活动四：能把工作人员的衣着、工作场地及工作内容联系在一起<br>(1) 复习"运动会工作人员"及统一服装特征<br>(2) "找茬游戏"<br>规则：分层进行，每层有不同难度的纸质游戏卡，成功闯关，可获得迷你情景剧表演机会<br>A组：说出工作岗位相应的服装、工作任务准确的地方、圈出不准确的地方(文字—文字)<br>B组：找出工作岗位相应工作任务准确的地方并打钩(文字—图片)<br>C组：圈出工作人员的衣着(图片—白T)<br>(3) 迷你情景剧表演<br>情景1：田径赛跑<br>检录员、发令员、计时员、记分员<br>情景2：赛后颁奖<br>保安员、递分员、广播员、颁奖礼仪员 | |

续 表

| 教学目标<br>（以周活动为单位的教学目标） | 活动计划 | 教学资源 |
|---|---|---|
| 共同目标：<br>1. 增加两个指令句子理解的量（“首先……然后……”）<br>2. 增加听音乐做律动的量（听到音乐做2个以上动作）<br>3. 学写简单的通讯稿（如祝贺我班的××荣获×跳远第一名）<br>4. 会参加一定的社区或学校服务活动（志愿工作者）<br>个别目标：<br>峰、桐、鹏：<br>会用剪刀剪直线的图形（长方形、三角形、正方形）<br>扬：<br>增加简单肯定句理解的量（如“我们做……”）<br>健、音：<br>会模仿简单的动作：拍手、跺脚 | 第三周<br>活动一：回顾校运会<br>（去年海报、班牌的照片展示回顾）<br>老师引导学生回答问题<br>（认识班级文化展示内容：大小海报，班牌，口号，啦啦队，进场式舞蹈）<br>分组操作<br>A组：师生讨论海报内容，进行制作<br>B组：师生讨论班牌内容，在协助下进行制作<br>C组：在老师的带领下，制作啦啦队的道具（进行撕、贴纸条装饰瓶子）<br>活动二：练习出场式<br>(1) 引入：听运动音乐<br>激发兴趣：老师跟拍子示范打非洲鼓<br>(2) 一起跟着打拍子，感受一下音乐的节奏<br>(3) 跟音乐做律动练习<br>A组：跟音乐独立完成拍、抛、顶球动作<br>B组：听音乐在提示下完成拍、抛、顶球动作<br>C组：跟音乐打非洲鼓（老师辅助下完成动作）<br>活动三：设计校运会海报、班牌<br>(1) 介绍一下校运会<br>告知学生离校运会还有多少天<br>(2) 学生分组进行海报制作<br>A组：自行创作或选择图案<br>B组：对已完成的图案裁剪和涂色<br>C组：在指导下将已完成的图案粘贴到海报上<br>(3) 学生分组进行班牌制作<br>A组：自行创作图案<br>B组：把图案进行裁剪和涂色<br>C组：在指导下把已完成的图案粘贴到班牌上 | 图片<br>PPT<br>视频<br><br>PPT<br>绘画工具<br><br>PPT<br>实际场地 |

**续　表**

| 教学目标<br>（以周活动为单位的教学目标） | 活动计划 | 教学资源 |
|---|---|---|
| | 活动四：创作出场口号<br>师生讨论口号的内容，让学生投票选择定出本次口号<br>A组：能声音响亮、清晰地背出口号内容<br>B组：能根据提示读出口号内容<br>C组：能根据口号内容，做简单的模仿动作（拍手、摇晃瓶子）<br>活动五：工作人员彩排<br>(1) 在课室或到操场练习各自的工作岗位<br>(2) 继续没完成的班级文化建设（海报，班牌）<br>A、B组：轮流练习运动会角色操作<br>（A、B、C组工作人员彩排） | |
| 共同目标：<br>1. 增加听音乐做律动的量（听到音乐做4个以上动作）<br>2. 增加两个指令句子理解的量（如“一边……一边……”）<br>3. 根据角色选择衣服<br>4. 完成自己岗位（角色）的职责 | 第四周<br>活动一：彩排<br>(1) 谈话导入12月30日式入场式<br>(2) 提升班级士气，练习口号<br>(3) 入场式彩排（出场舞）<br>(4) 熟悉一名工作人员应有的礼仪，基本人际交往礼仪<br>(5) 熟悉工作岗位操作<br>A、B、C组：轮流分层练习（口号，出场舞）<br>活动二：运动项目热身练习<br>谈话引入，12月31日是运动会比赛<br>复习比赛规则<br>分组练习<br>A/B组：(1) 模拟练习自己相关比赛项目<br>(2) 空闲时帮助同伴装水或指导同伴<br>C组：拿着啦啦队道具为同伴打气 | 图片<br>PPT<br><br>PPT<br>实际场地<br><br>PPT<br>实际场地 |
| 综合以上目标 | 第五周：综合统整活动<br>活动一：参与校运会<br>活动二：校运会的总结与回顾 | 图片<br>PPT |

## 评 鉴 表

| IEP 目 标 | 飞 | 音 | 桐 | 扬 | 浩 | 生 | 健 | 鹏 | 峰 | 彦 | 坚 |
|---|---|---|---|---|---|---|---|---|---|---|---|
| 增加场所标志理解的量（观众区、检录处、赛区、安全通道标志） | * | | | | * | * | | * | * | * | * |
| 与人沟通时，有恰当的言行举止（如眼神） | * | | | | * | * | | * | * | * | * |
| 会主动要求协助，并主动表达谢意 | * | | | | * | * | | * | * | * | * |
| 增加两个指令句子理解的量（“先……再……”“不仅……而且……”“首先……然后……”“一边……一边……”） | * | | | | * | * | | * | * | * | * |
| 增加简单肯定句理解的量（如“……员负责……”；“……当……员”） | * | | | | * | * | | * | * | * | * |
| 表达简单肯定句：“……参加……”；“……当……员” | * | | | | * | * | | * | * | * | * |
| 熟悉自己的个人资料（姓名、性别、出生日期、学校、班级） | * | | * | * | * | * | * | * | * | * | * |
| 根据角色选择衣服 | * | | * | * | * | * | * | * | * | * | * |
| 增加复杂肯定句理解的量（如“……员负责……和……”） | * | | | | * | * | | | | * | * |
| 增加听音乐做律动的量（听到音乐做2—4个以上动作） | * | * | * | * | * | * | * | * | * | * | * |
| 完成自己岗位（角色）的职责 | * | * | * | * | * | * | * | * | * | * | * |
| 会用剪刀剪直线的图形（长方形等） | * | | * | * | * | * | | * | * | * | * |
| 会举手要求帮助，点头礼貌用语感谢别人 | | * | | | | | | | | | |
| 会分辨赛区、观众区 | | * | * | * | | | * | | | | |
| 增加词汇表达的量（运动员、工作、递分） | | | * | * | | | * | * | * | | |
| 会说出工作人员的工作任务 | * | | | | * | * | * | * | * | * | * |
| 会模仿简单的动作 | | * | | | | | * | | | | |
| 会参加一定的社区或学校服务活动（志愿工作者） | * | | | | * | * | | * | * | * | * |
| 0—完全困难或没有反应；1—在部分肢体协助下可以达成或偶有反应；2—需在辅具使用下可以独立完成或需口头提示下即可独立完成；3—独立完成且质量良好。 | | | | | | | | | | | |

备注：标 * 号代表该学生有此目标。

## 五、课堂教学活动设计

### 校运会“工作人员面试技巧”教学活动设计

执教者：梁秀连、林佩瑜、杨秋红

**教学对象分析：**

本班共11名学生，自闭症2名，浩认知能力较好，能认读简单的句子；扬能仿说简单句，能进行图片配对。脑麻学生2名，其中音无语言能力，但能听懂简单的2步指令。健有一定的认知能力，能仿说简单句；智障学生6名，其中4名学生认知能力较强，能用复杂句进行沟通。峰有一定理解能力和认知能力，在日常活动中能用词汇或简单句表达；桐能听懂简单的2步指令，有一定理解能力，口语表达不清晰，可用图沟表达；唐氏综合征学生1名，有一定认知能力，能用词汇或简单句表达。

**教学内容分析：**

本节课的主题是面试技巧，包括自我介绍、着装要求和行为举止三个部分内容的学习。设计本节课的目的是为了让学生能够认识面试时的基本技巧，以便在参加校运会工作人员的报名和考核时能够说出自己的个人信息并表现出合宜的面试礼仪，这是顺应校运会学生工作安排的需要。同时，这些技能的练习也是职业教育的内容。本班学生已是九年级的学生，对其进行基本的职业技能训练，让学生了解面试的技巧，是符合学生转衔教育的需要，是学生在现阶段应该学习和掌握的基本职业技能。根据校运会招募工作人员包括报名和考核两个部分，以及结合社会中个人在进行面试时需要考量的基本面试技巧，我们把本节课的教学内容定为自我介绍和面试礼仪。其中面试礼仪主要教导学生基本的着装要求和行为举止要求两个部分。

在这节课之前我们在教导学生认识校运会工作人员角色，之后教导本节课内容，能够让学生学会表达自己的基本信息。同时，在表达的过程中，学生也能对自身的兴趣、能力等情况有更进一步的认识和了解，对于学生选择自己感兴趣的且符合自己能力的角色有重要的意义。这也有助于之后的学生填写报名表的教学内容。

**教学目标：**

| 组　别 | 目　　标 |
|---|---|
| A组 | 1. 能按时到达面试的地点<br>2. 有恰当的着装和面试礼仪<br>3. 能回答考官提出的问题 |
| B组 | 1. 在老师带领下，准时到达面试的地点<br>2. 有恰当的着装和言行举止<br>3. 能用图片表达或纸条提示下，进行自我介绍 |
| C组 | 1. 增加名词“简历”“衬衫”“长裤”的理解<br>2. 增加动词“递”“站”“坐”的理解<br>3. 能认识自己的名字 |

**教学重点、难点：**能回答考官提出的问题。

**教学教具准备：**

A组：自制骰子教具、PPT(包括面试、服装和举止的图片、视频，面试礼仪的口诀)。

B组：B组学生的简历、B组学生个人资料的图片，面试服装的图片、彩色笔、固体胶、面试行为举止的图片。

C组：C组学生附有名字的照片、与面试有关的事物的图片(简历、衬衫、长裤)、C组学生的简历、动作的照片(递、坐、站)。

**教学过程：**

| 教　学　过　程 | 设计意图及支持策略 |
|---|---|
| 一、激趣导入<br>让学生观看招聘会和面试的图片，指导学生说出图片发生的场景是面试。说明本节课的主题是面试技巧，并说明本课包含的内容和流程：自我介绍、着装要求、行为举止和模拟招聘会。<br>二、新课开展<br>活动一：自我介绍<br>准备活动：<br>(1) 老师出示面试宣传海报，引导学生说出面试的时间和地点。 | 以图片的方式展示本节课教学内容的情境，让学生对面试现场有初步的了解。接着采用开门见山的方式，直接讲述本节课的教学内容、进程，让学生对教学内容和目标有初步的了解，引起学生的注意。 |

续　表

| 教　学　过　程 | 设计意图及支持策略 |
| --- | --- |
| (2) 指导学生说出为了得到自己想要从事的职业，需要去面试，而去面试第一步是要介绍自己。<br>发展活动：<br>A组(学生：生、坚、飞、彦；负责老师：林)<br>(1) 提问学生在进行自我介绍时需要表达什么内容，指导学生回答考官提出的问题等。<br>(2) 写出学生所表达的自我介绍的相关内容，教学生认读这些字并指导学生看到这些字词时说出自己的基本信息。<br>(3) 以活动的方式(扔骰子)让学生说出对应的个人资料。<br>(4) 首先说出面试地点及时间，然后进行自我介绍，最后回答老师提出问题。<br>B组(学生：峰、浩、鹏、健；负责老师：梁)<br>(1) 指导学生说出自己的个人基本资料。<br>(2) 老师提出关于面试的问题，引导学生用图片或纸条提示，回答问题。<br>(3) 首先老师出示面试地点的图片，让学生说出图片中面试的地点，然后进行简单自我介绍，最后在图片或纸条提示下，回答老师提出问题。<br>活动二：我的面试着装<br>准备活动：<br>以图片展示生活中和面试中的两种不同穿着，指导学生说出其中的差异。<br>发展活动：<br>A组(学生：生、坚、飞、彦；负责老师：林)<br>(1) 以讲述法指导学生面试时穿着的要求：整洁、大方，自然，着装不要太花哨，头发不要太乱，外表整体要干净。<br>(2) 以图片展示各种服装搭配，让学生判断哪种是错误的，并说明理由。<br>(3) 以图片展示面试的正确着装的口诀，指导学生朗读口诀以提醒学生正确的着装要求。<br>B组(学生：峰、浩、鹏、健；负责老师：梁)<br>(1) 以讲述法指导学生了解面试时可穿的服装。<br>(2) 发给学生不同场景的图片，让学生选出适合面试场景的服装。<br>(3) 让学生剪出自己喜欢的、适合面试的服装的图片并涂上适合的颜色。 | A组学生认知程度较好，基本上能进行口语表达，词汇量也较多，因此在教学过程中注重让其进行简单的口语表达。同时，由于A组学生的认知程度较好，因此在教学过程中注重让学生进行比较、判断，培养学生观察和思考的能力，加深学生对教学内容的理解。<br><br>B组学生认知能力有待提高，能进行简单的口语表达，因此在教学中注重让其模仿或自行说出自己的个人信息。同时，由于该组学生注意力和耐性有限，因此在教学过程中注重采取活动的方式进行教学，让学生有适度的活动机会。由于该组学生对图片比较感兴趣且有相关的IEP目标，因此在教学过程中也注重让学生进行裁剪和粘贴的任务。 |

**续 表**

| 教 学 过 程 | 设计意图及支持策略 |
| --- | --- |
| C组(学生：音、桐、扬；负责老师：杨)<br>(1) 以图片的方式呈现面试时的相关事物：简历、衬衫、长裤，指导学生进行辨认。(DTT)<br>(2) 指导其中一名同学转动转盘，另外的同学找出与转盘所指物品相一致的图片。<br>活动三：我的面试举止<br>A组(学生：生、坚、飞、彦；负责老师：林)<br>(1) 以图片展示错误的表现，让学生进行判断，并说明原因。<br>(2) 让学生做出面试时的姿势，指导学生做出正确的反应。<br>(3) 以图片展示面试时合宜举止的口诀，指导学生朗读口诀以提醒学生正确的行为举止。<br>B组(学生：峰、浩、鹏、健；负责老师：梁)<br>(1) 以图片的方式展示面试的合宜举止，以讲述法指导学生认识面试时正确的举止要求。<br>(2) 示范正确的面试举止，让学生模仿。<br>(3) 让学生剪出正确的面试行为举止的图片。<br>C组(学生：音、桐、扬；负责老师：杨)<br>(1) 以图片的方式展示“递”“站”“坐”这类动词的图片。<br>(2) 示范图片中的动作让学生进行模仿。<br>三、课堂小结<br>老师与同学们一起回顾本节课的面试技巧，并预告下一节课会进行面试现场的情景演练。 | C组2名学生口语表达能力较弱，1名学生无口语，所以在教学过程中主要采取指认和配对的方式，以及让学生进行简单的动作模仿。 |

**评 鉴 表**

| IEP 目 标 | 飞 | 音 | 桐 | 扬 | 浩 | 生 | 健 | 鹏 | 峰 | 彦 | 坚 |
| --- | --- | --- | --- | --- | --- | --- | --- | --- | --- | --- | --- |
| 能按时到达面试的地点 | * | | | | | * | | | | * | * |
| 有恰当的着装和面试礼仪 | * | | | | * | * | * | * | * | * | * |
| 能回答考官提出的问题 | * | | | | | * | | | | * | * |
| 在老师带领下，准时到达面试的地点 | | | | | * | | * | * | * | | |
| 能用图片表达或纸条提示下，进行自我介绍 | | | | | * | | * | * | * | | |
| 增加名词“简历”“衬衫”“长裤”的理解 | | * | * | * | | | | | | | |
| 增加动词“递”“站”“坐”的理解 | | * | * | * | | | | | | | |
| 能认识自己的名字 | | * | * | | | | | | | | |
| 0—完全困难或没有反应；1—在部分肢体协助下可以达成或偶有反应；2—需在辅具使用下可以独立完成或需口头提示下即可独立完成；3—独立完成且质量良好。 | | | | | | | | | | | |

备注：标*号代表该学生有此目标。

# 第二节　艺能科教学活动设计

## 一、绘画与手工课

### (一) 绘画与手工课教学计划

**广州市越秀区启智学校(2015学年度上学期)学期教学计划表**

九年级(2)班　　教师：贾浪

| 周次 | 一 | 二 | 三 | 四 | 五 | 六 | 七 | 八 | 九 | 十 | 十一 |
|---|---|---|---|---|---|---|---|---|---|---|---|
| 日期 | 9/1—9/5 | 9/6—9/12 | 9/13—9/19 | 9/20—9/26 | 9/27—10/3 | 10/4—10/10 | 10/11—10/17 | 10/18—10/24 | 10/25—10/31 | 11/1—11/7 | 11/8—11/14 |
| 单元主题 | 假期生活分享 | | 中秋迎月亲子晚会 | | | | | | | 烹饪小能手 | |
| 小主题 | 我的小书——有趣的假期 | | 1. 好吃的月饼<br>2. 美丽的灯笼<br>3. 做张贺卡送朋友 | | | | | | | 1. 我独特的厨房用具<br>2. 我喜欢的菜谱 | |

| 周次 | 十二 | 十三 | 十四 | 十五 | 十六 | 十七 | 十八 | 十九 | 二十 | 二十一 |
|---|---|---|---|---|---|---|---|---|---|---|
| 日期 | 11/15—11/21 | 11/22—11/28 | 11/29—12/5 | 12/6—12/12 | 12/13—12/19 | 12/20—12/26 | 12/27—1/2 | 1/3—1/9 | 1/10—1/16 | 1/17—1/23 |
| 单元主题 | | | 我参与、我服务、我运动 | | | | | 欢乐过春节 | | |
| 小主题 | | | 1. 漂亮的飞盘<br>2. 折纸足球<br>3. 运动的小人<br>4. 人偶保龄球<br>5. DIY运动会墙报 | | | | | 春节的鞭炮 | | IEP检核会议 |

（二）绘画与手工课教学周计划

**2015学年上学期九年级(2)班绘画与手工课教学周计划**

主题名称：运动会　日期：11月29日至1月2日　执教者：贾浪

<table>
<tr><td colspan="3">IEP目标：<br>2.1.1　会捆绑物品(如用绳子捆绑被子、背心袋打结)(生、坚、飞、浩、鹏、桐)<br>2.1.2　会用剪刀剪简单图形(三角形、正方形、圆形)(峰、鹏、音、健、桐)<br>3.1.2　能进行简单的环境布置(飞)</td></tr>
<tr><th>教学目标<br>(周活动为单位的教学目标)</th><th>活动计划</th><th>教学资源</th></tr>
<tr><td>1. 能在提示下完成缠绕包裹的动作(坚、生、飞)<br>2. 能在辅助下完成缠绕包裹的动作(浩、鹏、峰)<br>3. 能剪锯齿线(峰、鹏、音)<br>4. 能将橡皮泥搓长条(桐、健、音)</td><td>第一周“漂亮的飞盘”<br>一、导入：通过视频播放，让学生了解飞盘这项娱乐活动<br>二、课件，欣赏各种飞盘<br>三、示范做法<br>四、学生自己制作飞盘<br>A组：用保鲜膜对飞盘进行缠绕包裹，在飞盘上画图案进行装饰(彦、坚、生、飞、孙)<br>B组：将飞盘边缘剪出锯齿形，在协助下用能缠绕物品(浩、鹏、峰)<br>C组：用橡皮泥搓条形装饰飞盘(桐、健、音)<br>五、评价<br>1. 学生分享成果<br>2. 老师点评</td><td>纸盘、胶带、绳子、彩色笔、剪刀</td></tr>
<tr><td>1. 能折足球的组成部件(彦、坚、扬、生、飞)<br>2. 能沿线对折(浩、峰、鹏)<br>3. 能在协助下，完成折的动作(桐、音、健)</td><td>第二周“折纸足球”<br>一、导入：通过视频播放，让学生了解足球这项娱乐活动<br>二、课件演示，示范<br>1. 观察足球的图片<br>2. 老师展示制作好的折纸足球<br>3. 老师示范<br>三、学生自己制作折纸足球<br>A组：折足球的组成部件，并辅助同学按压折线，最后将折好的部件，进行拼接(彦、坚、生、飞、扬)<br>B组：将折纸沿对角线对折，撕贴双面胶(浩、鹏、峰、桐)<br>C组：在协助下折纸(音、健)</td><td>卡纸、剪刀、水彩笔、油性笔</td></tr>
</table>

续　表

| 教学目标<br>（周活动为单位的教学目标） | 活动计划 | 教学资源 |
| --- | --- | --- |
|  | 四、完成<br>1. 学生分享成果<br>2. 老师点评 |  |
| 1. 能画简单线条表现人物（彦、坚、扬、生、飞）<br>2. 能画半圆（浩、鹏、峰）<br>3. 能画直线、斜线等线条（桐）<br>4. 能在指定的范围内涂色（健、音） | 第三周“周运动的小人”<br>一、情景导入<br>1. 启智运动会会有的运动项目<br>2. 每个运动项目会有哪些运动姿态<br>二、课件，欣赏各种运动姿态<br>三、示范做法<br>四、学生制作<br>A组：绘画简易运动小人并涂颜色，将画好的运动的小人留白边裁剪（彦、坚、扬、生、飞）<br>B组：对小人的粘贴背景进行简单线描画，剪简单小图形进行背景装饰（浩、峰、鹏）<br>C组：对粘贴背景进行涂色（桐、健、音）<br>五、展示，点评<br>1. 上台展示画的是哪种运动的小人<br>2. 将作品粘贴于大背景<br>3. 老师点评 | 卡纸、素描纸、铅笔、橡皮擦、油性笔、油画棒、剪刀、胶水 |
| 1. 能画人偶的五官（生、彦、飞、扬、坚）<br>2. 裁剪画好的五官图案（生、彦、飞、扬、坚）<br>3. 能画波浪线和锯齿线（鹏、峰、浩）<br>4. 能在辅助下完成拧的动作（桐、健、音） | 第四周“人偶保龄球”<br>一、导入：通过视频播放，让学生了解保龄球这项娱乐活动<br>二、课件演示：展示制作纸筒保龄球的所有材料和用途<br>三、示范做法<br>四、学生自己制作人偶保龄球<br>A组：卷人偶的身体，画人偶的五官，将画好的五官剪下来（生、彦、飞、扬、坚）<br>B组：在纸筒人偶脸上画线条做装饰（鹏、峰、浩）<br>C组：帮纸筒人偶拧毛根头发（桐、健、音）<br>五、结束<br>1. 学生分享成果<br>2. 老师点评 | 卷纸芯、毛根、胶带、胶水、海绵纸、卡纸 |

**续 表**

| 教学目标<br>（周活动为单位的教学目标） | 活动计划 | 教学资源 |
| --- | --- | --- |
| 1. 能剪墙报所需要的图案（彦、坚、飞、扬、生）<br>2. 能用绳子绕圈（生、坚、飞、浩）<br>3. 能在辅助下用绳子绕圈（浩、鹏、峰）<br>4. 能剪简单图形（扬、浩、鹏、峰）<br>5. 能搓圆形（健、音）<br>6. 能粘贴到指定位置（健、桐、音） | 第五周“DIY 运动会墙报”<br>一、导入：各类墙报作品欣赏，了解制作运动会墙报的内容组成<br>二、课件演示：用课件来详细介绍各种材料在墙报上的用法<br>三、示范操作<br>四、学生操作<br>A 组：画和剪花朵、篮球等运动器材，用绳子绕圈拼成简易蝴蝶（彦、坚、飞、生）<br>B 组：画树叶，剪树叶（浩、鹏、峰、扬）<br>C 组：皱纹纸搓圆形，把搓好的皱纹纸贴在花朵上（健、桐、音）<br>五、分享成果，点评<br>1. 上台展示自己完成的作品<br>2. 将作品粘贴于大背景<br>3. 老师点评 | 卡纸、素描纸、海绵纸、皱纹纸、水彩笔、铅笔、橡皮擦、油性笔、双面胶、乳胶 |

**评 鉴 表**

| IEP/本专业目标 | 扬 | 飞 | 生 | 彦 | 坚 | 鹏 | 峰 | 浩 | 桐 | 健 | 音 |
| --- | --- | --- | --- | --- | --- | --- | --- | --- | --- | --- | --- |
| 1. 能缠绕物品 | | * | * | | * | | | | | | |
| 2. 能缠绕包裹物品 | | | | | | * | * | * | | | |
| 3. 能剪锯齿线 | * | | | | | * | * | | | | |
| 4. 能用橡皮泥搓长条 | | | | | | | | | * | * | * |
| 5. 能折足球的组成部件 | * | * | * | * | * | | | | | | |
| 6. 能沿线对折 | | | | | | * | * | * | | | |
| 7. 能在协助下，完成折的动作 | | | | | | | | | * | * | * |
| 8. 能画简单线条表现人物 | * | * | * | * | * | | | | | | |
| 9. 能画半圆 | | | | | | * | * | * | | | |
| 10. 能画直线、斜线等线条 | | | | | | | | | * | | |
| 11. 能在指定的范围内涂色 | | | | | | | | | | * | * |

续　表

| IEP/本专业目标 | 扬 | 飞 | 生 | 彦 | 坚 | 鹏 | 峰 | 浩 | 桐 | 健 | 音 |
|---|---|---|---|---|---|---|---|---|---|---|---|
| 12. 能画人偶五官 | * | * | * | * | * | | | | | | |
| 13. 能画波浪线和锯齿线 | | | | | | * | * | * | | | |
| 14. 能在辅助下完成拧的动作 | | | | | | | | | * | * | * |
| 15. 能剪海报所需要的图案 | * | * | * | * | * | | | | | | |
| 16. 用绳子绕圈 | | * | * | | * | | | * | | | |
| 17. 能在辅助下用绳子绕圈 | | | | | | | | | | | |
| 18. 能剪简单图形 | * | | | | | * | * | * | | | |
| 19. 能搓圆形 | | | | | | | | | | * | * |
| 20. 能正确粘贴到指定位置 | | | | | | | | | * | * | * |
| 0—完全困难或没有反应；1—在部分肢体协助下可以达成或偶有反应；2—需在辅具使用下可以独立完成或需口头提示下即可独立完成；3—独立完成且质量良好。 | | | | | | | | | | | |

备注：标＊号代表该学生有此目标。

### （三）绘画与手工课教学设计

## “DIY运动会墙报”教学活动设计

执教者：贾　浪

**教学内容分析：**

本节课按照启智学校的运动会这一活动，根据学生目标进行策划的教学活动。在本堂课中，结合了画、剪、绑、折、贴等各种元素，内容丰富，形式多种多样，让学生在有趣的活动中，能提高绘画能力和裁剪、捆绑、粘贴的能力。在日常生活中，使用剪刀裁剪和用绳子捆绑对学生来说，是很重要的生活技能，这也是本堂课很重要的组成部分。

**教学对象分析：**

本班是高年部九年级学生，班上的整体能力较好，但班级学生的能力差异较大，为了使每个学生在最近发展区中得到最佳的教学效果，结合学生IEP，创设情境，采用分层教学的形式开展教学，于是将本班学生分成以下三组。

A组：5人(自闭、智障、脑瘫)，他们的有一定的绘画能力，能根据自己的想象对画面进行添加作画，对颜色搭配有一定的理解。能裁剪简单图形。

B组：3人(自闭、唐氏)，他们的绘画能力较弱，对颜色搭配认识一般，能用剪刀剪直线。

C组：3人(脑瘫、自闭)，他们手部操作能力比较差，不会使用剪刀裁剪，通过老师辅助能进行揉搓、按压、撕纸和粘贴的任务。

**教学目标：**

1. 能剪海报所需要的图案(彦、坚、飞、扬、生)。
2. 能用绳子绕圈(生、坚、飞、浩)。
3. 能在辅助下用绳子绕圈(浩、鹏、峰)。
4. 能剪简单图形(扬、浩、鹏、峰)。
5. 能搓圆形(健、音)。
6. 能正确粘贴到指定位置(健、桐、音)。

**教学重点、难点：**

重点：使用剪刀和用线捆绑物品。

难点：对裁剪和捆绑这类精细动作的掌握。

**教学过程：**

| 教学过程 | 设计意图及支持策略 |
| --- | --- |
| 暖身活动：<br>一二三四，拍拍手，五六七八，拍拍腿，上课起立！<br>一、激情导入<br>老师告诉学生：今天，老师将带同学们一起制作今年校运会的班级海报哦，如果同学表现很棒，能完成老师分配的小任务，老师就会送给同学们神秘礼物。<br>二、课程预告<br>显示课件主界面，老师告诉学生今天上课的主要内容有：第一，课程导入；第二，课件演示；第三，示范操作；第四，学生操作；第五，完成，总结。<br>三、教学活动及活动流程<br>1. 课程导入<br>(1) 找一找<br>利用多媒体游戏让学生找出哪些是与运动会相关 | 课前，有一个固定的上课仪式作为暖身活动，可以减低自闭症学生的焦虑感并且让班级学生快速进入学习状态。<br>这节课一共有5个环节，首先，第一个环节是激趣导入，班上学生好奇心强，喜欢小礼物，所以，我给学生准备了小礼物作为奖励，来调动学生学习的积极性。<br>接着我会利用找物品的形式，调动学生的注意力和兴趣。 |

续　表

| 教　学　过　程 | 设计意图及支持策略 |
| --- | --- |
| 的物品。课件一共呈现 4 个不同物品组合成的照片，其中第一张照片是用具类，学生要从中找出体育用品。第二张照片是职业类，在穿各种不同制服的人中，学生要找出穿体育服的运动员。第三张是标志类，在不同行业的标志中，学生要找出与体育相关的标志。第四张是墙报类，在不同主题的墙报中，学生要找出跟体育运动会有关的墙报，同时引出今天的课程。 | 本节课的新授，一共有×个环节。<br>让学生对本节课教学内容有整体的认知 |
| （2）看一看<br>给同学观看和欣赏不同主题墙报是怎么设计的，对怎样设计墙报有初步的了解，再欣赏各种运动会的墙报设计图片，然后老师拿出自己制作的好了的墙报给学生欣赏，并给学生简述今天要用到的设计墙报的材料有哪些，及每个材料的用法。 | 增加学生对墙报的直观感受。 |
| （3）比一比<br>把做的好看的和不好看的很多运动会墙报一一展示给学会看，让学生对上面的墙报进行对比，找出不好看的墙报失败在哪里，好看的海报为什么好看，使学生对于怎么做墙报有更深的认识。 | 有趣的对比能吸引学生的注意力。 |
| 2. 课件演示<br>（1）物品展示<br>小作品展示：<br>老师拿出贴了很多学生运动会的照片的墙报出来，问学生：同学们，你们觉得这是一张好看的墙报吗？<br>学生说：不是。（在前面的引导中，已经有能分辨墙报好不好看的能力）<br>老师：那么我们把它装饰得漂漂亮亮的，变成一幅好看的墙报好吗？<br>（2）材料展示<br>每个装饰品要用到的材料，用课件一一展示给学生。 | 利用之前的学习内容提问，让学生有效的回忆和巩固知识点。 |
| 3. 示范操作<br>（1）粘贴皱纹纸小花朵<br>（拿出一些粘贴了皱纹纸的小花朵）<br>老师：同学们，看看这朵小花上面有什么不一样的地方吗？然后老师拿给学生依次用手触摸，并告诉学生这个小圆球是皱纹纸搓出来的。<br>老师现场演示搓皱纹纸小圆球，并让每个学生试搓一个小圆球。 | |

续 表

| 教 学 过 程 | 设计意图及支持策略 |
|---|---|
| (2) 用绳子打结的小蝴蝶<br>拿出一根小绳子问学生：同学们，谁知道这根绳子能变出什么东西呢？<br>学生回答后，老师：猜猜老师能不能把它变成一只蝴蝶！<br>然后用视频展示台向学生演示用绳子绕圈，拼接成小蝴蝶的详细制作步骤。<br>(3) 简笔画体育用品<br>让学生回忆体育用品有哪些，老师演示体育用品的简易画法，然后用水彩笔涂上好看的颜色。<br>(4) 简笔画手掌<br>老师问：同学们，我们做任何运动是不是都离不开我们的小手掌呢？<br>然后老师演示画小手掌的详细过程。<br>老师：那等一下，请几个同学把自己的小手掌画下，贴在我们的墙报上哦。<br>4. 学生操作<br>老师：制作校运会墙报同学们学会了吗？那让我们一起动动小手做墙报吧。<br>助教老师根据分组给学生每次派发材料，学生根据能力进行操作：<br>A组：画、剪、用绳子绕圈<br>(1) 简笔画小手掌<br>(2) 裁剪小手掌<br>(3) 用绳子绕圈，拼贴成小蝴蝶<br>B组：画、剪<br>(1) 画简单的体育用品<br>(2) 裁剪体育用品<br>C组：搓、贴<br>(1) 搓皱纹纸小圆点<br>(2) 将搓好的小圆点粘贴在小花朵上<br>教师巡回指导，帮助需要帮助的学生。<br>5. 结束部分<br>(1) 展示成果<br>当学生都完成了自己的任务后，老师问学生：同学们，你们做得怎么样了？是不是都完成了呢？<br>学生回答：是。<br>老师：那我们一个一个上来把自己的小作品粘贴到墙报上面来吧。 | 提出问题，引起学生好奇心和注意力。<br><br>回忆之前的学习内容、巩固知识。<br><br>引出下面的内容。<br>调动学生的积极性。<br><br>针对不同能力的学生要求上有所不同，通过分组，让每一个学生都能学有所获。 |

续　表

| 教　学　过　程 | 设计意图及支持策略 |
|---|---|
| 然后让学生依次上来，先向同学们展示自己的成果，然后在老师的指导下，将小作品粘贴到墙报上。老师和其他学生鼓掌表扬。让每个学生都上来粘贴自己的成果，体验自己劳动成果带来的喜悦。一张有同学们制作的好看的班级运动会墙报就完成了。 | 每个孩子都是不一样，他们的能力也不一样，针对孩子的能力而设计不同的活动，对孩子进行分组教学，真正做到因材施教。 |
| （2）老师奖励<br>老师：同学们这节课表现都很棒！是不是都有完成自己的小任务呀。所以每个同学都有小礼物要奖励。<br>老师一一点名，派发小礼物。 | 让每个学生把自己的劳动成果分享给大家，并自己动手粘贴成画，希望能让每个学生体验自己劳动成果带来的喜悦。 |
| （3）总结<br>今天，我们知道了好玩的运动会游戏，学会了怎样制作运动会墙报，也学会了怎样制作皱纹纸粘贴的小花朵，知道怎么简单画体育用品，知道了怎么把绳子变成一只漂亮的小蝴蝶，也知道了怎样画我们的小手掌，也明白了怎样装饰一幅好看的墙报。实在太棒了，我们都是聪明的好孩子。 | 通过奖励能让每个学生体验到成就感、增加自信心。<br><br>潜移默化地引导学生总结所学内容，提升语言能力。 |
| 下课仪式<br>叮叮捶，叮叮捶，咕噜咕噜，手放好，下课，起立。 | 固定的下课仪式，帮助学生明白课已结束。 |

评　鉴　表

| IEP　目　标 | 彦 | 飞 | 扬 | 生 | 坚 | 鹏 | 浩 | 峰 | 健 | 桐 | 音 |
|---|---|---|---|---|---|---|---|---|---|---|---|
| 1. 能剪海报所需要的图案 | * | * | * | * | * | | | | | | |
| 2. 能用绳子绕圈 | * | * | * | * | * | | | | | | |
| 3. 能在辅助下用绳子绕圈 | | | | | | * | * | * | | | |
| 4. 能裁剪简单图形 | | | * | | | * | * | * | | | |
| 5. 能搓圆形 | | | | | | | | | * | | * |
| 6. 能正确粘贴到指定位置 | | | | | | | | | * | * | * |
| 0—完全困难或没有反应；1—在部分肢体协助下可以达成或偶有反应；2—需在辅具使用下可以独立完成或需口头提示下即可独立完成；3—独立完成且质量良好。 | | | | | | | | | | | |

备注：标 * 号代表该学生有此目标。

## 二、运动与保健课学期教学计划

### (一) 运动与保健教学计划

**广州市越秀区启智学校(2015 学年度上学期)学期运动与保健教学计划表**

九年级(2)班　教师:李志勇

| 周次 | 一 | 二 | 三 | 四 | 五 | 六 | 七 | 八 | 九 | 十 | 十一 | 十二 | 十三 | 十四 | 十五 | 十六 | 十七 | 十八 | 十九 | 二十 | 二十一 |
|---|---|---|---|---|---|---|---|---|---|---|---|---|---|---|---|---|---|---|---|---|---|
| 日期 | 9/1—9/5 | 9/6—9/12 | 9/13—9/19 | 9/20—9/26 | 9/27—10/3 | 10/4—10/10 | 10/11—10/17 | 10/18—10/24 | 10/25—10/31 | 11/1—11/7 | 11/8—11/14 | 11/15—11/21 | 11/22—11/28 | 11/29—12/5 | 12/6—12/12 | 12/13—12/19 | 12/20—12/26 | 12/27—1/2 | 1/3—1/9 | 1/10—1/16 | 1/17—1/23 |
| 单元主题 | 假期生活分享 | | 中秋迎月亲子晚会 | | | | | | | 烹饪小能手 | | | | 我参与、我服务、我运动 | | | | | 欢乐过春节 | | IEP检核会议 |
| 小主题 | 1. 我是小旗手,齐齐列队走(一)<br>2. T抬走秀(二) | | 1. 圆月月饼滚滚滚(滚轮胎)(三)<br>2. 地滚球——滚球练习(四)<br>3. 地滚球——瞄准碰球(五、六)<br>4. 地滚球——分组比赛(七、八)<br>5. 我是地滚球高手(九) | | | | | | | 1. 足球——定点射门(十)<br>2. 足球——控球走(十一)<br>3. 足球——控球走、射门(十二)<br>4. 足球比赛(十三) | | | | 迎面接力跑 | 快乐篮球 | 蹲起跳沙池 | 单双脚连续跳 | 助跑单脚起跳 | 齐齐来跳健美操 | | |

## （二）运动与保健课教学周计划

**2015学年上学期九年级(2)班运动与保健课教学周计划**

主题名称：运动会　日期：11月2日至12月31日　执教者：李志勇

<table>
<tr><td colspan="3">IEP目标：<br>1. 能连续跨越低矮障碍物，并维持平衡（音）<br>2. 能行走高低不平的路面（健）</td></tr>
<tr><th>教学目标<br>（以周活动为单位的教学目标）</th><th>活动计划</th><th>教学资源</th></tr>
<tr><td>1. 掌握迎面接力跑的基本方法，学会正确的交接棒方法<br>2. 能抬腿跨越低于5厘米的障碍物（教师手辅助）（音）<br>3. 在教师肢体协助下，有跨越的动作（健）</td><td>第一周<br>1. 活动引入<br>课前热身活动：跑步及做准备运动，充分活动各个关节。<br>2. 技能教授<br>A组目标：（峰、飞、浩、鹏、坚、彦、桐、扬、生）<br>● 掌握迎面接力跑的基本方法，学会正确的交接棒方法。<br>● 在游戏中提高快速奔跑的能力和协调能力。<br>● 通过短距离的接力跑，巩固学生快速直线跑的技能。<br>B组目标：（健、音）<br>● 能沿直线慢跑。<br>● 能接住接力棒。<br>● 能连续跨越低矮障碍物。<br>（1）分组进行迎面接力跑：<br>A组在迎面接力跑能的过程中能将接力棒交接到给下一位同学，清楚明白接力跑的规则；能快速进行直线跑。<br>B组同学在老师语言提示与辅助下，能沿直线慢速跑，大体理解迎面接力跑的规则。<br>（2）B组同学进行跨越障碍物慢跑。<br>（3）分组进行20—30米接力跑。<br>3. 综合活动<br>组织学生进行红“红白旗”游戏，谁反应快。<br>A组同学在游戏过程中明白游戏规则，能遵守游戏规则。</td><td>红白旗、雪糕筒</td></tr>
</table>

续 表

| 教学目标<br>（以周活动为单位的教学目标） | 活动计划 | 教学资源 |
|---|---|---|
| | B组同学在老师的辅助或在同伴的帮助下参与游戏，但游戏时间与频率比A组同学有所减少。<br>4. 整理活动<br>放松：下肢肌肉放松操。<br>5. 班级支持策略<br>（1）在班级活动中进行轮流的游戏，轮流的过程中可以使用接力棒，让学生认知到接力棒起到轮流作用。<br>（2）建议B组学生多进行跨越物的行进，走斜坡，上下楼梯等。 | |
| 1. 能够掌握传接球技能<br>2. 能够掌握运球技能<br>3. 接球的时候，上身扭动，能维持平衡（音、健） | 第二周<br>1. 活动引入<br>课前热身活动：跑步及做准备运动，充分活动各个关节。<br>2. 技能教授<br>A组目标：（峰、飞、浩、鹏、坚、彦、桐、扬、生）<br>● 能掌握传接球技能。<br>● 能掌握手腕向前轻推的动作进行运球技能。<br>● 能按照指定路线作运球行进技能。<br>B组目标：（健、音、桐、坚）<br>● 能掌握原地拍球技能，一分钟拍至少20次。<br>● 能掌握接球技能，并维持平衡。<br>（1）拍球练习。<br>（2）传接球练习。<br>（3）行进间运球：<br>A组学生能够按照指定路线运球。<br>B组学生原地运球。<br>3. 综合活动<br>游戏《抢鸡蛋》：<br>将学生分为两组，每组都有A和B组的学生，A组学生把篮球当成鸡蛋，学生通过运球到指定地点，把篮球交给B组学生 | 篮球、篮子 |

续　表

| 教学目标<br>(以周活动为单位的教学目标) | 活动计划 | 教学资源 |
| --- | --- | --- |
| | 原地拍球10下方可放入篮子，即为抢到一个鸡蛋。抢到鸡蛋多者组胜。<br>4. 整理活动<br>进行手臂、手腕肌肉拉伸及放松。<br>5. 班级支持策略<br>(1) 可以多进行需使用手腕旋转动作的活动，如拧毛巾、擦黑板等。<br>(2) 可以在休闲活动课的时候，多进行篮球运动。 | |
| 1. 能够掌握蹲跳起的动作方法，能做到蹲、摆臂、起跳的连贯动作<br>2. 能够进行跳远运动<br>3. 在语言提示下，能连续跨过两个高5厘米的障碍物，维持平衡(音、健) | 第三周<br>1. 活动引入<br>课前热身活动：跑步及做准备运动，充分活动各个关节。<br>2. 技能教授<br>A组目标：(峰、飞、浩、鹏、坚、彦、桐、扬、生)<br>● 掌握蹲跳起的动作方法，能做到蹲、摆臂、起跳的连贯动作。<br>● 至少跳出30厘米距离。<br>B组目标：(健、音)<br>● 能够掌握下蹲站起的动作。<br>● 能够掌握原地跳起动作。<br>● 能跨越障碍物(连续两个，两个距离50厘米，高5厘米)。<br>(1) 讲解示范，组织学生进行蹲跳起练习：<br>A组同学能在根据老师的讲解与示范下，做到蹲，摆臂，起跳的连贯动作，有起跳的动作，并能跳出至少30厘米的距离。<br>B组同学进行原地蹲站练习；能够做原地跳起动作。<br>(2) 到沙池进行跳远练习。<br>3. 综合活动<br>游戏："我是跳跳虎"<br>A组同学能够连续跳，然后进行抓人游戏。<br>B组同学能够原地跳，当有人来抓时，蹲下则可不被抓到，练习蹲站。 | |

续 表

| 教学目标<br>（以周活动为单位的教学目标） | 活动计划 | 教学资源 |
|---|---|---|
| | 4. 整理活动<br>进行手臂、手腕肌肉拉伸及放松。<br>5. 班级支持策略<br>(1) 在班级建议让学生多做深蹲动作，做班务活动，增强下肢力量。<br>(2) 可以在班级休闲活动中玩青蛙跳游戏。 | |
| 1. 能掌握单双脚连续跳的动作要领<br>2. 能做连续跳跃运动<br>3. 在教师肢体协助下，能双脚跳，并维持平衡（音、健） | 第四周<br>1. 活动引入<br>课前热身活动：跑步及做准备运动，充分活动各个关节。<br>2. 技能教授<br>A组目标：（峰、飞、浩、鹏、坚、彦、桐、扬、生）<br>● 能掌握单双脚连续跳的动作要领。<br>● 能至少连续跳10下。<br>B组目标：（健、音）<br>● 能进行双脚跳活动。<br>● 能够至少连续跳3下。<br>(1) 进行各种动物模仿跳游戏。<br>(2) 分组进行单双脚连续跳练习：<br>A组的同学能单脚，双脚交替的方式向前跳跃。<br>B组的同学能双脚间歇向前跳。<br>(3) 进行跳绳练习。<br>3. 综合活动<br>分组进行游戏“跳圈比赛”。<br>A组同学能根据圈的不同位置进行左右、向前向后灵活跳圈。<br>B组同学能跳直线的圆圈。<br>4. 整理活动<br>进行下肢肌肉拉伸及放松。<br>5. 班级支持策略<br>(1) 在班级建议让学生多做深蹲动作，做班务活动，增强下肢力量。<br>(2) 在休闲活动时，可以进行跳绳活动。 | 跳绳、跳圈 |

**续　表**

| 教学目标<br>（以周活动为单位的教学目标） | 活动计划 | 教学资源 |
|---|---|---|
| 1. 能掌握单脚起跳、双脚落地的动作要领<br>2. 能够进行跳远运动<br>3. 能在沙池中行走，并维持平衡（健、音） | 第五周<br>1. 活动引入<br>课前热身活动：跑步及做准备运动，充分活动各个关节。<br>2. 技能教授<br>A组目标：（峰、飞、浩、鹏、坚、彦、桐、扬、生）<br>● 学生能初步学会助跑几步后单脚起跳、双脚落地的动作。<br>● 能掌握助跑单脚起跳跳远的基本动作。<br>B组目标：（健、音）<br>● 能站在沙池边，双脚跳进沙池。<br>● 能在不平路面行走。<br>（1）进行跳短绳练习：<br>A组同学进行单双脚交替跳绳练习。<br>B组同学能双脚连续向前跳。<br>（2）教师讲解示范向前单脚起跳，双脚落地的动作，学生分组练习：<br>A组同学有助跑意识，能单脚起跳，双脚着地跳进沙池。<br>B组同学能双脚跳进沙池，并在高低不平的沙池行走。<br>3. 综合活动<br>游戏《沙上飞鹰》，学生在沙池上进行跳远比赛，看看谁跳得远。<br>4. 整理活动<br>进行下肢肌肉拉伸及放松。<br>5. 班级支持策略<br>（1）在班级建议让学生多做深蹲动作，做班务活动，增强下肢力量。<br>（2）建议B组学生多进行跨越物的行进，走斜坡，上下楼梯等。 | 跳绳、沙池 |

**评 鉴 表**

| IEP/本专业目标 | 峰 | 飞 | 浩 | 鹏 | 坚 | 彦 | 桐 | 扬 | 生 | 健 | 音 |
|---|---|---|---|---|---|---|---|---|---|---|---|
| 1. 掌握迎面接力跑的基本技能 | * | * | * | * | * | * | * | * | * | | |
| 2. 学会正确交接接力棒 | * | * | * | * | * | * | * | * | * | * | * |
| 3. 提供快速奔跑的能力 | * | * | * | * | * | * | * | * | * | | |
| 4. 能沿直线慢跑 | | | | | | | | | | * | * |
| 5. 能连续跨越低矮障碍物 | | | | | | | | | | * | * |
| 6. 掌握传接球技能 | * | * | * | * | * | * | * | * | * | * | * |
| 7. 掌握进行间运球技能 | | | | | | | | | | * | * |
| 8. 掌握蹲跳起的动作技能 | * | * | * | * | * | * | * | * | * | | |
| 9. 掌握下蹲站起的动作技能 | | | | | | | | | | * | * |
| 10. 能跨越障碍物 | | | | | | | | | | * | * |
| 11. 掌握单双脚连续跳的动作技能 | * | * | * | * | * | * | * | * | * | | |
| 12. 能至少连续跳 10 下 | * | * | * | * | * | * | * | * | * | | |
| 13. 掌握双脚跳的动作技能 | * | * | * | * | * | * | * | * | * | * | * |
| 14. 能至少连续跳 3 下 | | | | | | | | | | * | * |
| 15. 掌握单脚起跳双脚落地的动作技能 | * | * | * | * | * | * | * | * | * | * | * |
| 16. 能在不平路面行走 | | | | | | | | | | * | * |
| 17. 能抬腿跨越低于 5 厘米的障碍物(教师手辅助) | | | | | | | | | | | * |
| 18. 在教师肢体协助下,有跨越的动作 | | | | | | | | | | * | |
| 19. 能在沙池中行走,并维持平衡 | | | | | | | | | | * | * |
| 20. 在教师肢体协助下,能双脚跳,并维持平衡 | | | | | | | | | | * | * |
| 21. 在语言提示下,能连续跨过两个高 5 厘米的障碍物,维持平衡 | | | | | | | | | | * | * |

0—完全困难或没有反应;1—在部分肢体协助下可以达成或偶有反应;2—需在辅具使用下可以独立完成或需口头提示下即可独立完成;3—独立完成且质量良好。

备注:标 * 号代表该学生有此目标。

（三）运动与保健课教学设计

## “快乐篮球”教学活动设计

执教者：李志勇

**教学内容分析：**

针对本班学生的特点，开展篮球教学对他们各方面的能力发展都有好处。篮球具有对抗性、集体性、综合性和游戏性的特点，深受我校学生的喜爱，经常参加篮球游戏活动，能够促进身体素质的全面发展。本单元分为以下几个部分：“原地运球”—“传接球”—“行进间运球”—“投篮”。篮球活动中，人全身参与最多的是上肢，在拍运的过程中，学生可以通过手亲自去感知球的形状、质感、大小等，通过反复对球的触摸、拍球的反作用力都会对学生的触觉与本体觉的整合有着很大的帮助，对感知觉的开发有着非常重要的作用。不仅如此，一方面篮球运动变幻莫测，在传球的过程中，它需要人要具有奔跑、躲闪的能力，学生必须要不停的去调整姿势以迎接从不同的方向反弹回来的球；另一方面篮球运动需要高度集中精神，因为一不留神就可能会被球砸中或丢失球。从上面两个方面来看，篮球不仅可以训练学生的粗大动作、手眼协调能力、注意力、躲闪能力，实现康复的目的，还可以开发智力。同时，篮球运动是在有规则约束的情况下进行的运动项目，对于培养学生遵守纪律、听从指挥的行为习惯有很好的促进作用。篮球竞赛的趣味性比较高，很容易吸引学生的目光与调动学生的良好情绪，在竞赛的过程中可以训练学生团结协作的集体主义精神。

**教学对象分析：**

本节课的授课对象为本校九年级(2)班的学生，共 11 人，其中 4 名自闭症儿童，7 名智障儿童。现根据教学需要分成两组，A 组 7 人，B 组 4 人。A 组学生身体协调性比较好，能遵守上课纪律，能根据老师的指令灵活的做出各种动作，对动作技能与游戏规则的理解能力相对 B 组来说较好，但偶尔也会因为不相关的刺激而分心；B 组学生注意力与执行指令能力稍弱，过动或注意力完全不能集中，自我约束能力和控制能力较弱，对于一个事物的注意力不持久，对活动目标不能完全理解，对动作技巧学习有难度，身体协调性与动作计划能力较弱，动作灵活度较弱、笨拙，各种感知觉不能较好的整合，奔跑、躲闪能力也较弱。在篮球运动上有较大兴趣，但缺乏运动技能。

**教学目标：**

| 组　别 | 教　学　目　标 |
|---|---|
| A组 | 1. 能掌握传接球技能<br>2. 能掌握手腕向前轻推的动作进行运球技能<br>3. 能按照指定路线作运球行进技能 |
| B组 | 1. 能掌握原地拍球技能，一分钟拍至少20次<br>2. 能掌握接球技能 |

**教学重点、难点：**

重点：A组学生为能掌握传接球技能、能按照指定路线作运球行进。

B组同学为掌握拍球技能。

难点：在行进过程中运球时对篮球的控制能力。

**教学过程：**

| 教　学　过　程 | 设计意图及支持策略 |
|---|---|
| 一、活动引入<br>1. 出示篮球，引出本节课的主题是篮球活动。<br>2. 做准备运动：跑步。<br>教师与学生一起绕篮球场慢跑同时提醒学生注意安全。<br>3. 教师领做热身运动，学生排两列队站好。<br>4. 助教老师巡视，对个别同学进行动作提示或动作要领辅助。<br><br>A组同学绕篮球场边线跑。<br>B组同学绕大圈跑，各跑3圈。 | 设计意图：<br>1. 课前预告本节课内容，让学生对本节课活动有预先了解，引起学生兴趣。<br>2. 养成运动前做热身活动的良好习惯，预防运动损伤。<br>3. 营造学习氛围，激发学生学习兴趣，让他们懂得在运动之前要进行准备活动，以免出现伤害事故。<br>支持策略：<br>1. 在操场贴上11个红点，辅助学生按点站好。<br>2. 助教老师对能力较差的同学进行身体辅助或语言提示。 |
| 二、技能教授<br>1. 复习拍球：<br>A组学生<br>(1) 先右手拍球，然后交换到左手，学生边拍边数数。 | 设计意图：<br>1. 让学生巩固原地运球的动作要领，为新授课“行进间运球”打好基础。<br>2. 能集中学生的注意力，使学生快速进入学习状态。 |

续　表

| 教　学　过　程 | 设计意图及支持策略 |
| --- | --- |
| (2) 两手交替拍球。<br>B组学生：<br>能使用惯用手连续排球20下。<br>能使用非惯用手连续排球10下。<br>2. 传接球练习：<br>(1) 教师讲解、示范传球及接球动作要领。<br>双手胸前传球：双手持球于胸腹之间，传球时，手腕可向胸口位置向内旋转，当球转至胸口位置时，迅速向前伸臂，手腕翻转，拇指下压，通过食指、中指用力将球拨出。传球同时脚蹬地，身体重心前移，上下肢协调配合。<br>双手胸前接球：双手前伸、手指自然分开，目视来球方向。当球飞行将至时，顺势手臂后引，曲肘缓冲来球的力量。<br>(2) 两两分组进行传接球练习：<br>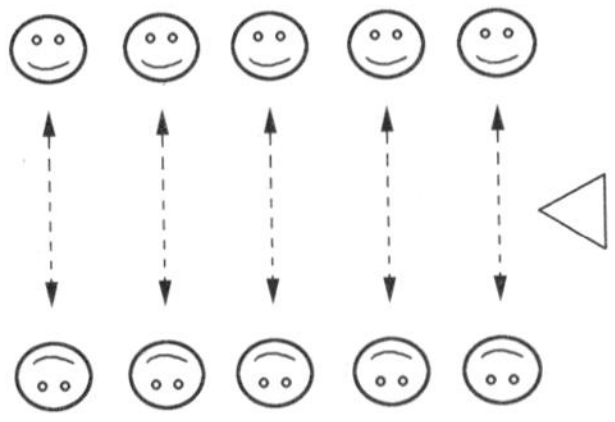<br>(3) 提示学生注意安全。<br>3. 行进间运球：<br>(1) 教师讲解与动作示范。<br>运球动作要领：两脚平衡站立与肩宽，右脚往后迈一步，屈膝弯腰，正视前方，手腕放松下压与缓冲，运球位置在右肩前。<br>(2) 学生模仿教师运动动作分组练习。<br>(3) 能够按照指令的路线进行运球练习。<br>A组学生能够沿指令路线进行运球练习。<br>B组学生能够在原地进行拍球练习。 | 支持策略：<br>助教老师老师对能力弱的学生进行一对一的身体辅助，对B组学生进行语言提示及动作示范。<br>设计意图：<br>通过分步骤练习传球及接球，让学生充分掌握传接球技能。在传球及接球的运动过程中，锻炼学生手腕的旋转能力，及手眼协调能力。<br>支持策略：<br>手部不灵活的学生可以使用较轻较大的其他球体，方便学生接住球。<br>设计意图：<br>通过行进间运球，进一步提升学生对篮球的掌控能力，增强学生在动态活动中对手腕、手掌的控制能力。<br>支持策略：<br>鼓励B组学生边拍球边数数，一方面加强学生唱数能力；另一方面能让学生注意力更集中在课堂活动中，适时给予鼓励。 |

续 表

| 教 学 过 程 | 设计意图及支持策略 |
| --- | --- |
| 三、综合活动:“抢鸡蛋”游戏<br>1. 讲解游戏规则:将学生分为两组,每组都有A和B组的学生,A组学生把篮球当成鸡蛋,学生通过运球到指定地点,把篮球交给B组学生原地拍球10下方可放入篮子,即为抢到一个鸡蛋。抢到鸡蛋多者组胜。<br>2. 分两组进行比赛。<br>3. A组学生运球,然后给B组学生拍球,最后放入篮子。 | 设计意图:<br>提升学生运球的能力。<br>支持策略:<br>行动不便的同学安排到队伍的后面,不要求抓住前面同学的衣角。 |
| 四、总结及放松<br>1. 再次强调本节课的训练重点,同时表扬做得好的及有进步的同学。<br>2. 教师带领学生做放松练习,重点放松手臂、手腕肌肉。<br>3. 带队回班。 | 设计意图:<br>1. 再一次强调本节课的训练重点加深学生印象。<br>2. 表扬做得好的同学,一方面起到榜样作用;另一方面强化学生好的行为。<br>3. 放松运动能舒缓学生肌肉,回到最舒适的状态。 |

评 鉴 表

| A 组 | | | | | | | |
| --- | --- | --- | --- | --- | --- | --- | --- |
| 目 标 | 峰 | 飞 | 浩 | 鹏 | 扬 | 生 | 彦 |
| 1. 能掌握传接球技能 | * | * | * | * | * | * | * |
| 2. 能掌握手腕向前轻推的动作进行运球技能 | * | * | * | * | * | * | * |
| 3. 能按照指定路线作运球前进技能 | * | * | * | * | * | * | * |
| B 组 | | | | | | | |
| 目 标 | 健 | 音 | 桐 | 坚 | | | |
| 1. 能掌握原地拍球技能,一分钟拍至少20次 | * | * | * | * | | | |
| 2. 能原地拍球一下 | * | * | * | * | | | |
| 3. 拍球时,上身扭动,能维持平衡 | * | * | | | | | |
| 0—完全困难或没有反应;1—在部分肢体协助下可以达成或偶有反应;2—需在辅具使用下可以独立完成或需口头提示下即可独立完成;3—独立完成且质量良好。 | | | | | | | |

备注:标*号代表该学生有此目标。

## 三、唱游与律动

### (一) 唱游与律动课教学计划

**广州市越秀区启智学校(2015学年度上学期)学期唱游与律动课教学计划表**

九年级(2)班　教师：陈凯声

| 周次 | 一 | 二 | 三 | 四 | 五 | 六 | 七 | 八 | 九 | 十 | 十一 | 十二 | 十三 | 十四 | 十五 | 十六 | 十七 | 十八 | 十九 | 二十 | 二十一 |
|---|---|---|---|---|---|---|---|---|---|---|---|---|---|---|---|---|---|---|---|---|---|
| 日期 | 9/1—9/5 | 9/6—9/12 | 9/13—9/19 | 9/20—9/26 | 9/27—10/3 | 10/4—10/10 | 10/11—10/17 | 10/18—10/24 | 10/25—10/31 | 11/1—11/7 | 11/8—11/14 | 11/15—11/21 | 11/22—11/28 | 11/29—12/5 | 12/6—12/12 | 12/13—12/19 | 12/20—12/26 | 12/27—1/2 | 1/3—1/9 | 1/10—1/16 | 1/17—1/23 |
| 单元主题 | 假期生活分享 | | 中秋迎月亲子晚会 | | | | | | | 烹饪小能手 | | | | 我参与、我服务、我运动 | | | | | 欢乐过春节 | | IEP检核会议 |
| 小主题 | 分享假期：点歌台 | | 1. 我是歌手(三、四)<br>2. 鼓乐齐奏庆佳节(五、六、七)<br>3. 丰收锣鼓(八、九) | | | | | | | 1. 厨室交响曲(十、十一)<br>2. 锅碗瓢盆进行曲(十二、十三) | | | | 1. 学习歌曲《奔跑》(十四)<br>2. 锅碗瓢盆啦啦队(十五)<br>3. 排练集体舞《波罗乃兹》(十六)<br>4. 听音乐共同作画(十七)<br>5. 图谱演奏《we will rock you》(十八) | | | | | 庆新春音乐会(十九、二十) | | |

## （二）唱游与律动课教学周计划

**2015 学年上学期九年级(2)班唱游与律动课教学周计划**

主题名称：我参与，我服务，我运动　日期：11 月 29 日至 1 月 2 日　老师：陈凯声

| IEP 目标：<br>1. 增加唱卡拉 OK 的歌曲数量至少 2 首(浩、健) | | |
|---|---|---|
| 教学目标<br>（以周活动为单位的教学目标） | 活　动　流　程 | 教学资源 |
| 1. 能够跟着原声唱(飞、坚、生)<br>2. 能够独立欣赏并能哼出旋律(浩、健)<br>3. 能够安静的欣赏完整首乐曲(峰、彦、鹏)<br>4. 能够跟着音乐旋律律动(扬、桐、音) | 第一周：学习歌曲《奔跑》<br>1. 暖身<br>常规问好：《你好歌》(吉他即兴伴奏)<br>热身："我是歌手"<br>选出一名同学为大家演唱自己喜欢的歌曲，唱的好给奖励，(做出班级名字图，每次唱完给在名字后面点个赞)(飞)<br>2. 音乐活动：学习歌曲《奔跑》<br>(1) 熟悉旋律，看歌曲视频<br>(2) 能边听边低声哼<br>(3) 能够边听边哼出旋律(浩、健)<br>(4) 能边听边跟着音乐做律动，如晃动身体，点头，拍手(彦、峰)<br>(5) 能边听边跟着原声大声唱(飞、坚、生)<br>(6) 歌曲点唱<br>3. 放松活动<br>放松操《彩虹的约定》<br>再见歌《幸福拍拍手》(吉他即兴伴奏) | 电脑<br>投影仪<br>音响<br><br>吉他<br><br>班级名字图 |
| 1. 能能够边唱边动手拍乐器(飞、坚、生)<br>2. 能够跟着原声唱(浩、健、峰、彦、扬、鹏)<br>3. 能跟随乐曲独自使用乐器，并正确打出曲子的节奏(飞、生、坚、峰、彦) | 第二周：乐器演奏<br>1. 暖身<br>常规问好《你好歌》(吉他即兴伴奏)<br>热身："我是歌手"<br>选出一名同学为大家演唱自己喜欢的歌曲，唱的好给奖励(做出班级名字图，每次唱完给名字图后面点个赞)(坚)<br>2. 复习《奔跑》<br>(1) 能能够边唱边动手拍乐器(飞、坚、生)<br>(2) 能够边听边跟着原声唱(浩、健、峰)<br>(3) 能边听边哼(扬、鹏、彦) | 电脑<br>投影仪<br>音响<br><br>吉他<br>乐器图谱 |

续　表

| 教学目标<br>(以周活动为单位的教学目标) | 活　动　流　程 | 教学资源 |
|---|---|---|
| | 3. 音乐活动<br>(1) 共同制作图谱(木琴、鼓、三角铁、碰铃、沙锤)<br>(2) 演奏乐器<br>乐器：木琴、鼓、三角铁、碰铃、沙锤<br>A组(飞、生、坚、峰、彦)：在正确节奏下演奏木琴、鼓<br>B组(浩、扬、鹏、桐)：在提示下正确演奏鼓、三角铁<br>C组(音、健)：在辅助下演奏碰铃、沙锤<br>(3) 歌曲点唱<br>4. 放松活动<br>放松操：《彩虹的约定》<br>再见歌《幸福拍拍手》(吉他即兴伴奏) | 各类乐器：木琴、鼓、三角铁、碰铃、沙锤<br><br>班级名字图 |
| 1. 能根据伴奏调节自己的歌唱(浩、健、坚、飞)<br>2. 能跟随音乐与他人即兴律动(生、坚、飞、峰、浩)<br>3. 能够欣赏并哼出新曲的旋律(健、浩、飞)<br>4. 能安静欣赏音乐并对音乐做出适当的反应，如高兴，晃动(鹏、峰) | 第三周：新歌欣赏《we will rock you》<br>1. 暖身<br>常规问好《你好歌》(吉他即兴伴奏)<br>热身："我是歌手"<br>选出一名同学为大家演唱自己喜欢的歌曲，唱的好给奖励(做出班级图，每次唱完给名字图后面点个赞)(生)<br>2. 复习并表演歌曲《奔跑》<br>(1) 能跟着伴奏自己唱出歌曲，并可以自己用乐器边唱边打节奏(浩、健、坚、飞)<br>(2) 能跟着音乐与其他人一起律动(生)<br>3. 新歌欣赏《we will rock you》<br>(1) 能够安静欣赏乐曲<br>(2) 能够边听边低声哼<br>(3) 能够欣赏并哼出歌曲旋律(浩、健)<br>(4) 能跟随音乐与他人即兴律动，如站起来跳，(彦、浩、生、峰)<br>(5) 歌曲点唱<br>4. 放松活动<br>放松操《彩虹的约定》<br>再见歌《幸福拍拍手》(吉他即兴伴奏) | 电脑<br>投影仪<br>音响<br><br>吉他<br><br>班级名字图 |

**续 表**

<table>
<tr><th>教学目标<br>（以周活动为单位的教学目标）</th><th>活 动 流 程</th><th>教 学 资 源</th></tr>
<tr><td>1. 能跟随音乐原声唱（健、浩、坚、飞）<br>2. 能跟随音乐与他人即兴律动（生、峰）<br>3. 能听准节拍，拍准节拍（飞、坚）<br>4. 能使用不同乐器合奏同一乐曲</td><td>第四周：图谱演奏《we will rock you》<br>1. 暖身<br>常规问好《你好歌》（吉他即兴伴奏）<br>热身："我是歌手"<br>选出一名同学为大家演唱自己喜欢的歌曲，唱的好给奖励（做出班级名字图，每次唱完给在其名字后面点个赞）（浩）<br>2. 复习歌曲《we will rock you》<br>（1）能跟随音乐原声唱（健、浩、坚、飞）<br>（2）能跟随音乐与他人即兴律动（生、峰）<br>3. 音乐活动：图谱演奏《we will rock you》<br>（1）学习《we will rock you》节奏<br>x x x | x x x |<br>A 组（飞、生、坚、峰、宇彦）：在正确节奏下演奏皮质类乐器（非洲鼓）<br>B 组（浩、扬、鹏、桐）：在提示下正确演奏铁质类、木质类乐器（碰铃、打棒）<br>C 组（音、健）：在辅助下演奏散响乐器（沙锤）<br>（2）用篮球图谱演奏《we will rock you》<br>4. 结束<br>再见歌《幸福拍拍手》（吉他即兴伴奏）</td><td>电脑<br>投影仪<br>音响<br><br>吉他<br><br>篮球图谱<br><br>乐器（非洲鼓、碰铃、打棒、沙锤）<br><br>班级名字图</td></tr>
<tr><td>1. 能盘点自己的歌曲清单并和大家分享（浩、健）<br>2. 能够知道自己喜欢的歌曲（飞、生、坚、峰、彦、浩、扬、鹏）<br>3. 能知道自己适合唱哪些类型的歌曲</td><td>第五周：总结《我是歌手》演唱会<br>1. 暖身<br>常规问好《你好歌》（吉他即兴伴奏）<br>热身："我是歌手"<br>选出一名同学为大家演唱自己喜欢的歌曲，唱的好给奖励（做出班级名字图，每次唱完给在名字后面点个赞）（峰）<br>2. 音乐活动："我是歌手"演唱会<br>（1）能够盘点自己喜欢歌曲的数量，并和大家分享</td><td>电脑<br>投影仪<br>音响<br><br>吉他<br><br>班级名字图<br>代币</td></tr>
</table>

续　表

| 教学目标（以周活动为单位的教学目标） | 活　动　流　程 | 教 学 资 源 |
| --- | --- | --- |
| 4. 能把自己觉得最好的歌曲表演给大家 | (2) 能知道自己适合唱哪些类型的歌曲<br>(3) 每个人都选自己觉得唱的最好的歌曲给同学们表演<br>(4) 同学们一起选出本班表演的最好的同学并给予奖励(代币)<br>3. 结束<br>再见歌《幸福拍拍手》(吉他即兴伴奏) | |

评　鉴　表

| IEP/本专业目标 | 飞 | 生 | 坚 | 锋 | 彦 | 鹏 | 浩 | 健 | 扬 | 音 |
| --- | --- | --- | --- | --- | --- | --- | --- | --- | --- | --- |
| 1. 能在音乐伴奏下，与他人齐唱 2/4 拍的歌曲 | * | * | * | * | * | | | | | |
| 2. 能够与他人同时律动 | * | * | * | * | * | * | * | * | * | * |
| 3. 学会乐器的基本奏法 | * | * | * | * | * | * | * | * | * | * |
| 4. 能跟随乐曲独自使用乐器，模仿进行演奏 | * | * | * | * | * | * | * | * | * | * |
| 5. 能遵守音乐游戏规则 | * | * | * | * | * | * | * | * | * | * |
| 6. 增加唱 K 的歌曲数量(至少 2 首) | | | | | | | * | * | | |
| 7. 能正确参与集体舞 | * | * | * | * | * | * | * | * | * | * |
| 8. 能创造性地使用音乐道具 | * | * | * | * | * | * | * | * | * | * |
| 9. 能根据伴奏调节自己的歌唱 | * | * | * | * | * | * | * | * | * | * |
| 10. 能跟随音乐与他人即兴律动 | * | * | * | * | * | * | * | * | * | * |
| 11. 能使用不同乐器合奏同一乐曲 | * | * | * | * | * | * | * | * | * | * |
| 0—完全困难或没有反应；1—在部分肢体协助下可以达成或偶有反应；2—需在辅具使用下可以独立完成或需口头提示下即可独立完成；3—独立完成且质量良好。 | | | | | | | | | | |

备注：标 * 号代表该学生有此目标。

## (三)唱游与律动课课堂教学活动设计

### "我是啦啦队员"教学活动设计

执教者:陈凯声

**教学内容分析:**

自编教材主题运动会,内容是复习上节课学习的流行歌曲《we will rock you》,并为其伴奏,用乐器跟随音乐做律动。这首歌曲节奏明朗,学生容易演奏。

教材的知识点:歌曲节奏型 X X X | X X X |。

**教学对象分析:**

九年级(2)班有 11 名学生,其中脑瘫 2 名,自闭症 2 名,智力障碍 6 名。他们喜欢聆听音乐,比较喜欢直观的东西,且接受能力和理解能力较好,但注意力非常容易分散,需要不断重复练习才能记住知识。

**教学目标:**

| 组　别 | 教　学　目　标 |
| --- | --- |
| A 组 | 1. 能跟随音乐用乐器独立做律动<br>2. 能听准节拍,拍准节拍(飞、坚)<br>3. 能使用不同乐器合奏同一乐曲<br>4. 能准确打 X X X \| X X X \| 节奏。 |
| B 组 | 1. 能跟随老师或其他同学一起用乐器做律动<br>2. 能正确演奏木质乐器<br>3. 能跟打 X X X \| X X X \| 节奏。 |
| C 组 | 1. 在辅助下演奏散响乐器<br>2. 能在欣赏歌曲中有反应(高兴,拍手)<br>3. 在助教老师辅助下能参与所有音乐活动。 |

**教学重点、难点:**

重点:准确打 X X X | X X X | 节奏。

难点:会看图谱。

## 教学过程：

| 教 学 过 程 | 设计意图及支持策略 |
|---|---|
| 一、课堂常规<br>1. 听音乐律动进课堂<br>2. 师生问好(以音乐互问互答的方式)<br>常规问好歌《你好，早上好》<br>1̇ 1̇ 1̇ 5 \| 6 6 6 3 \| 4 4 3 4 \| 5<br>你 好 你 好 你 好 你 好 ××× 早上 好<br>1̇ 1̇ 1̇ 5 \| 6 6 6 3 \| 7 7 6 7 \| 1̇<br>你 好 你 好 你 好 你 好 老 师 早上 好 | 每节课的问好活动能让学生大声唱出出“你好”，加强学生的自信心和对课堂的归属感 |
| 1̇ 1̇ 1̇ 5 \| 6 6 6 3 \| 4 4 3 4 \| 5<br>现 在 我 们 上 音 乐 课， 大家准 备好 没<br>1̇ 1̇ 1̇ 5 \| 6 6 6 3 \| 7 7 6 7 \| 1̇<br>我 们 现 在 上 音 乐 课， 我已经 准备 好<br>分组要求：<br>A——能用唱歌的形式回应向老师问好<br>B——能用语言表达回应向老师问好<br>C——能用手势表达回应老师<br>二、暖身活动“我是歌手”<br>选出一名同学为大家演唱自己喜欢的歌曲，唱的好给奖励(做出班级名字图，每次唱完给名字图后面贴赞)(浩)<br>三、导入课题<br>师：我们的运动会就快要开始了，有些同学去比赛的时候，其他同学就可以做啦啦队员为比赛的同学加油。上节课已经学了《we will rock you》这首歌曲。下面，我们一起来复习这首加油歌《we will rock you》。<br>(1) 通过观看视频 mtv 来复习 we will rock you 的旋律 | 吉他 |
| (2) 学习并用乐器来给歌曲打节奏(出示节奏图)<br>x x x \| x x x \|<br>(3) 分组练习<br>A——在正确节奏下演奏皮质类乐器<br>B——在提示下正确铁质类、木质类乐器<br>C——在辅助下演奏散响乐器 | 视频 MTV |

续 表

| 教 学 过 程 | 设计意图及支持策略 |
|---|---|
| (4) 跟随音乐进行合奏练习<br>(5) 配合动作,跟随音乐进行合奏<br>四、总结放松<br>听音乐,用舒服的姿势进行放松。最后以唱《再见歌》结束 | 视频 MTV |

**评 鉴 表**

| IEP/本专业目标 | 飞 | 生 | 坚 | 锋 | 彦 | 鹏 | 浩 | 健 | 扬 | 音 |
|---|---|---|---|---|---|---|---|---|---|---|
| 1. 能用唱歌的形式回应向老师问好/再见 | * | * | * | * | * | * | * | | | |
| 2. 在正确节奏下演奏皮质类乐器 | * | * | * | * | * | * | * | | | |
| 3. 能自行说出自己想唱的歌曲 | * | * | * | * | * | * | * | | | |
| 4. 能用语言表达回应向老师问好/再见 | * | * | * | * | * | * | * | | | |
| 5. 在口头提示下能听出音乐开始和停止 | * | * | * | * | * | * | * | | | |
| 6. 在正确节奏下演奏木质类乐器 | * | * | * | * | * | * | * | | | |
| 7. 能在提示下说出歌曲 | | | | | | | * | * | * | * |
| 8. 能用手势表达回应老师/再见 | | | | | | | | * | * | * |
| 9. 在身体辅助下能开始和停止 | | | | | | | | * | * | * |
| 10. 能在欣赏歌曲中有反应 | | | | | | | | * | * | * |
| 0—完全困难或没有反应;1—在部分肢体协助下可以达成或偶有反应;2—需在辅具使用下可以独立完成或需口头提示下即可独立完成;3—独立完成且质量良好。 | | | | | | | | | | |

备注:标 * 号代表该学生有此目标。

| 第五章 |

# 职训部的运动会主题实施

## 一、班级目标汇总表（见附件 5－1）

## 二、班级学期教学计划表（见附件 5－2）

## 三、班级主题树（见附件 5－3）

## 四、主题教学活动周计划

**2015 学年上学期职高三年级(2)班主题活动设计**

主题名称：快乐的运动会　时间：10 月 16 日至 12 月 31 日

执教者：陈果意　徐　花　赖凤莲　李文超

| 教学目标（以周活动为单位的教学目标） | | 活动计划 | 教学资源 |
|---|---|---|---|
| 梁邓晋锐韦舜 | 1. 对自己的身体状况有一定的认识，如自己的身高、体重，知道自己与同伴比较的结果<br>2. 增强安全意识<br>3. 会根据自己的爱好，安排自己的休闲娱乐时间：能够掌握一项或者多项的运动技能，并能每天保 | 第一周：校运会预热“我运动我快乐”<br>1. 观看以往校运会的视频（梁、邓、晋、锐、韦、舜）<br>2. 知道运动会举办的时间（梁、邓、晋、锐、韦、舜）<br>3. 知道运动项目比赛的场地（梁、邓、晋、锐、韦、舜）<br>4. 讨论我班的参加校运会的主题——我运动，我快乐（梁、邓、晋、锐、韦、舜）<br>5. 确定我班的口号是——职高三年级(2)班运动快乐（梁、邓、晋、锐、韦、舜） | 电脑<br>投影仪<br>运动场 |

**续 表**

| | 教学目标（以周活动为单位的教学目标） | 活动计划 | 教学资源 |
|---|---|---|---|
| | 持一定时间的运动量（选活动、怎么玩、玩多久、晨练和课间操练：每天运动1小时）<br>4. 能在学习中互相帮助<br>5. 愿意和同伴合作参加体育项目 | 6. 进行安全教育：各项运动安全注意事项（梁、邓、晋、锐、韦、舜）<br>7. 遵守校运会安全规则（梁、邓、晋、锐、韦、舜）<br>8. 做好预防措施（梁、邓、晋、锐、韦、舜）<br>9. 了解校运会比赛项目，选择报名参赛（梁、邓、晋、锐、韦、舜）<br>● 拍摄学生活动时的相片制作<br>选择适合自己的运动项目（自己优势项目及以后发展成休闲项目）（梁、邓、晋、锐、韦、舜）<br>● 学生结合自己的体适能的情况选择自己喜欢的体育项目（梁、邓、晋、锐、韦、舜） | |
| 梁邓晋锐韦舜 | 1. 能养成良好的身体清洁和餐后收拾整理的习惯<br>2. 能有健康饮食的好习惯，如不挑食、每天保持吃水果、蔬菜的习惯（家庭记录，家长勾；讨论周食谱）<br>3. 健康作息（作息表，何时睡觉、起床）<br>4. 增加对体育比赛项目的认识<br>5. 增加对体育运动的热爱 | 第二周：我们爱运动《我运动我快乐》<br>1. 观看人们健身运动的视频（梁、邓、晋、锐、韦、舜）<br>2. 说明运动对身体健康的作用（梁、邓、晋、锐、韦、舜）<br>3. 展示各种有益的健身运动（梁、邓、晋、锐、韦、舜）<br>4. 学生讨论在身边能做的一些健身运动（梁、邓、晋、锐、韦、舜）<br>5. 健身与饮食（梁、邓、晋、锐、韦、舜）<br>6. 让身体健康，从我做起（梁、邓、晋、锐、韦、舜） | 电脑<br>投影仪<br>运动场 |
| 梁邓晋锐韦舜 | 1. 增加对运动商品的认识<br>2. 了解与运动有关的活动<br>3. 能与人交流运动相关的资讯 | 第三周：运动会的商机<br>1. 观看人们在运动场售卖商品的视频（梁、邓、晋、锐、韦、舜）<br>2. 运动场、娱乐场所周边商铺的认识（梁、邓、晋、锐、韦、舜）<br>3. 观看节日、盛会的摊档图片及视频，如春节的花街等（梁、邓、晋、锐、韦、舜）<br>4. 讨论：我们能在校运会中做什么（梁、邓、晋、锐、韦、舜） | 电脑<br>投影仪<br>相关图片与视频 |

续　表

| 教学目标（以周活动为单位的教学目标） | | 活动计划 | 教学资源 |
| --- | --- | --- | --- |
| 梁邓晋锐韦舜 | 1. 了解一般数据的基本资料包含的内容<br>2. 会根据收集的资料合并同类项<br>3. 增强整理数据的意识<br>4. 能做好工作前的准备(心理、体能)<br>5. 能在工作中增加自信 | 第四周：我是市场调查员<br>1. 调查市场数据，如顾客需求、产品规格、价格(梁、邓、晋、锐、韦、舜)<br>2. 调查方式，如访谈记录、市场比价(梁、邓、晋、锐、韦、舜)<br>3. 情景模拟市场调查，制作调查表(晋、锐、韦)<br>4. 实际调查(班级调查和商品价格调查)(梁、邓、晋、锐、韦、舜)<br>5. 整理调查表(梁、邓、晋、锐、韦、舜) | 电脑<br>投影仪<br>市场调查表 |
| 梁邓晋锐韦舜 | 1. 培养对美的观感<br>2. 增加表达自己意见的机会<br>3. 能在活动中增强自信心<br>4. 能与同伴友好合作，互相支持 | 第五周：广而告之<br>1. 观看超市及其他商场的商品广告(梁、邓、晋、锐、韦、舜)<br>2. 选择参考的作品(梁、邓、晋、锐、韦、舜)<br>3. 参照参考的作品，在教师的指导下设计摊位商品的广告(梁、邓、晋、锐、韦、舜)<br>4. 学生选择自己负责制作的部分(如写广告语、背景、花边、商品图片等)(梁、邓、晋、锐、韦、舜)<br>5. 全班一起分组共同制作广告(梁、邓、晋、锐、韦、舜) | 电脑<br>投影仪<br>广告作品 |
| 梁邓晋锐韦舜 | 1. 增强对市场的了解<br>2. 能尝试大胆与人沟通<br>3. 会计算采购的金额<br>4. 增加对周边社区环境市场的认识 | 第六周：我是精明采购员<br>1. 收集产品信息(梁、邓、晋、锐、舜)<br>2. 比对产品质量(梁、邓、晋、锐、韦、舜)<br>3. 列出相同产品不同店铺价格，比对后决定采购点(梁、邓、晋、锐、韦)<br>4. 到采购点以优惠价格订货(梁、邓、晋、锐、舜) | 电脑<br>投影仪<br>清单 |
| 梁邓晋锐韦舜 | 1. 培养做事细心的习惯<br>2. 培养良好的整理习惯<br>3. 会计算物品的总数<br>4. 增加理货的技能<br>5. 培养检查的习惯 | 第七周：我去商城做采购<br>1. 核对单据，检查货品数量(梁、邓、晋、锐、韦、舜)<br>2. 抽查货品质量(梁、邓、晋、锐、韦、舜)<br>3. 收货、运货(梁、邓、晋、锐、舜)<br>4. 妥善整理货品(梁、邓、晋、韦、舜)<br>5. 存放货品(梁、邓、锐、舜) | 电脑<br>投影仪<br>货品单 |

续 表

| 教学目标（以周活动为单位的教学目标） | | 活动计划 | 教学资源 |
| --- | --- | --- | --- |
| 梁邓晋锐韦舜 | 1. 能大胆发表自己对美的观感<br>2. 能根据要求正确取得相应物品<br>3. 增加对工作条理性的认识和实践<br>4. 能在工作中学习模仿、发挥创意<br>5. 能与同伴友好合作，大胆开展工作 | 第八周：商铺设计<br>1. 观看各种摊档的照片(梁、邓、晋、锐、韦、舜)<br>2. 了解布置摊档可选用的各种常见材料(梁、邓、晋、锐、韦、舜)<br>3. 选择参考的作品(梁、邓、晋、锐、韦、舜)<br>4. 参照参考的作品，在教师的指导下制作摊位的效果图(梁、邓、晋、锐、韦)<br>5. 制作布置摊档所需要的材料购物单(梁、邓、晋、锐、韦)<br>6. 根据购物单采购相应材料(梁、邓、晋、锐、韦、舜)<br>7. 制作布置摊位的饰品(晋、锐、舜) | 电脑<br>投影仪<br>设计图片<br>购物单 |
| 梁邓晋锐韦舜 | 1. 养成细心做事的习惯<br>2. 养成认真听要求的习惯<br>3. 能尝试大胆与人沟通<br>4. 能在活动中增强自信心<br>5. 能逐渐增加职业词汇量<br>6. 能逐渐把自己的想表达的意思说清楚 | 第九周：售卖商品我最棒<br>1. 详细登记送货信息，如具体时间、商品名称、数量、规格(梁、邓、晋、韦)<br>2. 打包货品，登记数量(以便送货时点数和记录)(梁、邓、晋、锐、舜)<br>3. 观看销售物品以及招揽顾客的视频，了解摊档是如何售卖商品的(梁、邓、晋、锐、韦、舜)<br>4. 教师向学生说明基本的销售用语和招揽用语(梁、邓、晋、锐、韦、舜)<br>5. 学生通过情景模拟，练习销售用语及招揽顾客用语(梁、邓、晋、锐、韦、舜)<br>6. 教师向学生说明销售的程序(梁、邓、晋、锐、韦、舜)<br>7. 学生通过模拟练习，熟悉销售商品的程序(梁、邓、晋、锐、韦、舜) | 电脑<br>投影仪<br>表格 |
| 梁邓晋锐韦舜 | 1. 能够了解校运会比赛项目<br>2. 能自己选择合适的项目报名参赛<br>3. 会动手制作校运会宣传海报<br>4. 能亲自参与校运会以及代表学校参加相关比赛 | 第十周：为自己加油<br>1. 展示历来校运会的优秀海报，说明制作海报的意义(梁、邓、晋、锐、韦、舜)<br>2. 表达自己的想法——把每人的想法融入海报设计中(梁、邓、晋、锐、韦、舜)<br>3. 参与制作本班宣传海报的工作(梁、邓、晋、锐、韦、舜)<br>4. 锻炼身体，积极备战(梁、邓、晋、锐、韦、舜) | 电脑<br>投影仪<br>运动场<br>各色卡纸<br>蜡笔<br>剪刀 |

**续　表**

| | 教学目标（以周活动为单位的教学目标） | 活动计划 | 教学资源 |
|---|---|---|---|
| | 5. 学会拍摄同学参加活动时的照片，留作纪念<br>6. 养成努力完成各项工作的好习惯 | 5. 能够规划并执行每天自己的运动安排（梁、邓、晋、锐、韦、舜）<br>● 家长配合，每天与孩子一起完成运动计划表的检核 | |
| 梁邓晋锐韦舜 | 1. 能听指令，刻苦训练<br>2. 与同学团结合作完成团体项目<br>3. 至少有一项运动项目优势<br>4. 积极参与各项与校运会相关的活动和工作 | 第十一周：闪亮登场<br>1. 出场仪式放在每天晨练时候一起练习（梁、邓、晋、锐、韦、舜）<br>2. 制作个人的运动计划表（与强化互相配合）（梁、邓、晋、锐、韦、舜）<br>3. 认识运动会比赛项目的名称、器材，规则（梁、邓、晋、锐、韦、舜）<br>● 老师重点强调在名称、器材使用安全及规则的认识及遵守<br>4. 班级老师配合教项目的动作（梁、邓、晋、锐、韦、舜）<br>5. 每位同学参与制作啦啦队道具（梁、邓、晋、锐、韦、舜） | 电脑<br>投影仪<br>运动场<br>塑料瓶<br>各色豆子 |
| 梁邓晋锐韦舜 | 1. 遇到困难时会请求帮助，如写通讯稿等<br>2. 会有礼貌的求助，如受伤时<br>3. 能在适当的时候帮助他人 | 第十二周：闪亮登场<br>1. 排练出场式：能跟随队伍，模仿做动作（梁、邓、晋、锐、韦、舜）<br>2. 巩固自己的比赛项目（梁、邓、晋、舜）<br>3. 能坚持完成自己的比赛项目（梁、邓、晋、舜）<br>4. 遇到困难会请求帮助（邓、锐、舜）<br>根据之前设计的效果图，布置活动当天的摊档 | 广播<br>运动场 |
| 梁邓晋锐韦舜 | 1. 会分享自己与体育相关的信息<br>2. 会根据工作要求来评价自己完成的效果和状况<br>3. 能在收到鼓励后不骄不躁，继续努力，不断进步 | 第十三周：精彩分享会<br>1. 展示运动会期间照片、视频（包括自拍的）（邓、晋、锐、韦、舜）<br>2. 能说出自己担任的角色、承担的工作、参与的活动（梁、邓、晋、锐、韦、舜）<br>3. 表达自己在运动会工作和活动中的收获（梁、邓、晋、锐、韦、舜）<br>4. 评价与鼓励（梁、邓、晋、锐、韦、舜） | 电脑<br>投影仪 |

**续 表**

| 教学目标<br>（以周活动为单位的教学目标） | | 活动计划 | 教学资源 |
|---|---|---|---|
| 邵<br>彤<br>肖<br>枫<br>展<br>伍 | 1. 对自己的身体状况有一定的认识，如自己的身高、体重，知道自己与同伴比较的结果<br>2. 增强身体协调能力<br>3. 会根据自己的爱好，安排自己的休闲娱乐时间。坚持晨练 | 第一至四周：活动准备“我运动我快乐”<br>观看各项运动会的视频<br>1. 初步了解自己的身体现状（邵、彤、肖、枫、展、伍）<br>2. 养成健康饮食的习惯（邵、彤、肖、展、伍）<br>3. 养成有规律的健康作息生活习惯（邵、彤、肖、展、伍）<br>4. 养成晨练的习惯（邵、彤、枫、展、伍） | 电脑<br>投影仪<br>运动场 |
| 邵<br>彤<br>肖<br>枫<br>展<br>伍 | 1. 能记住重要的时间、地点<br>2. 增加对体育比赛项目的认识<br>3. 加强安全意识<br>4. 能在引导下对校运会工作发生兴趣<br>5. 能参与校运会工作的简单设计 | 第五至七周：制作广告<br>1. 初步了解校运会比赛项目（邵、彤、肖、枫、展、伍）<br>2. 了解运动会举办的时间（邵、彤、肖、枫、展）<br>3. 知道运动项目比赛的场地（邵、彤、肖、枫、展）<br>4. 知道我班的参加校运会的主题——我运动，我快乐（彤、肖、枫、展）<br>5. 知道我班的口号是——职高三年级（2）班运动快乐（邵、彤、肖、枫、展、伍）<br>6. 进行安全教育：各项运动安全注意事项（邵、彤、肖、枫、展、伍）<br>7. 遵守校运会安全规则（邵、彤、肖、枫、展、伍）<br>8. 做好预防措施（邵、彤、肖、枫、展、伍）<br>9. 能参与制作班级海报、摊位海报设计，如按压、揉纸、印花、涂色等（邵、彤、肖、枫、展、伍） | 电脑<br>投影仪<br>运动场 |
| 邵<br>彤<br>肖<br>枫<br>展<br>伍 | 1. 能够知道校运会举办的准确时间表<br>2. 了解校运会比赛项目<br>3. 能参与制作简单的宣传海报<br>4. 自己选择合适的项目报名参赛<br>5. 能与同伴合作，不逃避、不推卸工作 | 第八至十周：摊位准备<br>1. 知道校运动会举办时间是 12 月 28 日（邵、彤、肖、枫、展、伍）<br>2. 了解校运会比赛项目，选择报名参赛（邵、彤、肖、枫、展、伍）<br>3. 选择适合自己的运动项目（自己优势项目及以后发展成休闲项目）（邵、彤、肖、枫、展、伍）<br>● 体育老师协助评估学生的体适能的情况，并向班级老师推荐适合的体育项目<br>4. 参与制作本班宣传海报的工作，用压花机，用手掌压花纹做海报（邵、彤、肖、枫、展、伍） | 电脑<br>投影仪<br>运动场<br>各色卡纸<br>蜡笔<br>剪刀<br>压花机 |

续　表

| 教学目标（以周活动为单位的教学目标） | | 活动计划 | 教学资源 |
|---|---|---|---|
| | | 5. 能够规划并执行每天自己的运动安排（邵、彤、肖、枫、展、伍）<br>● 家长配合，每天与孩子一起完成运动计划表的检核<br>6. 能协助A组做摊位布置工作，如搬办公桌椅、搬货、摆放货品、张贴海报等（邵、彤、肖、枫、展、伍） | |
| 邵彤肖枫展伍 | 1. 会动手制作啦啦队道具<br>2. 能反复练习自己必须参加的项目<br>3. 能听指令，按计划训练<br>4. 能对自己有所要求，坚持参加练习 | 第十一周：闪亮登场<br>1. 每位同学参与制作啦啦队道具（邵、彤、肖、枫、展、伍）<br>2. 请体育老师协助制作个人的运动计划表（与强化互相配合）（邵、彤、肖、枫、展、伍）<br>3. 认识运动会比赛项目的名称、器材，规则<br>● 老师重点强调在名称、器材使用安全及规则的认识及遵守（邵、彤、肖、枫、展、伍）<br>4. 班级老师配合教项目的动作（邵、彤、肖、枫、展、伍）<br>5. 每天晨练时候一起练习出场仪式（邵、彤、肖、枫、展、伍） | 电脑<br>投影仪<br>运动场<br>塑料瓶<br>各色豆子 |
| 邵彤肖枫展伍 | 1. 增加对运动的热情<br>2. 能使用社区运动区设施<br>3. 能关注与体育休闲相关的资讯<br>4. 能记住一些运动基本动作 | 第十二周：活动高潮<br>1. 参与运动会开场式（邵、彤、肖、枫、展、伍）<br>2. 听广播，在适当时间参加运动检录、运动准备（邵、彤、肖、枫、展、伍）<br>3. 按运动规则参与运动比赛（邵、彤、肖、枫、展、伍）<br>4. 做运动后舒展（邵、彤、肖、枫、展、伍）<br>5. 能为运动员加油（邵、彤、肖、枫、展、伍） | 运动场 |
| 邵彤肖枫展伍 | 1. 会分享自己参与的体育休闲相关活动<br>2. 会根据工作要求来评价自己完成的情况<br>3. 能诚实地自我评价<br>4. 能接受他人对自己的评价 | 第十三周：精彩分享会<br>1. 展示运动会期间照片、视频（邵、彤、肖、枫、展、伍）<br>2. 能说出或指出自己担任的角色、承担的工作、参与的活动（邵、彤、肖、枫、展、伍）<br>3. 分享自己在运动会工作和活动中的表现（邵、彤、肖、枫、展、伍）<br>4. 评价与鼓励（邵、彤、肖、枫、展、伍） | 电脑<br>投影仪 |

**续 表**

| 教学目标<br>(以周活动为单位的教学目标) | | 活动计划 | 教学资源 |
|---|---|---|---|
| 炜<br>妍 | 1. 提升听指令的能力<br>2. 增加模仿动作以提高身体机能的情景 | 第一至三周：活动准备《我运动我快乐》<br>1. 愿意坐下观看各项运动会的视频(炜、妍)<br>2. 能听指令和大家一起晨练(炜、妍)<br>3. 能参照他人指示(口令、手势),找到自己的站位,进行走位练习。(炜、妍) | 电脑<br>投影仪<br>运动场 |
| 炜<br>妍 | 1. 能跟随集体、感受参与团体活动的乐趣<br>2. 能感知大概时间<br>3. 能在活动中融入集体<br>4. 能够专心制作,努力完成工作 | 第四至六周：活动组织<br>1. 能感知校运会比赛项目——跑、跳(炜、妍)<br>2. 知道运动会举办的时间(妍)<br>3. 知道运动项目比赛的场地(炜、妍)<br>4. 能跟着大家说“我运动,我快乐”或做出加油的手势(炜、妍)<br>5. 能知道我班的口号有“职三 2”这几个字(妍)<br>6. 进行安全教育：各项运动安全注意事项(炜、妍)<br>7. 遵守校运会安全规则(炜、妍)<br>8. 做好预防措施(炜、妍)<br>9. 参与制作商品广告(炜、妍) | 电脑<br>投影仪<br>运动场 |
| 炜<br>妍 | 1. 提升肌耐力和交往能力<br>2. 能手眼协调的进行串物品的操作<br>3. 会根据需要取用工具<br>4. 能够通过反复动作完成简单的工作<br>5. 能选择自己做得到的运动休闲活动,在协助下坚持 | 第七至九周：组织活动<br>1. 知道校运动会举办时间是 12 月 28 日(炜、妍)<br>2. 了解校运会比赛项目,选择报名参赛(炜、妍)<br>3. 选择自己做得到的运动项目(自己优势项目及以后发展成休闲项目)(炜、妍)<br>● 体育老师帮忙评估学生的体适能的情况,并向班级老师推荐适合的体育项目<br>4. 参与制作本班宣传海报,做力所能及的工作(炜、妍) | 电脑<br>投影仪<br>运动场 |
| 炜<br>妍 | 1. 提升肌耐力和交往能力<br>2. 能手眼协调的进行串物品的操作<br>3. 会根据需要取用工具 | 第十至十一周：活动展开<br>1. 参与制作啦啦队道具(炜、妍)<br>2. 在教师的指导下做简单的啦啦队动作(炜、妍)<br>3. 在教师指导下在出场式做简单动作(炜、妍) | 电脑<br>投影仪<br>运动场 |

续　表

| 教学目标（以周活动为单位的教学目标） | | 活动计划 | 教学资源 |
|---|---|---|---|
| | 4. 能够通过反复动作完成简单的工作<br>5. 能坚持练习简单动作 | 4. 出场仪式会在每天晨练时候一起练习（炜、妍） | |
| 炜妍 | 1. 增加与人际交往的机会<br>2. 提升肌耐力和交往能力<br>3. 提高自我管理的意识<br>4. 提升自我服务的能力 | 第十二周：活动高潮<br>1. 参与运动会开场式（炜、妍）<br>2. 观看运动比赛（炜、妍）<br>3. 在比赛期间做啦啦队，为运动员打气（炜、妍）<br>4. 能自备毛巾，会定时清洁脸部（炜、妍） | 电脑<br>投影仪<br>运动场 |
| 炜妍 | 1. 能展示自己参与的体育休闲相关活动<br>2. 会接受他人对自己工作的评价 | 第十三周：精彩分享会<br>1. 展示运动会期间照片、视频（炜、妍）<br>2. 能说出或指出自己担任的角色、承担的工作、参与的活动（炜、妍）<br>3. 表达自己在运动会工作和活动中的表现，如我做到了，或竖起大拇指（炜、妍）<br>4. 评价与鼓励（炜、妍） | 电脑<br>投影仪 |

**评　鉴　表**

| 目标＼姓名 | 炜 | 妍 | 枫 | 展 | 祺 | 伍 | 邓 | 梁 | 锐 | 晋 | 韦 | 彤 | 邵 | 舜 |
|---|---|---|---|---|---|---|---|---|---|---|---|---|---|---|
| 1. 对自己的身体状况有一定的认识，如自己的身高、体重，知道自己与同伴比较的结果 | | | | * | | * | * | * | * | * | * | * | * | * |
| 2. 增强安全意识 | | | * | * | * | * | * | * | * | * | * | * | * | * |
| 3. 会根据自己的爱好，安排自己的休闲娱乐时间：能够掌握一项或者多项的运动技能，并能每天保持一定时间的运动量（选活动、怎么玩，玩多久，晨练和课间操练：每天运动1小时） | | | * | * | * | * | * | * | * | * | * | * | * | * |

**续 表**

| 目标 \ 姓名 | 炜 | 妍 | 枫 | 展 | 祺 | 伍 | 邓 | 梁 | 锐 | 晋 | 韦 | 彤 | 邵 | 舜 |
|---|---|---|---|---|---|---|---|---|---|---|---|---|---|---|
| 4. 能养成良好的身体清洁和餐后收拾整理的习惯 | | | * | * | * | * | * | * | * | * | * | * | * | * |
| 5. 能有健康饮食的好习惯，如不挑食、每天保持吃水果、蔬菜的习惯(家庭记录，家长勾；讨论周食谱) | | * | * | * | * | * | | * | * | | * | * | * | * |
| 6. 健康作息(作息表，何时睡觉、起床) | * | * | * | * | * | * | * | * | * | * | * | * | * | * |
| 7. 增加对体育比赛项目的认识 | * | * | * | * | * | * | * | * | * | * | * | * | * | * |
| 8. 能够了解校运会比赛项目 | | | * | * | * | * | * | * | * | * | * | * | * | * |
| 9. 能自己选择合适的项目报名参赛 | | | * | * | * | * | * | | * | | | * | * | |
| 10. 会动手制作校运会宣传海报 | * | * | * | * | * | * | * | * | * | * | * | * | * | * |
| 11. 能亲自参与校运会以及代表班级参加相关比赛 | * | * | * | * | * | * | * | * | * | * | * | * | * | * |
| 12. 学会拍摄同学参加活动时的照片，留作纪念 | | | | | | | * | * | | * | * | * | | * |
| 13. 养成努力完成各项工作的好习惯 | | | * | * | * | * | * | * | * | * | * | * | * | * |
| 14. 能听指令，刻苦训练 | * | * | * | * | * | * | * | * | * | * | * | * | * | * |
| 15. 与同学团结合作完成团体项目 | * | * | * | * | * | * | * | * | * | * | * | * | * | * |
| 16. 至少有一项运动项目优势 | | | | | | * | * | * | | * | * | | * | * |
| 17. 会计算采购的金额 | | | | | | | * | * | * | * | * | | | * |
| 18. 会计算物品的总数 | | | | | | | * | * | * | * | * | | | * |
| 19. 遇到困难时会请求帮助 | | * | * | * | * | * | | | * | * | * | * | | |
| 20. 会有礼貌的求助 | | | * | * | | | | | * | | * | * | | |

续　表

| 姓名<br>目标 | 炜 | 妍 | 枫 | 展 | 祺 | 伍 | 邓 | 梁 | 锐 | 晋 | 韦 | 彤 | 邵 | 舜 |
|---|---|---|---|---|---|---|---|---|---|---|---|---|---|---|
| 21. 能够通过反复动作完成简单的工作 | * | * | | | | | | | | | | | | |
| 22. 能手眼协调的进行串物品的操作 | | * | | | | | | | | | | | | |
| 23. 会根据需要取用工具 | * | * | | | | | | | | | | | | |
| 0—完全困难或没有反应；1—在部分肢体协助下可以达成或偶有反应；2—需在辅具使用下可以独立完成或需口头提示下即可独立完成；3—独立完成且质量良好。 | | | | | | | | | | | | | | |

备注：标*号代表该学生有此目标。

## 五、课堂教学活动设计

### 校运会“销售海报设计”教学设计

执教者：陈果意

**教学内容分析：**

本课选自职高部“校运会”主题的分化活动——“广而告之”之“销售海报设计”。

在开学初学校进行的贺中秋国庆的迎月晚会活动中，职高部的学生们自己动手做灯笼、猜灯谜，开展套圈等摊位游戏、家长积极参与亲子联谊、制作招牌及准备美食，职高部的同学责任心得到提升，为学生将来走向社会打下了良好的基础。本设计主要是帮助学生更多地表达自己的想法、动手操作、经验积累的活动式教学。学生通过亲身参与设计制作销售海报，会主动了解运动会的周边产品，了解产品的功能、使用方式，使用形式，知道怎样通过产品与运动场上的运动员加油打气，怎样通过产品与观众一起互动，形成一种良好的人际交往意识和体验。通过参与设计制作销售海报，可以增加与同伴合作的关系，可以增加个人的手眼协调能力、个人的工作时效性、建立良好的工作态度，增加学生对销售工作海报设计环节的责任心，将所学的知识技能进行统合运用，使其全情投入到校运会主题中。

**教学对象分析：**

本班现有学生16名，男生11人，女生5人，其中自闭4人、唐氏3人、脑瘫2人、智障7人。根据学生已有的认知能力和动手操作能力，本节课将全班分成3个同质组，根据学生的视觉感知能力和个性能力需求提供相应的辅助支持，进行分层教学。

A组：有工作意愿和工作能力，能够理解接受销售的宗旨；会使用复杂句表达，认识简单的视觉字，有一定的自主意识，在销售设计中掌握促进销售宣传的要点，通过亮点设计以增加销售的目的。

B组：能接受老师安排的岗位，会说简单词句表达自己的想法，会复述需要销售的产品名称、价格，能完成指定的设计任务。

C组：语言表达有障碍但是能够听从简单指令能控制自己行为，在老师的引导协助下能完成任务。

**教学目标：**

| 组别 | 教学目标 |
| --- | --- |
| A组 | 1. 准时——每天在规定的时间内准时上下班，于工作中之休息时段(如喝茶、如厕、午休)后，均能依规定准时返回工作岗位。<br>2. 挫折忍受力——当工作失败、不顺利或人际关系上不如意时，不会立即有灰心、沮丧、退缩、闹脾气、攻击等(负向反应)。<br>3. 工作中具有高度的安全意识，并确实遵守安全规定，能察觉工作中的危险状况，并预做防范。 |
| B组 | 1. 对所交付的事情，不必提醒，就能有始有终努力完成。<br>2. 有始有终——对于交付的工作命令能努力完成，不会中途退缩、放弃不做、虎头蛇尾等。<br>3. 具有一定程度的注意力，能专注地完成工作，不易受理或其他刺激之干扰。<br>4. 能努力维持所安排的工作进度，不会借故随意拖延。能注意遵守工作场中的安全规定。 |
| C组 | 1. 在工作场中没有发生意外的记录。<br>2. 能固守工作岗位，不随意离去。<br>3. 工作姿势一坐一站并保持平衡的姿势持续一段时间。 |

**教学重点难点：**

重点：

A组：1. 认识工作内容、要求。
　　　2. 能对工作任务发表自己的想法。
　　　3. 遵守工作场中的安全规定。

B组：1. 不必提醒，就能有始有终完成工作。
　　　2. 不易受理或其他刺激之干扰。
　　　3. 能努力维持所安排的工作进度。

C组：1. 在工作场中没有发生意外的记录。
　　　2. 能在协助下收拾现场（如打扫、整理、摆置、定位）。

难点：

A组：1. 工作中的安全规则执行。
　　　2. 坚持一心完成工作任务。
　　　3. 能在有效时间完成指定性工作。

B组：1. 不必提醒完成工作。
　　　2. 不会借故随意拖延。

C组：保持平衡的姿势持续一段时间。

**教学准备：**

商品对照图、商品名目表、手工工具。

**教学过程：**

| 教　学　过　程 | 设计意图及支持策略 |
| --- | --- |
| 一、情景导入<br>1. 通过大型体育比赛的视频，让学生观察运动会时用到的各种物品。<br>提出问题：运动会周边有什么产品？<br>A组：依据观察或生活经验，说出周边产品，如彩旗、花球、彩带、加油棒……<br>B组：说出认识或用过的产品。<br>C组：指出用过的产品。<br>2. 学校运动会要开始了，我们的工作是销售运动会周边产品，需要做哪些准备？ | 通过观看相关视频，引起学生对运动会周边产品的关注。 |

续 表

| 教 学 过 程 | 设计意图及支持策略 |
| --- | --- |
| 老师引导：市场调查、产品设计、销售培训、销售宣传、销售摊位布置、市场销售、销售统计。<br>3. 揭题：今天我们一起来设计校运会周边产品的销售宣传——海报设计。<br>二、销售海报设计概念：<br>1. 观看各种小商场的照片，讨论思考：<br>(1) 说说你看到小商场主要售卖什么商品？<br>A组：说出完整句。<br>B组：说出词汇。<br>C组：指出商品。<br>(2) 从哪里看出？<br>老师引导：从店铺名称可以了解到铺内主要销售的产品，引出宣传标题。<br>A组：以个人生活经验说出理解。<br>B组：说出店铺名称。<br>C组：指出店铺名称位置。<br>(3) 宣传标题的意义和作用？<br>老师引导：让他人一看宣传标题就知道我们主营的商品。<br>A组：说出自己的想法。<br>B组：复述老师引导的答案。<br>C组：以单音字或手势表示看到和听到了。 | 引导学生抓住销售海报设计的重点。 |
| 2. 观看超市及其他商场的商品广告，思考：<br>(1) 海报式广告的特色是什么？<br>老师引导：尺寸大、远视效果强、颜色显眼(好看)、吸引人注意、突出售卖的商品信息。<br>A组：说出几个关键点，或总结出他人说的关键点。<br>B组：表达认同或否定他人的答案。<br>C组：以单音字或手势表示赞成或不同意。<br>(2) 展示曾获奖的商业海报广告，说明制作海报的意义。 | 增加表达自己意见的机会。 |
| A组：欣赏、表达对展示广告的情感(感受“喜欢、一般、不喜欢”)，并简单回答喜欢的部分是什么。<br>B组：指出喜欢的部分。<br>C组：用眼神专注看着。<br>(3) 选择参考的作品。<br>A组：从B、C组的选择中最后确认一一三幅参考作品。<br>B组：选出能引用到我们销售海报作参考的作品。<br>C组：指出最吸引自己的一幅作品。 | 能大胆发表自己对美的观感。 |

续　表

| 教　学　过　程 | 设计意图及支持策略 |
|---|---|
| 3. 我们要做一份吸引顾客的销售校运会周边产品的海报，应该具备什么重要的元素？<br>老师引导并出示：商品对照图、商品名目表。<br>A组：说出运动会周边产品名称。<br>B组：引出商品明目，读出或指出产品名称。<br>C组：出示商品对照图，知道有哪些产品。<br>三、设计海报工作分析<br>1. 引导海报设计的步骤。<br>分析：<br>(1) 这张海报的目的？（引导：目的是为校运会周边产品销售广而告之）<br>(2) 目标受众是谁？（引导：学校各班级）<br>(3) 他们的接受方式怎么样？（引导：海报内容要吸引，颜色要好看）<br>(4) 创意点？（引导：自己的设计独一无二）<br>(5) 表现手法？（引导：使用手工工具，用多种方式制作混搭的手法）<br>(6) 怎么样与产品结合？（引导：是立体的、具体的实物呈现？或者商品图片展示）<br>(7) 海报设计的具体要素：<br>● 充分的视觉冲击力，可以通过图像和色彩来实现。<br>● 海报表达的内容精炼，抓住主要诉求点。<br>● 内容不可过多。<br>● 一般以图片为主，文案为辅。<br>● 主题字体醒目。<br>A组：能在老师引导下理清海报设计的步骤。<br>B组：能按老师引导知道设计的一些信息。<br>C组：能表达参与设计的愿望。 | 循序渐进地让学生认识商业海报广告设计的步骤。<br><br>培养对美的观感。<br><br>能在活动中增强自信心。 |
| 2. 参照参考的作品，在教师的指导下设计摊位商品的海报广告。<br>(1) 确定海报上必须出现的字眼和图片。<br>A组：确定文字和图片。<br>B组：说或指出海报必须出现的图文，选择自己要剪裁的图案。<br>C组：选择自己要剪的简单图案(剪有边框的图案)或文字。<br>(2) 了解装饰海报可选用的各种常见材料。<br>A组：说出各种常见材料，并确定本次制作的材料。 | 能根据要求正确取得相应物品。 |

续 表

| 教学过程 | 设计意图及支持策略 |
| --- | --- |
| B组：说出或指出一般材料。<br>C组：指出可用作装饰的材料。<br>(3) 参照参考的作品，在教师的指导下制作摊位的效果图。<br>A组：表达自己的想法，并把每人的想法融入海报设计中，最终确定效果图。<br>B组：表达自己的想法。<br>C组：摆放自己认为合适的材料到效果图中。<br>(4) 制作材料准备：列出清单，如大开硬纸等。<br>A组：说出要准备的材料，列出清单。<br>B组：说出要准备的材料。<br>C组：指出自己认识的材料。<br>四、海报设计工作<br>1. 选择、分配、确定工作任务。<br>A组：选择自己负责制作的部分(如写广告语、背景、花边、商品图片等)，统筹后确定任务。<br>B组：选择合适的工作任务，不争不抢他人的工作。<br>C组：指定工作任务。<br>2. 根据材料清单拿出相应材料。<br>A组：确认每人的材料齐备或合作使用相同材料。<br>B组：领取、分派A、C组材料。<br>C组：拿自己要使用的材料，不拿与自己工作无关的材料。<br>3. 全班一起共同制作销售宣传海报广告。<br>A组：大版面设计(分各组负责的方位)、构图。<br>B组：搓皱纸、压花、传递工具、张贴。<br>C组：按压指印、剪带有边框的商品图、文、涂色。<br>4. 展示工作成果。<br>A组：海报的框架结构、时间、地点。<br>B组：背景(突出颜色)标题、字体、边框(形状、大小、颜色)。<br>C组：边框内商品图文。<br>5. 合成设计。<br>ABC三组工作成果根据效果图，合成在大开硬纸上。<br>6. 收拾现场。<br>A组：整理，确认工具数量，检查使用情况(是否正常或有损耗)，并向老师报告。<br>B组：打扫现场、拖地、消毒。<br>C组：在协助下摆置、定位物品。 | 根据不同能力的学生，在工作安排要求上有所侧重，让每一个学生都能学有所获。 |

续　表

| 教　学　过　程 | 设计意图及支持策略 |
|---|---|
| 五、作品呈现<br>通过大家的共同工作，我们合作设计出一份醒目的销售宣传海报，请各自来分享一下，你做的工作是什么，完成得怎么样。<br>A 组：学生自我检核，说出自己工作的想法和效果。<br>B 组：自我检核工作，目标达成分值。<br>C 组：检核目标达成情况。<br>六、课堂小结<br>这次销售海报设计，每个人都出了自己的一份力。通过共同合作，大家都能把自己的想法表达在设计上，既发挥了自己的想象力，也为销售工作做好了前期的准备。 | 通过工作评价，了解自己的工作状态和提升空间，表达了自己对工作的热爱和坚持。<br>鼓励学生，为后续工作建立良好心理、行动支持。 |

评　鉴　表

| 目标＼姓名 | 炜 | 妍 | 枫 | 展 | 祺 | 伍 | 邓 | 梁 | 锐 | 晋 | 韦 | 彤 | 邵 | 舜 |
|---|---|---|---|---|---|---|---|---|---|---|---|---|---|---|
| 1. 会动手制作销售宣传海报 | * | * | * | * | * | * | * | * | * | * | * | * | * | * |
| 2. 学会拍摄照片，制作广告 | | | | | | | * | * | | * | * | * | | * |
| 3. 养成努力完成各项工作的好习惯 | | | * | * | * | * | * | * | * | * | * | * | * | * |
| 4. 与同学团结合作完成项目 | * | * | * | * | * | * | * | * | * | * | * | * | * | * |
| 5. 遇到困难时会请求帮助 | | * | * | * | * | * | | | * | * | * | * | | |
| 6. 会有礼貌的求助 | | | * | * | | | | | * | | * | * | | |
| 7. 能够通过反复动作完成简单的工作 | * | * | | | | * | | | | | | * | | |
| 8. 能手眼协调的进行串物品的操作 | | * | | | | | | | | | | | | |
| 9. 会根据需要取用工具 | * | * | | | * | | | | | | | | * | |
| 0—完全困难或没有反应；1—在部分肢体协助下可以达成或偶有反应；2—需在辅具使用下可以独立完成或需口头提示下即可独立完成；3—独立完成且质量良好。 | | | | | | | | | | | | | | |

备注：标 * 号代表该学生有此目标。

## 附件：1－1 "快乐的运动会"学校主题树

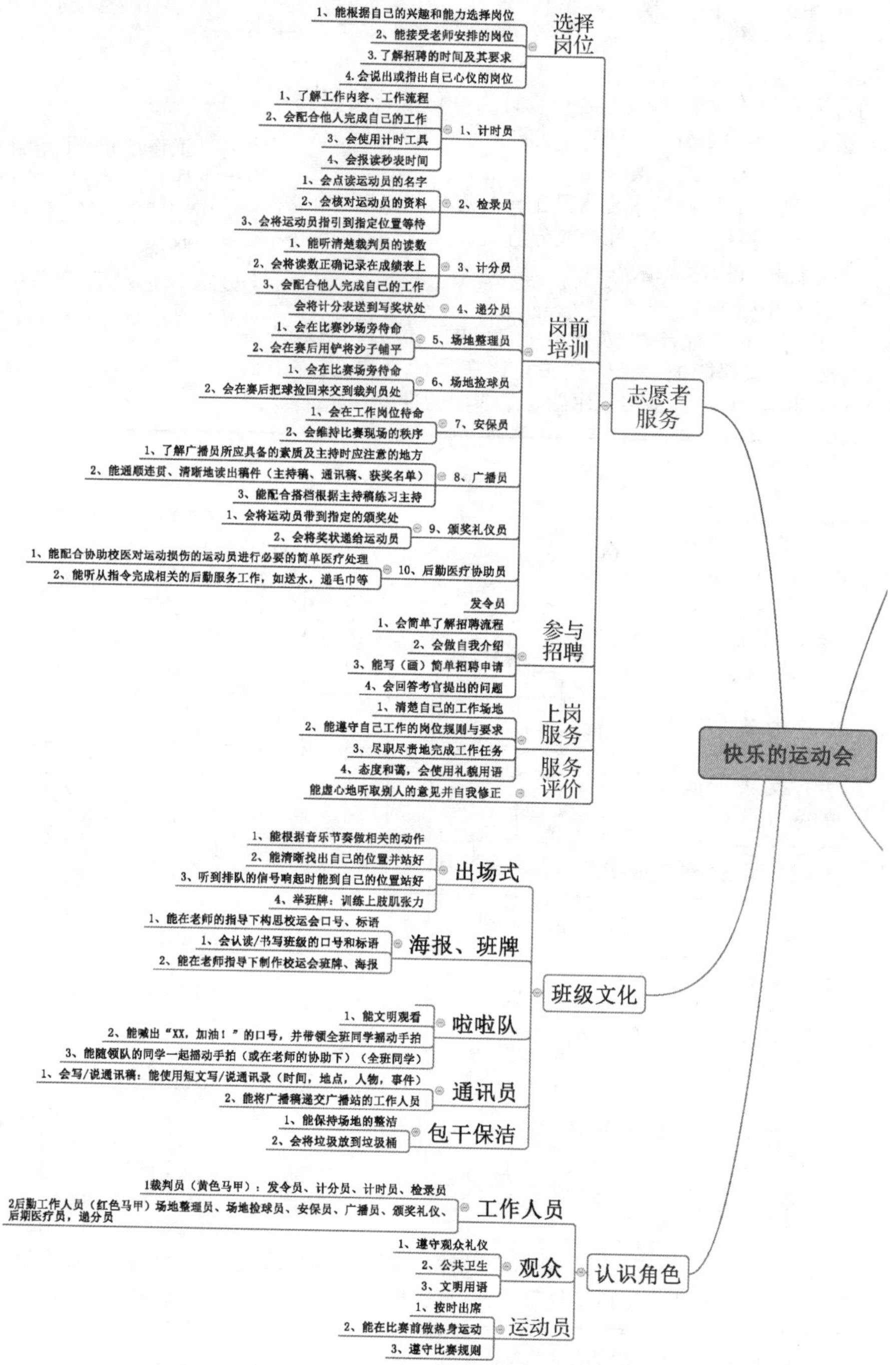

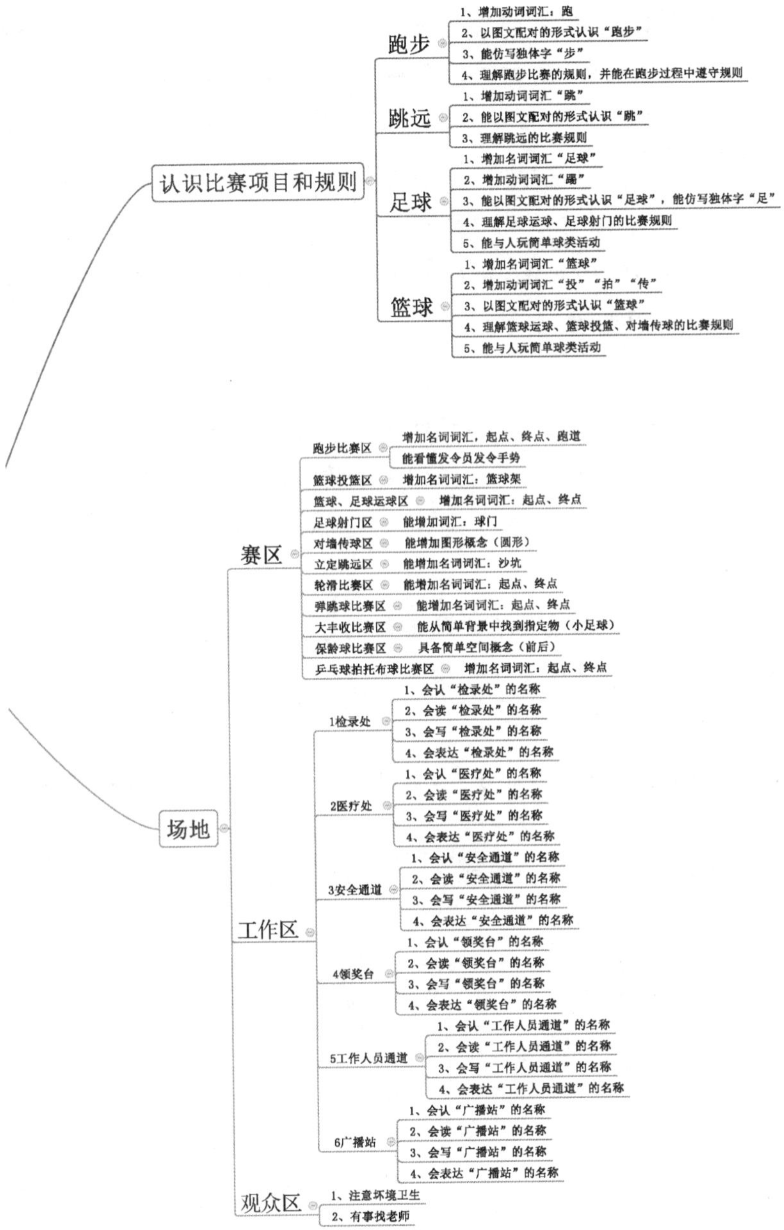
认识比赛项目和规则
跑步
1、增加动词词汇：跑
2、以图文配对的形式认识“跑步”
3、能仿写独体字“步”
4、理解跑步比赛的规则，并能在跑步过程中遵守规则
跳远
1、增加动词词汇“跳”
2、能以图文配对的形式认识“跳”
3、理解跳远的比赛规则
足球
1、增加名词词汇“足球”
2、增加动词词汇“踢”
3、能以图文配对的形式认识“足球”，能仿写独体字“足”
4、理解足球运球、足球射门的比赛规则
5、能与人玩简单球类活动
篮球
1、增加名词词汇“篮球”
2、增加动词词汇“投”“拍”“传”
3、以图文配对的形式认识“篮球”
4、理解篮球运球、篮球投篮、对墙传球的比赛规则
5、能与人玩简单球类活动
场地
赛区
跑步比赛区
增加名词词汇，起点、终点、跑道
能看懂发令员发令手势
篮球投篮区
增加名词词汇：篮球架
篮球、足球运球区
增加名词词汇：起点、终点
足球射门区
能增加词汇：球门
对墙传球区
能增加图形概念（圆形）
立定跳远区
能增加名词词汇：沙坑
轮滑比赛区
能增加名词词汇：起点、终点
弹跳球比赛区
能增加名词词汇：起点、终点
大丰收比赛区
能从简单背景中找到指定物（小足球）
保龄球比赛区
具备简单空间概念（前后）
乒乓球拍托布球比赛区
增加名词词汇：起点、终点
工作区
1检录处
1、会认“检录处”的名称
2、会读“检录处”的名称
3、会写“检录处”的名称
4、会表达“检录处”的名称
2医疗处
1、会认“医疗处”的名称
2、会读“医疗处”的名称
3、会写“医疗处”的名称
4、会表达“医疗处”的名称
3安全通道
1、会认“安全通道”的名称
2、会读“安全通道”的名称
3、会写“安全通道”的名称
4、会表达“安全通道”的名称
4领奖台
1、会认“领奖台”的名称
2、会读“领奖台”的名称
3、会写“领奖台”的名称
4、会表达“领奖台”的名称
5工作人员通道
1、会认“工作人员通道”的名称
2、会读“工作人员通道”的名称
3、会写“工作人员通道”的名称
4、会表达“工作人员通道”的名称
6广播站
1、会认“广播站”的名称
2、会读“广播站”的名称
3、会写“广播站”的名称
4、会表达“广播站”的名称
观众区
1、注意环境卫生
2、有事找老师

**附件：1－2**

## 2015年启智学校校运会活动方案

一、活动背景

校运会是启智学校建校以来的传统活动。特奥精神是引导有身心障碍学生敢于尝试，争取胜利，让所有的身心障碍学生能参与到团体活动中。长期以来，启智学校的体育教育分三个层次：特殊潜能开发，休闲活动的培养，给予重度学生康复训练。借助校运会这个有趣的、学生喜爱的主题活动，把学生的IEP整合在一起。通过活动中的志愿服务工作、体育竞技、观看规则养成等，让学生们体验不同的角色，获得不同的生活经验，掌握相关的技能，并把所学到的技能用到实际生活中去。

二、活动目的

通过这次全员参与的校运会活动，让学生学会自我选择，服务他人；借助不同的活动平台进行自我展示；同时增强学生体质，培养学生敢于尝试、争取胜利的精神，形成良好的体育习惯，从而更好地推动我校体育活动的广泛开展。

1. 通过参与运动会，提高有体育发展潜能的学生的技能；

2. 通过参与运动会，丰富学生休闲娱乐的方式；

3. 对重度的学生进行康复训练；

4. 通过运动会的志愿服务工作方式，让学生有基本完成的概念，形成良好的职业素养；

5. 通过参与活动，学会在任何大型活动中如何遵守规则、配合他人。

三、运动会工作安排进度表

| 时　间 | 内　　容 | 负责人 | 备　　注 |
|---|---|---|---|
| 7月下旬 | 确定主题；主题树设计；各部门分工 | 校长室、学校行政 | |
| 8月上旬 | 公布运动会场地方案 | 体育科 | 在学校工作群上公布，各班级老师打印成纸质的秩序册 |

续 表

| 时 间 | 内 容 | 负责人 | 备 注 |
| --- | --- | --- | --- |
| 10 月 25 日 | 设计张贴校运会志愿工作人员(高年部学生)招募海报 | 德育处、美术科 | |
| 11 月 11—13 日 | 校运会各项目报名 | 班级老师、体育科 | 按照报名具体要求到体育科报名 |
| 11 月 16—20 日 | 教学成果发布会背景布、校运会背景布 | 美术科、德育处 | 根据活动要求进行设计 |
| 11 月 24 日 | 公布校运会秩序册 | 体育科 | 在学校工作群上公布,各班级老师打印成纸质的秩序册 |
| 11 月 27 日 | 运动会志愿工作人员报名 | 高年部各班级老师、德育处 | 班级老师根据设置的工作岗位,把学生名单报到德育处 |
| 12 月 1 日 | 班级运动会海报张贴展示 | 各班级老师 | 张贴位置自定 |
| 12 月 4 日 | 14:30—15:30 运动会志愿工作人员招募会(礼堂) | 德育处、体育科、高年部老师 | 职高部的志愿服务人员招募由职高部老师负责 |
| 12 月 11—22 日 | 8:30—9:00 运动会志愿工作人员培训(高年部学生) | 体育科、社工老师 | 职高部的志愿服务人员的培训由职高部老师负责,利用课堂教学时间 |
| 12 月 21 日 | 教学成果发布会背景布、校运会背景布制作、学校宣传 X 架及舞台、音响设备等安装工作落实 | 李志勇、林碧军 | |
| 12 月 25 日 | 教学成果发布会场地布置、舞台搭建、背景布安装 | 体育科、德育处、社工老师、影色广告公司 | |
| 12 月 27 日 | 14:30—16:00 舞台拆除、换上校运会背景布、拉好挂校运会海报的绳子,志愿工作者服务者彩排 | 体育科、德育处、社工老师 | |

续 表

| 时 间 | 内 容 | 负责人 | 备 注 |
|---|---|---|---|
| 12月28日 | 8:30—9:00 各班级老师到指定地点挂班级宣传海报<br>9:00—11:00 校运会开幕式<br>1. 出场式：① 国旗进场；② 运动员进场；③ 裁判员进场<br>2. 奏国歌<br>3. 校领导致开幕词<br>4. 运动员宣誓<br>5. 裁判员宣誓<br>6. 领导宣布校运会开始<br>7. 各班退场<br>14:30—15:45 各年部进行校运会各项目比赛 | 学校行政、各班级老师学生、社工老师 | 海报展示的地点是在主席台的两侧 |
| 12月29日 | 8:30—11:00 各年部进行校运会各项目活动<br>14:30—15:30 各班组织学生做活动回顾 | 学校行政、各班级老师学生、社工老师 | 校运会项目结束后志愿服务人员（职高部学生）整理操场清洁卫生 |
| 12月30日 | 9:00—10:30 校运会闭幕式<br>1. 校长致闭幕词<br>2. 颁发各奖项的奖状<br>3. 各项目前三名获得者站领奖台上佩戴奖牌拍照<br>4. 给志愿者颁发感谢信<br>10:30—11:00 各班组织学生做活动回顾 | 学校行政、班级老师、社工老师 | 社工老师在29日下午写好奖状、感谢状、准备好奖牌及颁奖台 |

四、各项活动具体要求

（一）关于校运会项目及规则

1. 竞技项目：

| 项 目 | 规 则 |
|---|---|
| 25米短跑 | 运动员站在起跑线，听到口令后，跑向终点。 |
| 25迎面接力赛（男女） | 运动员站在起跑线，手拿接力棒，听到口令后，向前跑，把接力棒传给下一个队员。以此类推，直到最后一名队员跑到终点。用时较短到达终点者胜出。 |

续表

| 项目 | 规则 |
| --- | --- |
| 25米轮滑赛 | 运动员穿着轮滑鞋站在起跑线，听到口令后，跑向终点。 |
| 篮球运球（20米） | 运动员从起点开始，听到裁判员发出信号开始向前运球。在整个20米长度中单手运球，若违反规则运球（如双手运球、抱球等），则每次罚一秒。如果球出界则捡球回原地继续比赛（秒表继续计时）。运动员必须越过终点并在指定位置抱球站好则比赛结束，没有按规定站在指定位置，加罚一秒。 |
| 投篮球 | 每人有六次投篮机会，分别站在不同的点上进行投篮，投进最多者为胜。 |
| 立定跳远 | 双脚从起跳线同时起跳，以身体着地离起跳线最近处为准点，准点到起跳线距离越长者为胜。踩起点线为无效成绩，每人有3次起跳机会。 |
| 足球运球 | 运动员从起点开始，听到裁判员发出信号开始用脚向前运球，把球控制在1.5米宽的跑道内。球出界，可以重新捡回球（秒表继续计时）。运动员必须越过终点线并且在指定位置内捡起球，计时结束。 |
| 足球射门 | 每人五次机会，离球门约7米处进行射门，射入最多者为胜，决赛时根据学生能力适当增添难度。 |
| 对墙传球 | （1）运动员站在离目标2.4米的地方。<br>（2）每次将球传到墙上的圆形空白处得3分。<br>（3）打在圆形的边线上得2分。<br>（4）球打在板上，但不在正方形的内部或边线上，得1分。<br>（5）运动员在空中抓住球，或在球反弹一次或多次后抓住球，并且没有越出地面上的正方形，得1分。<br>（6）如果球在触板前落地弹起，得0分。<br>（7）运动员的得分为所有五次传球得分相加得到的总分。 |
| 25米轮椅/辅具赛 | 运动员坐在轮椅上或站立推着辅具在起跑线，听到口令后，以手转轮椅或推着辅具走向终点。 |

2. 趣味项目：

| 项目 | 规则 |
| --- | --- |
| 蹦蹦跳跳（15米） | 班里选出两个同学同时在起跑线上，由老师来发令，当听到“开始”的时候，两个同学从起跑线出发，先到终点的为胜者。距离为15米。 |

**续 表**

| 项 目 | 规 则 |
|---|---|
| 蹦蹦跳跳接力赛（15 米） | 首先在距起跑线 10 米处摆一个雪糕筒，然后老师先把班里的同学列成一个纵队。第一个同学坐着羊角球到起跑线上，然后由老师来发令，当听到“开始”的时候，第一同学从起跑线上出发，一直沿着直线跳到雪糕筒处，然后绕过雪糕筒回来，把羊角球交给下一个同学。以此类推，直至所有人完成为止。最快完成队伍为胜。 |
| 大丰收 | 比赛分两组，人数相同，距胶箱 5 米处将小足球投掷入胶箱，每个同学投球后排在队伍最后，在规定的时间内进球多者为胜。 |
| 一击即中 | 在距离发球线（5—7 米）处摆好 7—10 个小雪糕筒，学生拿地滚球从发球上沿地上滚过去，以撞倒雪糕筒最多的为胜者。 |
| 礼尚往来 | 把一个小布球放在乒乓球拍上，距出发点 10 米处摆一个雪糕筒，第一同学从起跑线上出发，然后绕过雪糕筒回来，把球拍跟布球交给下一个同学。以此类推，直轮到最后一个同学。 |

（二）项目报名

1. 竞技项目报名：

**2015 年启智学校运动会竞技项目报名表**

| 班别 | 姓名 / 项目 / 参加项目打√ | 25 米跑 | 4×25 接力 | 25 米轮滑 | 篮球运球 | 投篮球 | 立定跳远 | 足球运球 | 足球射门 | 对墙传球 | 25 米轮椅/辅具赛 |
|---|---|---|---|---|---|---|---|---|---|---|---|
| | | | | | | | | | | | |
| | | | | | | | | | | | |
| | | | | | | | | | | | |
| | | | | | | | | | | | |
| | | | | | | | | | | | |
| | | | | | | | | | | | |
| | | | | | | | | | | | |
| | | | | | | | | | | | |

说明：

(1) 每人只限报两个运动单项。

(2) 每个运动单项每班最多报两人。

(3) 25 米迎面接力不在限报名额内，每班出一支接力赛参赛队伍。

2. 趣味项目报名：

**2015年启智学校运动会趣味项目报名表**

| 班别 | 姓名 \ 参加项目打√ \ 项目 | 蹦蹦跳跳：15米比赛 | 蹦蹦跳跳：15米接力 | 大丰收 | 一击即中 | 礼尚往来 |
|---|---|---|---|---|---|---|
| | | | | | | |
| | | | | | | |
| | | | | | | |
| | | | | | | |
| | | | | | | |
| | | | | | | |
| | | | | | | |
| | | | | | | |

说明：每班每项只限报1名学生。

（三）招募志愿工作、志愿服务人员（学生）要求

1. 高年部志愿工作人员（学生）招募：

| 招募岗位 | 工作任务 | 能力要求 | 备注 |
|---|---|---|---|
| 发令员 | 1. 叫运动员上道，检查运动员有没有犯规（脚是否压线）<br>2. 喊口令（各就位）<br>3. 吹哨子<br>4. 打旗<br>5. 检查是否偷跑 | 懂比赛项目规则，有语言沟通的能力（声音要洪亮）；有吹哨子、打旗的能力。自我调控能力好，情绪稳定 | 高年部的志愿工作者担任 |
| 计时员 | 1. 终点裁判提醒回表时，检查秒表是否归零<br>2. 发令员举旗时做好按表准备<br>3. 发令员打旗时立刻开表<br>4. 运动员冲过终点线时立刻停表<br>5. 按照对应的道次记录成绩<br>6. 如发令员发令后如没有开表，要立刻告知终点裁判 | 懂比赛项目规则，能读出秒表所记录下的时间，能够开、回、停表。自我调控能力好，情绪稳定。手指操控能力好 | 高年部的志愿工作者担任 |
| 计分（记录）员 | 1. 听裁判员的成绩读数<br>2. 将成绩准确记录在记录本上相应的位置上 | 能看懂并记录比赛成绩，有一定的数学计算能力与书写能力 | 高年部的志愿工作者担任 |

续 表

| 招募岗位 | 工作任务 | 能力要求 | 备注 |
| --- | --- | --- | --- |
| 广播员（司仪） | 1. 根据主持稿主持运动会开、闭幕式<br>2. 读各班现场递交的通讯稿<br>3. 公布获奖同学名单<br>4. 催场 | 有良好的看读能力，咬字清晰，有一定的主持经验，情绪稳定 | 高年部的志愿工作者担任 |
| 检录员 | 1. 指挥备赛的运动员到指定的位置等待<br>2. 按比赛规定对运动员进行逐项细致检查<br>3. 分发道次号码牌<br>4. 准时将运动员带到比赛场地 | 能够看名单读出运动员的名字，会带运动员到指定的参赛位置。有良好的语言能力，有一定的管理能力与组织能力 | 高年部的志愿工作者担任 |
| 颁奖礼仪员 | 在闭幕式上指引获奖同学或各班领奖代表到颁奖台前接受颁奖 | 个人形象好，认知能力好，有较好的语言表达能力 | 高年部的志愿工作者担任 |

2. 职高部志愿服务人员（学生）招募：

| 招募岗位 | 工作任务 | 能力要求 | 备注 |
| --- | --- | --- | --- |
| 投递员 | 1. 终点处拿记分表后送到写奖状处<br>2. 把各班的通讯稿送到广播站 | 有良好的走路能力，有耐心，能听从指令并执行 | 职高部志愿服务者担任 |
| 场地维护员 | 1. 运动员完成比赛后用铲将沙子重新铺平<br>2. 比赛完成后把球捡回来交到裁判员处<br>3. 做好操场的保洁工作 | 动作协调性好，听从老师指令，能够按照要求整理沙子、捡球、完成保洁工作 | 职高部志愿服务者担任 |
| 便利站服务员 | 1. 能现场销售饮料、点心、零食、加油棒等<br>2. 能计算找赎货款 | 自我调控能力好，情绪稳定，听从老师指令，执行能力、语言能力计算能力较好 | 职高部志愿服务者担任 |
| 后勤服务员 | 能听从指令完成相关的后勤服务工作，如送水、递毛巾、搬运物资等 | 身体机能好（能够搬运较重物资），能根据老师的要求完成工作任务 | 职高部志愿服务者担任 |

3. 招募会：

## 校运会志愿工作人员(高年部学生)招募会

招募时间：2015年12月4日14:30—15:30

招募地点：启智学校礼堂

招募流程：

(1) 14:25高年部各班级老师带领报名学生到礼堂集中；

(2) 社工老师现场组织学生到相应的应聘考核点排队；

(3) 报名学生根据自己所报的工作岗位接受应聘老师的现场提问考核；

(4) 考核结束后，高年部各班级老师组织学生有序离场。

各岗位的招募考核内容：

发令员：

① 请你简单自我介绍(学生能报上班别、姓名、应聘岗位)。

② 你知道发令员要做些什么工作吗？

③ 发令员要喊口令、吹哨子与打旗子，你觉得你能做好吗？(考核老师请学生现场模拟示范喊口令、吹哨子与打旗)

④ 志愿者工作会比较辛苦，要听从指挥，坚持到最后，你能做到吗？

计时员：

① 请你简单自我介绍(学生能报上班别、姓名、应聘岗位)。

② 你知道计时员要做些什么工作吗？

③ 你会看秒表和读出秒表显示的时间吗？(考核老师现场让学生读出秒表所显示的时间)

④ 你会使用秒表吗？(考核老师现场考核学生能否开、回、停表)

⑤ 志愿者工作会比较辛苦，要听从指挥，坚持到最后，你能做到吗？

计分(记录)员：

① 请你简单自我介绍(学生能报上班别、姓名、应聘岗位)。

② 你知道计分员要做些什么工作吗？

③ 你会听写数字吗？(考核老师请学生根据老师所读出的数字在记录本上做记录)

④ 志愿者工作会比较辛苦，要听从指挥，坚持到最后，你能做到吗？

检录员：

① 请你简单自我介绍（学生能报上班别、姓名、应聘岗位）。

② 你知道检录员要做些什么工作吗？

③ 请你大声读出以下班级名称及学生姓名。（考核老师出示写有班级名称及姓名的卡片让学生读出）

④ 志愿者工作会比较辛苦，要听从指挥，坚持到最后，你能做到吗？

广播员（司仪）：

① 请你简单自我介绍（学生能报上班别、姓名、应聘岗位）。

② 你知道广播员（司仪）要做些什么工作吗？

③ 请你大声地朗诵这一段话。（考核老师出示写有一段话的卡片让学生诵读）

④ 志愿者工作会比较辛苦，要听从指挥，坚持到最后，你能做到吗？

颁奖礼仪员：

① 请你简单自我介绍（学生能报上班别、姓名、应聘岗位）。

② 你知道颁奖礼仪要做些什么工作吗？

③ 让学生手捧奖状在老师面前走五步（考核老师观察学生能否听指令大方平稳地走五步）。

④ 颁奖礼仪工作因为要站得比较久，会比较辛苦。你能坚持做好吗？

备注：校运会志愿服务人员（职高班学生）招募见职高部具体的招募方案。

（四）关于志愿工作者（高年部学生）的培训

培训时间：12 月 11—22 日。

培训地点：操场。

培训人员：体育科老师。

培训流程：1. 体育老师向学生介绍岗位工作内容及要求。

2. 按照岗位工作要求指导学生进行实际操作。

（五）关于运动员代表的培训

选出这两年来代表过省市参加特奥比赛并获得优异成绩的运动员代表

一名，利用每天大课间的时间做现场小指挥，以此培养他在众人面前发言的胆量及自信。

（六）关于校运会风采展示内容

1. 运动员入场式展示。

总要求：

校运会入场式需全员参与，表现形式不限，要有班牌，要有口号。展示时间不超过五分钟。2015 启智学校运动会运动员入场仪式安排：国旗进场→校旗进场→运动员进场。

班级候场位置安排：各班级按照以下简图所示在主席台东面或西面的入口候场。

2. 运动员进场仪式前各班级候场位置安排简图。

| 西面 | 主席台 | 东面 |
| --- | --- | --- |
| 一(2)、二(2)、三(2)、四(2)、五(2)、六(1)、七(1)、八(1)、八(3)、九(2)、职一(1)、职二(2)、太阳花班 | 操场 | 一(1)、二(1)、三(1)、四(1)、五(1)、五(3)、六(2)、七(2)、八(2)、九(1)、九(3)、职一(2)、职二(1)、职三、乐途班 |

3. 运动员进场顺序：

先是站在主席台东面的队伍方阵的一年级(1)班进场，接下来是站在主席台西面的队伍方阵的一年级(2)班进场，然后到主席台东面的队伍方阵的二年级(1)班进场。接下来的班级都是按照以上的顺序进行东西面两个方阵交替进场。进场的班级先经过主席台，然后绕篮球场半场，从篮球场中间处到达指定的位置，然后原地就座。

4. 班级海报展示：

设计两份海报，一份在 12 月 5 日张贴在校园(位置自定)；

一份在校运会当天早上张贴在主席台的两侧。

5. 啦啦队风采展示：各班级的啦啦队能在现场给运动员鼓劲，有统一口号，有助兴的道具。

6. 现场通讯报道采访：

各班级指导能力好的学生在运动会进行的过程中写简单的通讯稿，或者是能实时报道现场的活动（简单的几句话），写完的通讯稿及时交到广播员手中。

五、奖项

（一）运动竞赛项目、趣味项目展示奖

各项活动项目设单项一、二、三等奖，即金、银、铜奖。

（二）志愿服务奖

在校运会闭幕式上为各班参加志愿服务工作人员（学生）志愿服务人员颁发感谢状。

六、关于运动会场地布置

9月30日在校工作群上公布场地方案（比赛场地划分；线路；包含有颜色、数字、形状的视觉提示标志）。

场地布置：12月27日14:30—16:00体育科老师现场做好比赛场地的相关布置。

# 附件：2－1　班级目标汇总表

## 2015 学年第一学期二年级(3)班班级目标汇总表

| 长期目标 | 短期目标 | 然 | 欣 | 恺 | 睿 | 远 | 宇 | 明 | 轩 | 文 | 斌 | 妍 | 运动保健 | 唱游律动 | 绘画手工 | 知动 | 动作康复 | 情障 | 语训 | 晨点前 | 晨点 | 大课间 | 课间 | 午餐 | 午休 | 午点 | 整理放学 | 社区活动 | 主题4：运动会 |
|---|---|---|---|---|---|---|---|---|---|---|---|---|---|---|---|---|---|---|---|---|---|---|---|---|---|---|---|---|---|
| 1.3 增加触觉经验 | 1.3.1 能触摸不同材质物品至少4种 | | | | | | | | | | √ | | | | √ | √ | | | | | | | | | | | | | √ |
| | 1.3.2 能把玩不同材质的物品至少5分钟 | | | | | | | | | | √ | | | | √ | √ | | | | | | | √ | | | | | | √ |
| 2.1 提高手部操作能力 | 2.1.1 能用前三指抓起小物品 | | | | √ | | | | | | | | | | √ | √ | | | | | | | | √ | | | | | √ |
| | 2.1.2 能以手掌抓握物品 | | | | | | | | | | | √ | | | √ | | | | | | | | | √ | | | | | √ |
| 4.2 建立数量关系 | 4.2.1 能认识数字1—5 | | √ | | √ | | | | | | | | | | | | | | | | | | | | | | | | √ |
| | 4.2.2 能做1—5数与量对应 | √ | √ | √ | √ | √ | √ | | | | | | | | | | | | | | | | | | | | | | √ |
| 4.3 建立简单阅读 | 4.3.1 能读出字卡至少10个 | √ | √ | √ | √ | | | | | | | | | | | | | | | | | | | | | | | | √ |
| | 4.3.2 能以字卡回答问题至少10个 | | | | | √ | | | | | | | | | | | | | | | | | | | | | | | √ |
| | 4.3.3 增加图卡与字卡配对至少5个 | | | | | | √ | | | | | | | | | | | | | | | | | | | | | | √ |
| | 4.3.4 能写简单的汉字，至少10个 | √ | | | | | | | | | | | | | √ | | | | | | | | | | | | | | √ |
| 5.1 增加简单指令理解的能力 | 5.1.1 增加对动作指令有适当反应至少两个 | | | | | | | | | | √ | | | | | | | | | | | | | | | | | | √ |
| 5.2 增进词汇的理解的量 | 5.2.1 增加常用名词理解的量至少10个 | | √ | | √ | √ | √ | | | | | | | | | | | | | | | | | | | | | | √ |
| | 5.2.2 增加动词理解的量至少5个 | | | | | √ | √ | √ | | | | | | | | | | | | | | | | | | | | | √ |
| | 5.2.3 增加理解形容词的量，至少10个 | √ | √ | | √ | √ | √ | | | | | | | | | | | | √ | | | | | | | | | | √ |

续 表

| 长期目标 | 短期目标 | 然 | 欣 | 恺 | 睿 | 远 | 宇 | 明 | 轩 | 文 | 斌 | 妍 | 运动保健 | 唱游律动 | 绘画手工 | 知动 | 动作康复 | 情障 | 语训 | 晨点前 | 晨点 | 大课间 | 课间 | 午餐 | 午休 | 午点 | 整理放学 | 社区活动 | 主题4：运动会 |
|---|---|---|---|---|---|---|---|---|---|---|---|---|---|---|---|---|---|---|---|---|---|---|---|---|---|---|---|---|---|
| 5.3 提升短语的理解能力 | 5.3.1 增加动宾词组理解的量，至少5个 | | | | | | | | √ | √ | | | | | | | | | | | | | | | | | | | √ |
| | 5.3.2 能对简单的指令做适当的反应 | | | | | | | | √ | | | | | | | | | | | | | √ | | | | | | | √ |
| 5.4 增加复杂句理解的量 | 5.4.1 增加含形容词复杂句理解的量，至少5句 | √ | | | | | | √ | | | | | | | | | | | √ | | | | | | | | | | √ |
| 5.5 提升口语表达 | 5.5.1 增加短语表达的量至少5个 | | | | | | | | √ | | | | | | | | | | | | | | | | | | | | √ |
| | 5.5.2 能使用简单句告知事件 | √ | | √ | | | | | | | | | | | | | | | | | | | | | | | | | √ |
| 5.6 增加复杂句的表达能力 | 5.6.1 增加含连接词表达的量，至少2种(先……再……，首先……接着……) | | | √ | | | | | | | | | | | | | | | | | | | | | | | | | √ |
| 5.7 建立有效的沟通方式 | 5.7.1 能用句型条与人沟通(简单句) | | | | | √ | | | | | | | | | | | | | √ | | | | | √ | | √ | | | √ |
| 6.1 增加表达的方式 | 6.1.1 能用多种方式表达需求 | √ | | √ | | | | | | | | √ | | | | | | | | | | | | √ | | √ | | √ | √ |
| 6.2 提升遵守规则的能力 | 6.2.1 能遵守游戏的规则 | | √ | | | √ | √ | | | | | | √ | √ | | | | | | | √ | √ | | | | | | √ | √ |
| 7.1 增进休闲活动的能力 | 7.1.1 发展自己的休闲活动至少2种 | √ | √ | √ | √ | √ | √ | √ | √ | √ | | √ | √ | | | | | | | | | √ | √ | | | | | √ | √ |

说明：此表只是把运动会主题当中班级要完成的目标梳理出来，而分配给艺能科和康复组的学期目标并非全部在此，保留艺能科和康复组在此表只是供大家对于目标汇总与分配有整体的印象而尔。

## 附件：2－2　班级学期教学计划表

### 广州市越秀区启智学校(2015学年度上学期)学期教学计划表

二年级(3)班　教师：常艳艳、谢嘉玲、梁丽宜

<table>
<tr><td>周次</td><td>一</td><td>二</td><td>三</td><td>四</td><td>五</td><td>六</td><td>七</td><td>八</td><td>九</td><td>十</td><td>十一</td><td>十二</td><td>十三</td><td>十四</td><td>十五</td><td>十六</td><td>十七</td><td>十八</td><td>十九</td><td>二十</td><td>二十一</td></tr>
<tr><td>日期</td><td>9/1—9/5</td><td>9/6—9/12</td><td>9/13—9/19</td><td>9/20—9/26</td><td>9/27—10/3</td><td>10/4—10/10</td><td>10/11—10/17</td><td>10/18—10/24</td><td>10/25—10/31</td><td>11/1—11/7</td><td>11/8—11/14</td><td>11/15—11/21</td><td>11/22—11/28</td><td>11/29—12/5</td><td>12/6—12/12</td><td>12/13—12/19</td><td>12/20—12/26</td><td>12/27—1/2</td><td>1/3—1/9</td><td>1/10—1/16</td><td>1/17—1/23</td></tr>
<tr><td>单元主题</td><td colspan="2">开心上学校</td><td colspan="3">欢贺中秋</td><td colspan="4">我爱祖国</td><td colspan="2">秋天来了</td><td colspan="7">快乐的运动会</td><td colspan="2">开开心心过寒假</td><td rowspan="2">IEP检核会议</td></tr>
<tr><td>小主题</td><td colspan="2">1. 建立校园常规(一)<br>2. 假期回顾(二)</td><td colspan="3">1. 中秋节的传统应节食品(三)<br>2. 我会猜灯谜(四)<br>3. 我会参与学校迎月晚会(五)</td><td colspan="4">1. 我能认识国旗(六)<br>2. 我是一名少先队员(七)<br>3. 参观爱国主义基地(八、九)</td><td colspan="2">1. 秋之美景(十)<br>2. 秋之美食(十一)</td><td colspan="7">1. 我能认识运动项目(十二、十三)<br>2. 我能认识运动员和观众角色(十四)<br>3. 我能认识啦啦队角色和制作班级海报(十五)<br>4. 我能参与出场式(十六)<br>5. 我会参加校运会彩排(十七)<br>6. 我会参加校运会并回顾(十八)</td><td colspan="2">1. 我是整理小能手——收拾整理、装订物品(十九)<br>2. 我会自我保护——防走失、安全(二十)</td></tr>
<tr><td>社区活动</td><td colspan="2"></td><td>年部中秋美食大食会</td><td>年部猜灯谜活动</td><td>学校中秋嘉年华</td><td></td><td>少先队入队仪式</td><td>团一大广场</td><td>林则徐广场</td><td>东湖公园(收集落叶)</td><td>百花甜品店：吃甜品</td><td></td><td></td><td>年级运动会</td><td></td><td></td><td></td><td></td><td></td><td>中华广场逛街</td><td></td></tr>
<tr><td>重要活动</td><td colspan="2">9—1　开学典礼<br>9—3　念纪抗战胜利75周年<br>9—10　教师节</td><td colspan="7">9—25　学校迎月晚会<br>9—27　中秋<br>10—1至7　国庆放假</td><td colspan="9">11—27至28　学校运动会<br>12—22　冬至<br>12—27　校庆开放日<br>1—1　元旦</td><td colspan="3">1—22　散学礼</td></tr>
</table>

## 附件：2－3　班级主题树

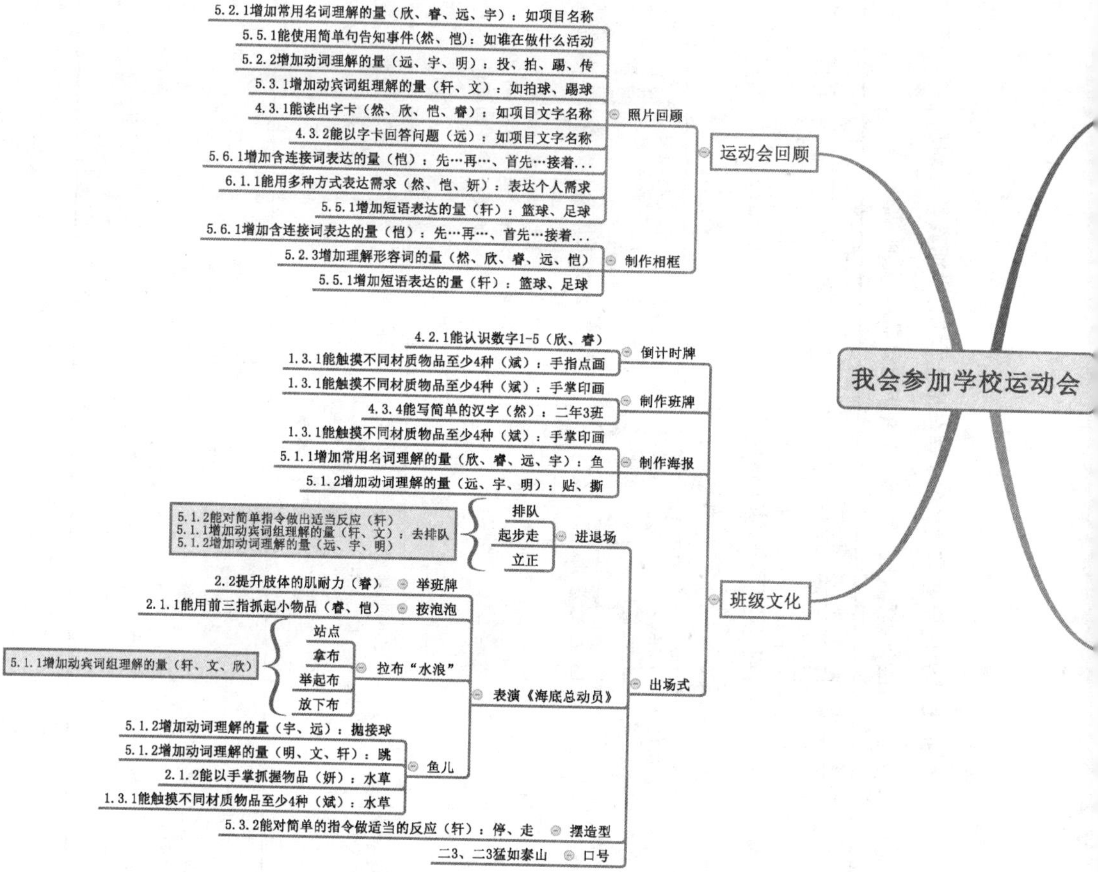
我会参加学校运动会
运动会回顾
照片回顾
5.2.1增加常用名词理解的量（欣、睿、远、宇）：如项目名称
5.5.1能使用简单句告知事件(然、恺)：如谁在做什么活动
5.2.2增加动词理解的量（远、宇、明）：投、拍、踢、传
5.3.1增加动宾词组理解的量（轩、文）：如拍球、踢球
4.3.1能读出字卡（然、欣、恺、睿）：如项目文字名称
4.3.2能以字卡回答问题（远）：如项目文字名称
5.6.1增加含连接词表达的量（恺）：先…再…、首先…接着...
6.1.1能用多种方式表达需求（然、恺、妍）：表达个人需求
5.5.1增加短语表达的量（轩）：篮球、足球
制作相框
5.6.1增加含连接词表达的量（恺）：先…再…、首先…接着...
5.2.3增加理解形容词的量（然、欣、睿、远、恺）
5.5.1增加短语表达的量（轩）：篮球、足球
班级文化
倒计时牌
4.2.1能认识数字1-5（欣、睿）
1.3.1能触摸不同材质物品至少4种（斌）：手指点画
制作班牌
1.3.1能触摸不同材质物品至少4种（斌）：手掌印画
4.3.4能写简单的汉字（然）：二年3班
制作海报
1.3.1能触摸不同材质物品至少4种（斌）：手掌印画
5.1.1增加常用名词理解的量（欣、睿、远、宇）：鱼
5.1.2增加动词理解的量（远、宇、明）：贴、撕
出场式
进退场
排队
起步走
立正
5.1.2能对简单指令做出适当反应（轩）
5.1.1增加动宾词组理解的量（轩、文）：去排队
5.1.2增加动词理解的量（远、宇、明）
举班牌
2.2提升肢体的肌耐力（睿）
按泡泡
2.1.1能用前三指抓起小物品（睿、恺）
表演《海底总动员》
拉布“水浪”
站点
拿布
举起布
放下布
5.1.1增加动宾词组理解的量（轩、文、欣）
鱼儿
5.1.2增加动词理解的量（宇、远）：抛接球
5.1.2增加动词理解的量（明、文、轩）：跳
2.1.2能以手掌抓握物品（妍）：水草
1.3.1能触摸不同材质物品至少4种（斌）：水草
摆造型
5.3.2能对简单的指令做适当的反应（轩）：停、走
口号
二3、二3猛如泰山

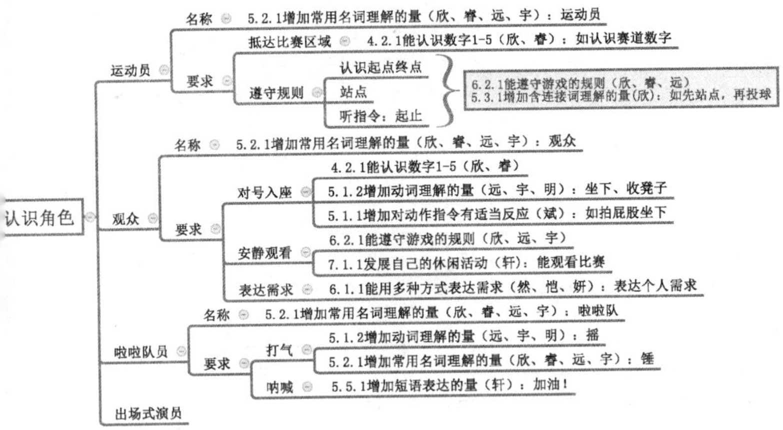
认识角色
运动员
名称
5.2.1增加常用名词理解的量（欣、睿、远、宇）：运动员
要求
抵达比赛区域
4.2.1能认识数字1-5（欣、睿）：如认识赛道数字
遵守规则
认识起点终点
站点
听指令：起止
6.2.1能遵守游戏的规则（欣、睿、远）
5.3.1增加含连接词理解的量(欣)：如先站点，再投球
观众
名称
5.2.1增加常用名词理解的量（欣、睿、远、宇）：观众
要求
对号入座
4.2.1能认识数字1-5（欣、睿）
5.1.2增加动词理解的量（远、宇、明）：坐下、收凳子
5.1.1增加对动作指令有适当反应（斌）：如拍屁股坐下
安静观看
6.2.1能遵守游戏的规则（欣、远、宇）
7.1.1发展自己的休闲活动（轩）：能观看比赛
表达需求
6.1.1能用多种方式表达需求（然、恺、妍）：表达个人需求
啦啦队员
名称
5.2.1增加常用名词理解的量（欣、睿、远、宇）：啦啦队
要求
打气
5.1.2增加动词理解的量（远、宇、明）：摇
5.2.1增加常用名词理解的量（欣、睿、远、宇）：锤
呐喊
5.5.1增加短语表达的量（轩）：加油！
出场式演员

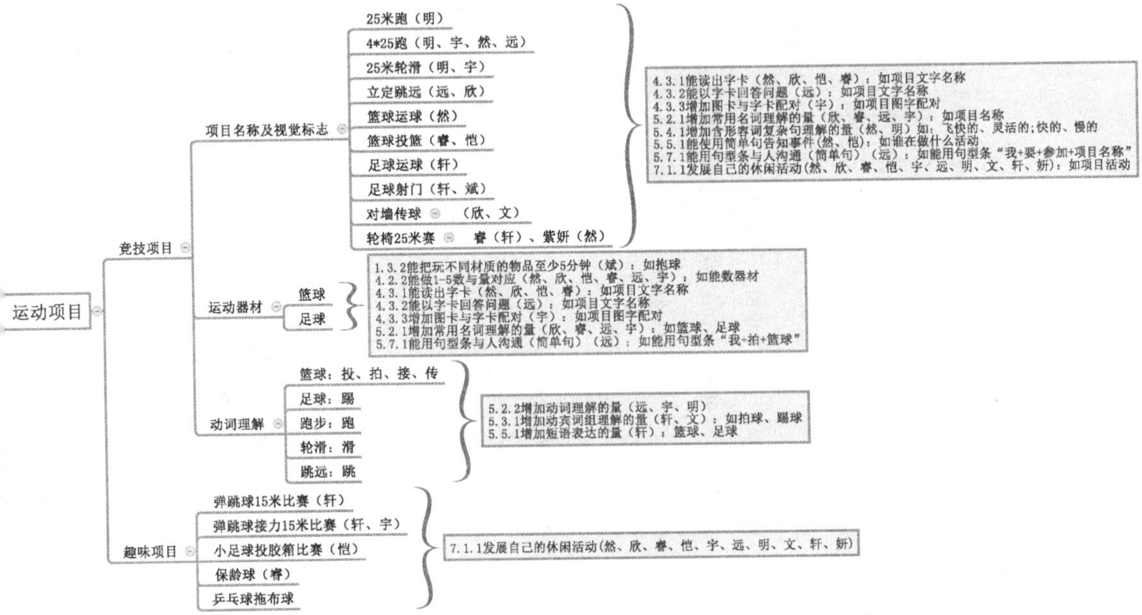
运动项目
竞技项目
项目名称及视觉标志
25米跑（明）
4*25跑（明、宇、然、远）
25米轮滑（明、宇）
立定跳远（远、欣）
篮球运球（然）
篮球投篮（睿、恺）
足球运球（轩）
足球射门（轩、斌）
对墙传球 （欣、文）
轮椅25米赛 睿（轩）、紫妍（然）
4.3.1能读出字卡（然、欣、恺、睿）：如项目文字名称
4.3.2能以字卡回答问题（远）：如项目文字名称
4.3.3增加图卡与字卡配对（宇）：如项目图字配对
5.2.1增加常用名词理解的量（欣、睿、远、宇）：如项目名称
5.4.1增加含形容词复杂句理解的量（然、明）如：飞快的、灵活的;快的、慢的
5.5.1能使用简单句告知事件(然、恺)：如谁在做什么活动
5.7.1能用句型条与人沟通（简单句）（远）：如能用句型条“我+要+参加+项目名称”
7.1.1发展自己的休闲活动(然、欣、睿、恺、宇、远、明、文、轩、妍)：如项目活动
运动器材
篮球
足球
1.3.2能把玩不同材质的物品至少5分钟（斌）：如抱球
4.2.2能做1-5数与量对应（然、欣、恺、睿、远、宇）：如能数器材
4.3.1能读出字卡（然、欣、恺、睿）：如项目文字名称
4.3.2能以字卡回答问题（远）：如项目文字名称
4.3.3增加图卡与字卡配对（宇）：如项目图字配对
5.2.1增加常用名词理解的量（欣、睿、远、宇）：如篮球、足球
5.7.1能用句型条与人沟通（简单句）（远）：如能用句型条“我+拍+篮球”
动词理解
篮球：投、拍、接、传
足球：踢
跑步：跑
轮滑：滑
跳远：跳
5.2.2增加动词理解的量（远、宇、明）
5.3.1增加动宾词组理解的量（轩、文）：如拍球、踢球
5.5.1增加短语表达的量（轩）：篮球、足球
趣味项目
弹跳球15米比赛（轩）
弹跳球接力15米比赛（轩、宇）
小足球投胶箱比赛（恺）
保龄球（睿）
乒乓球拖布球
7.1.1发展自己的休闲活动(然、欣、睿、恺、宇、远、明、文、轩、妍)

## 附件：3－1　班级目标汇总表

**2015 学年第一学期五年级(1)班班级目标汇总表**

| 长目标 | 短目标 | 浩烨 | 心阳 | 聪睿 | 子陶 | 桂盛 | 智勇 | 承正 | 滢月 | 姿颖 | 尚臻 | 运动保健 | 唱游律动 | 绘画手工 | 知动 | 康复 | 情障 | 语训 | 晨点前 | 晨点 | 大课间 | 课间 | 午餐 | 午休 | 午点 | 整理放学 | 性教育 | 购物 | 社区活动 | 运动会 |
|---|---|---|---|---|---|---|---|---|---|---|---|---|---|---|---|---|---|---|---|---|---|---|---|---|---|---|---|---|---|---|
| 2.2 增加肢体的肌耐力 | 2.2.1 能够进行上肢抬举活动至少3分钟 | √ | | | √ | √ | | | | | | √ | √ | | √ | | | | | | √ | | | | | √ | | | | √ |
| | 2.2.2 能进行手脚交替活动，如：踏步、早操 | √ | √ | | | | | | | | | √ | | | | | | | | | √ | | | | | | | | | √ |
| 4.1 建立简单物概念 | 4.1.1 提升至少4种同物同型的配对能力 | √ | | | | | | | | | | | | | | | | √ | | | | | | | | | | | | √ |
| | 4.1.2 提升至少4种同物不同型的配对能力 | √ | | | | | | | | | | | | | | | | √ | | | | | | | | | | | | √ |
| | 4.2.1 能依单一线索分类配对物品至少6种 | | √ | | | | | | | | | | | | | | | | | | | | | | | | | | | √ |
| 4.3 增加对数字的理解 | 4.3.1 能认读生活中的数字 | | | √ | | √ | | | | | | | | | | | | | | | | | | | | | | | √ | √ |
| 4.2 提高数与量的概念 | 4.2.1 能点数10以内的数量 | | | | | | √ | | | | | | | | | | | | | √ | | | | | | | | √ | | √ |
| | 4.3.1 能做1—3数与量的对应 | | √ | | | | | | | | | | | | | | | | | | | | | | | | | √ | | √ |
| | 4.1.1 能做10以内的数与量配对 | | | | | | | | | √ | | | | | | | | | | | | | | | | | | √ | | √ |
| 4.4 提高书写的能力 | 4.3.1 能在指定范围内握笔着色 | | √ | | | √ | | | | | | | | √ | | | | | | | | | | | | | | | | √ |
| | 4.3.2 能描写数字1—10 | | | | | √ | | | | | | | | | | | | | | | | | | | | | | | | √ |
| | 4.4.1 能写数字1—10 | | | √ | | | | | | √ | | | | | | | | | | | | | | | | | | √ | | √ |
| | 4.4.2 能描写字词 | | | √ | √ | | | √ | √ | √ | √ | | | | | | | | | | | | | | | | | | | √ |
| | 4.3.2 能描写简单句子 | | | | √ | | | | | | | | | | | | | | | | | | | | | | | | | √ |
| | 4.3.2 能描写句子 | | | | | | | √ | √ | | | | | | | | | | | | | | | | | | | | | √ |

续表

| 长目标 | 短目标 | 浩烨 | 心阳 | 聪睿 | 子陶 | 桂盛 | 智勇 | 承正 | 滢月 | 姿颖 | 尚臻 | 运动保健 | 唱游律动 | 绘画手工 | 知动 | 康复 | 情障 | 语训 | 晨点前 | 晨点 | 大课间 | 课间 | 午餐 | 午休 | 午点 | 整理放学 | 性教育 | 购物 | 社区活动 | 运动会 |
|---|---|---|---|---|---|---|---|---|---|---|---|---|---|---|---|---|---|---|---|---|---|---|---|---|---|---|---|---|---|---|
| 4.3 建立简单的阅读 | 4.3.1 能指认图卡至少6种 | | | | | | √ | | | | | | | | | √ | | √ | | | | | | | | | | | | √ |
| | 4.2.1 能读出字卡至少20个 | | | | | | | | | √ | | | | | | | | | | | | | | | | | | | | √ |
| | 4.2.2 能以字卡回答问题至少10个 | | | | | | | | | √ | | | | | | | | | | | | | | | | | | | | √ |
| | 4.4.1 能认读词语 | | | | √ | | | √ | √ | | √ | | | | | | | | | | | | | | | | | | | √ |
| | 4.4.2 在视觉提示下，能认读简单句子至少5句 | | | | √ | | | | √ | | √ | | | | | | | | | | | | | | | | | | | √ |
| | 4.4.2 能认读句子 | | | | | | | √ | | | | | | | | | | | | | | | | | | | | | | √ |
| 5.1 增加词汇理解的量 | 5.1.1 增加理解名词的量 | √ | √ | √ | √ | √ | | | | | | | | | | | | √ | | | | | | | | | | | | √ |
| | 5.1.2 增加动词理解的量 | √ | √ | √ | √ | √ | | | | | | | | | | | | √ | | | | | | | | | | | | √ |
| | 5.1.1 增加方位词理解的量，至少6个 | | | | | | √ | | | | | | | | | | | √ | | | | | | | | | | | | √ |
| | 5.1.2 增加数量词理解的量，至少6个 | | | | | | √ | | | | | | | | | | | √ | | √ | | | | | | | | √ | | √ |
| 5.2 增加简单句理解的量 | 5.2.1 能理解日常指令的简单句 | | | | | √ | | | | | | | | | | | | √ | | √ | √ | √ | | | | √ | | | | √ |
| 5.2 增加复杂句理解的量 | 5.1.1 能理解含副词的复杂句 | | | | | | | √ | | | | | | | | | | √ | | | | | | | | | | | | √ |
| | 5.2.1 能理解含数量词的复杂句 | | | | √ | | | | | √ | | | | | | | | √ | | | | | | | | | | | | √ |
| | 5.1.3 能理解30字以内的简单事件(时间、地点、人物、事情) | | | | | | | √ | | √ | | | | | | | | √ | | | | | | | | | | | | √ |

续 表

| 长目标 | 短目标 | 浩烨 | 心阳 | 聪睿 | 子陶 | 桂盛 | 智勇 | 承正 | 滢月 | 姿颖 | 尚臻 | 运动保健 | 唱游律动 | 绘画手工 | 知动 | 康复 | 情障 | 语训 | 晨点前 | 晨点 | 大课间 | 课间 | 午餐 | 午休 | 午点 | 整理放学 | 性教育 | 购物 | 社区活动 | 运动会 |
|---|---|---|---|---|---|---|---|---|---|---|---|---|---|---|---|---|---|---|---|---|---|---|---|---|---|---|---|---|---|---|
| 5.2 增加复杂句理解的量 | 5.1.1 增加含连接词复杂句理解的量，至少2个 | | | | | | | | √ | | √ | | | | | | | √ | | | | | | | | | | | | √ |
| | 5.1.2 提高含三个指令句子理解的量，至少2个 | | | | | | | | √ | √ | √ | | | | | | | √ | | | | | | | | | | | | √ |
| 5.2 增加短语理解的量 | 5.2.1 能理解并列短语，至少6种 | | | √ | | | | | | | | | | | | | | √ | | | | | | | | | | | | √ |
| | 5.2.2 能理解动宾短语，至少6种 | | | √ | | | | | | | | | | | | | | √ | | | | | | | | | | | | √ |
| 5.2 能理解一段话 | 5.2.1 能理解10字以内的简单事件（时间、地点、人物、事情） | | | | | | √ | | | | | | | | | | | √ | | | | | | | | | | | | √ |
| 5.3 能用简单句表达 | 5.3.1 能用简单句告知事件 | | | | √ | | | | √ | √ | √ | | | | | | | √ | | √ | | | | | | | | | | √ |
| | 5.3.2 能用简单句描述事情，希望能围绕一个话题说话 | | | | | | √ | | | | | | | | | | | √ | | | | | | | | | | | | √ |
| 5.2 提高复杂句表达的量 | 5.2.1 能用复杂句告知事件 | | | | | | | √ | | | | | | | | | | √ | | | | | | | | | | | | √ |
| | 5.2.2 能用疑问句提问 | | | | | | | √ | | | | | | | | | | √ | | | | | | | | | | | | √ |
| 6.2 提升规则遵守的能力 | 6.2.2 能遵守游戏规则，如只在区域内玩 | √ | | | | √ | | √ | √ | √ | √ | √ | √ | | | | √ | | | √ | √ | | | | | | | | √ | √ |
| 7.1 提升休闲参与的能力 | 7.1.2 能掌握至少两项运动技能 | | | √ | √ | √ | | √ | √ | √ | √ | √ | | | | | | | | | | | | | | | | | | √ |

说明：此表只是把运动会主题当中班级要完成的目标梳理出来，而分配给艺能科和康复组的学期目标并非全部在此，保留艺能科和康复组在此表只是供大家对于目标汇总与分配有整体的印象而已。

## 附件：3－2　班级学期教学计划表

### 广州市越秀区启智学校(2015学年度上学期)学期教学计划表

班级：五年级(1)班　　教师：苏燕芳、黎嘉妍

| 周次 | 一 | 二 | 三 | 四 | 五 | 六 | 七 | 八 | 九 | 十 | 十一 | 十二 | 十三 | 十四 | 十五 | 十六 | 十七 | 十八 | 十九 | 二十 | 二十一 |
|---|---|---|---|---|---|---|---|---|---|---|---|---|---|---|---|---|---|---|---|---|---|
| 日期 | 9/1—9/5 | 9/6—9/12 | 9/13—9/19 | 9/20—9/26 | 9/27—10/3 | 10/4—10/10 | 10/11—10/17 | 10/18—10/24 | 10/25—10/31 | 11/1—11/7 | 11/8—11/14 | 11/15—11/21 | 11/22—11/28 | 11/29—12/5 | 12/6—12/12 | 12/13—12/19 | 12/20—12/26 | 12/27—1/2 | 1/3—1/9 | 1/10—1/16 | 1/17—1/23 |
| 单元主题 | 高高兴兴来上学 | | 其乐融融庆中秋 | | | | | | | 神采奕奕运动会 | | | | | | | | | 开开心心过寒假 | | |
| 小主题 | 1. 精彩暑假——制作生活故事书(一)<br>2. 我的班级——师生、课程、班规(二) | | 1. 我能为学校迎月晚会出力(三)<br>2. 我会参与学校迎月晚会(四)<br>3. 回顾迎月晚会(五、六)<br>4. 中秋节的传统应节食品(七、八)<br>5. 中秋节的传统应节水果(九) | | | | | | | 1. 我们会制作运动会海报(十)<br>2. 我们能做好出场仪式(十一)<br>3. 我们能认识运动会角色(十二)<br>4. 我是一名运动员(十三、十四)<br>5. 我是一名啦啦队(十五)<br>6. 我是一名工作人员(十六)<br>7. 我是一名通讯员(十七)<br>8. 我能参与学校运动会(十八) | | | | | | | | | 1. 我是整理小能手——收拾整理、装订物品(十九)<br>2. 我会自我保护——防走失、安全(二十) | | IEP检核会议 |
| 社区活动 | | 百佳超市 | | 越秀公园看花灯 | 购买、准备制作曲奇用品 | 制作曲奇饼干 | 菜市场买应节食品 | 菜市场买应节食品 | 水果店买水果 | 广东省人民体育场 | | 广东奥林匹克体育中心 | 白云山登高 | 吉之岛购买饮料 | 广东省人民体育场 | 市场购买食物 | 胜佳超市购买文具 | | | 中华广场逛街 | |
| 重要活动 | 9—开学典礼<br>9—纪念抗战胜利75周年<br>9—1 教师节 | | 9—25 学校迎月晚会<br>9—27 中秋<br>10—1至7 国庆放假 | | | | | | | 11—27至28 学校运动会<br>12—22 冬至<br>12—27 校庆开放日<br>1—1 元旦 | | | | | | | | | 1—22 散学礼 | | |

## 附件:3－3 班级主题树

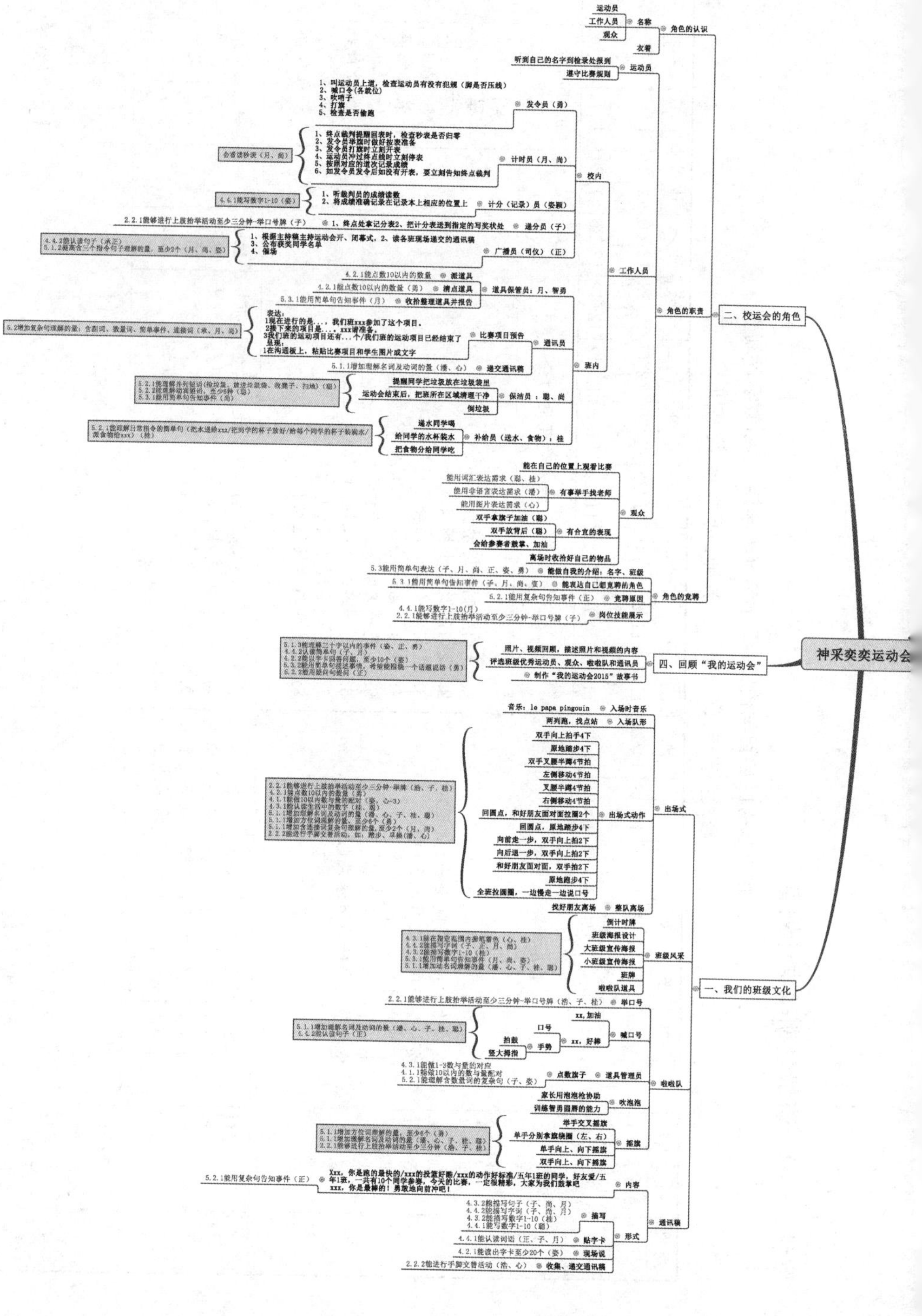

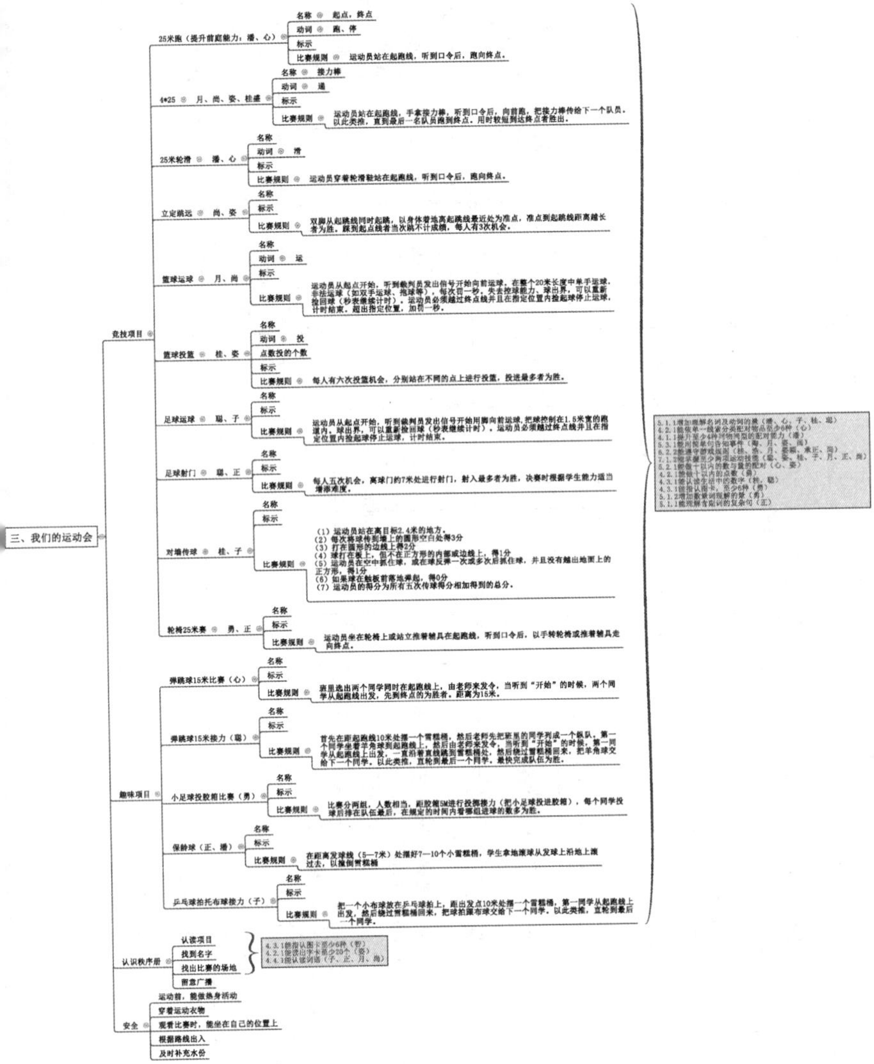
三、我们的运动会
竞技项目
25米跑（提升前庭能力：播、心）
名称 起点，终点
动词 跑、停
标示
比赛规则 运动员站在起跑线，听到口令后，跑向终点。
4*25 月、尚、姿、桂盛
名称 接力棒
动词 递
标示
比赛规则 运动员站在起跑线，手拿接力棒，听到口令后，向前跑，把接力棒传给下一个队员。以此类推，直到最后一名队员跑到终点。用时较短到达终点者胜出。
25米轮滑 播、心
名称
动词 滑
标示
比赛规则 运动员穿着轮滑鞋站在起跑线，听到口令后，跑向终点。
立定跳远 尚、姿
名称
标示
比赛规则 双脚从起跳线同时起跳，以身体着地离起跳线最近处为准点，准点到起跳线距离越长者为胜。踩到起点线者当次跳不计成绩，每人有3次机会。
篮球运球 月、尚
名称
动词 运
标示
比赛规则 运动员从起点开始，听到裁判员发出信号开始向前运球，在整个20米长度中单手运球，非法运球（如双手运球、拖球等），每次罚一秒，失去控球能力、球出界，可以重新捡回球（秒表继续计时），运动员必须越过终点线并且在指定位置内捡起球停止运球，计时结束。超出指定位置，加罚一秒。
篮球投篮 桂、姿
名称
动词 投
点数投的个数
标示
比赛规则 每人有六次投篮机会，分别站在不同的点上进行投篮，投进最多者为胜。
足球运球 聪、子
名称
标示
比赛规则 运动员从起点开始，听到裁判员发出信号开始用脚向前运球，把球控制在1.5米宽的跑道内，球出界，可以重新捡回球（秒表继续计时），运动员必须越过终点线并且在指定位置内捡起球停止运球，计时结束。
足球射门 聪、正
名称
标示
比赛规则 每人五次机会，离球门约7米处进行射门，射入最多者为胜，决赛时根据学生能力适当增添难度。
对墙传球 桂、子
名称
标示
比赛规则
（1）运动员站在离目标2.4米的地方。
（2）每次将球传到墙上的圆形空白处得3分
（3）打在圆形的边线上得2分
（4）球打在板上，但不在正方形的内部或边线上，得1分
（5）运动员在空中抓住球，或在球反弹一次或多次后抓住球，并且没有越出地面上的正方形，得1分
（6）如果球在触板前落地弹起，得0分
（7）运动员的得分为所有五次传球得分相加得到的总分。
轮椅25米赛 勇、正
名称
标示
比赛规则 运动员坐在轮椅上或站立推着辅具在起跑线，听到口令后，以手转轮椅或推着辅具走向终点。
趣味项目
弹跳球15米比赛（心）
名称
标示
比赛规则 班里选出两个同学同时在起跑线上，由老师来发令，当听到“开始”的时候，两个同学从起跑线出发，先到终点的为胜者。距离为15米。
弹跳球15米接力（聪）
名称
标示
比赛规则 首先在距起跑线10米处摆一个雪糕桶，然后老师先把班里的同学列成一个纵队，第一个同学坐着羊角球到起跑线上，然后由老师来发令，当听到“开始”的时候，第一同学从起跑线上出发，一直沿着直线跳到雪糕桶处，然后绕过雪糕桶回来，把羊角球交给下一个同学。以此类推，直轮到最后一个同学，最快完成队伍为胜。
小足球投胶箱比赛（勇）
名称
标示
比赛规则 比赛分两组，人数相当，距胶箱5M进行投掷接力（把小足球投进胶箱），每个同学投球后排在队伍最后，在规定的时间内看哪组进球的数多为胜。
保龄球（正、播）
名称
标示
比赛规则 在距离发球线（5—7米）处摆好7—10个小雪糕桶，学生拿地滚球从发球上沿地上滚过去，以撞倒雪糕桶
乒乓球拍托布球接力（子）
名称
标示
比赛规则 把一个小布球放在乒乓球拍上，距出发点10米处摆一个雪糕桶，第一同学从起跑线上出发，然后绕过雪糕桶回来，把球拍跟布球交给下一个同学。以此类推，直轮到最后一个同学。
5.1.1增加理解名词及动词的量（播、心、子、桂、聪）
4.2.1能依单一概念分类配对物品至少6种（心）
4.1.1提升至少4种同物同型的配对能力（播）
5.3.1能用简单句告知事件（勇、月、姿、尚）
6.2.2能遵守游戏规则
7.1.2能掌握至少两项运动技能（聪、姿、桂、子、月、正、尚）
5.2.1能做十以内的数与量的配对（心、姿）
4.2.1能做十以内的点数（勇）
4.3.1能认读生活中的数字（桂、聪）
4.3.1能指认图卡，至少6种（勇）
5.1.2增加数量词理解的量（勇）
5.1.1能理解含副词的复杂句（正）
认识秩序册
认读项目
找到名字
找出比赛的场地
留意广播
4.3.1能指认图卡至少6种（智）
4.2.1能读出字卡至少20个（姿）
4.4.1能认读词语（子、正、月、尚）
安全
运动前，能做热身活动
穿着运动衣物
观看比赛时，能坐在自己的位置上
根据路线出入
及时补充水份

## 附件：4－1 班级目标汇总表

| | 长期目标 | 短期目标 | 生 | 坚 | 飞 | 彦 | 苏 | 峰 | 鹏 | 孙 | 健 | 桐 | 音 | 桐 | 运动保健 | 唱游律动 | 绘画手工 | 知动 | 康复 | 情障 | 语训 | 性教育 | 烹任 | 购物 | 社区活动 | 学和晨点 | 晨点 | 大课间 | 课间 | 午餐 | 午休 | 午点 | 回顾 | 整理放学 | 主题3：运动会 |
|---|---|---|---|---|---|---|---|---|---|---|---|---|---|---|---|---|---|---|---|---|---|---|---|---|---|---|---|---|---|---|---|---|---|---|---|
| 二、身体动作领域 | 2.1 提高精细动作能力 | 会捆绑物品（如用绳子捆绑被子、背心袋打结） | √ | √ | √ | | √ | | √ | | | | | √ | | | √ | | | | | | √ | | √ | | | | | | | √ | | | √ |
| | | 会用剪刀剪简单的图形（三角形、正方形、圆形） | | | | | | √ | √ | | | | | √ | | | √ | | | | | | | | | | | | | | | | | | √ |
| | 2.2 提高操作能力 | 会旋紧瓶盖（至少2种瓶子） | | | | | | | | | | | √ | | | | | | | | | | | | | | √ | | √ | | √ | | | | √ |
| | | 会拧毛巾（至八成干） | | | | | | | | | | | √ | | √ | | | | | | | | | | √ | | | √ | √ | | √ | | | | √ |
| | 2.4 增加行走的稳定度 | 能行走高低不平的路面 | | | | | | | | | √ | | | | √ | | | | √ | | | | | √ | √ | | | √ | | | | | | | √ |
| | | 能连续跨越低矮障碍物，并维持平衡 | | | | | | | | | | | | | √ | | | | √ | | | | | | √ | | | √ | | | | | | | √ |
| | 2.5 提高双脚灵活性 | 在活动中玩套圈游戏（双脚交替套入布袋里） | | | | | | | | | | | √ | | | | | | √ | | | | | | | | | | √ | | | | | | √ |
| 三、居家生活 | 3.1 会使用家用品（提升家电使用能力） | 会使用电话与老师或同学作简单的对话（如请假、邀请同学玩） | | | | | | √ | | | | | | | | | | | | | | | | | √ | | | | √ | | | | √ | | √ |
| | 3.2 提升环境整理的能力（会进行环境卫生整理） | 能进行简单的环境布置 | | | √ | | | | | | | | | | | | √ | | | | | | | | | | | | | | | | | | √ |
| | | 维持家庭或课室环境的美观，如主动将物品归位摆整齐 | | | | | | | | | | | | | | | | | | | | | | | | | | | | | | | | | √ |
| | | 会整理书柜（学校） | | | | | | | √ | | | | | √ | | | | | | | | | | | | | | √ | √ | | | | √ | | √ |
| | | 餐后能清洗干净勺子 | | | | | | | | | √ | | | | | | | | | | | | | | | | | | | √ | | | | | √ |

**续表**

| | 长期目标 | 短期目标 | 生 | 坚 | 飞 | 彦 | 苏 | 峰 | 鹏 | 孙 | 健 | 桐 | 音 | 桐 | 运动保健 | 唱游律动 | 绘画手工 | 知动 | 康复 | 情障 | 语训 | 性教育 | 烹饪 | 购物 | 社区活动 | 学和晨点 | 晨点 | 大课间 | 课间 | 午餐 | 午休 | 午点 | 回顾 | 整理放学 | 主题3：运动会 |
|---|---|---|---|---|---|---|---|---|---|---|---|---|---|---|---|---|---|---|---|---|---|---|---|---|---|---|---|---|---|---|---|---|---|---|---|
| 三、居家生活 | 3.3 会整理自己的仪容仪表 | 会根据季节(场合)穿衣 | | ✓ | | | | ✓ | | | | | | | | | | | | | | | | | | | | ✓ | ✓ | | | | ✓ | | ✓ |
| | | 如厕后能对着镜子整理好衣裤 | | | | | | | | | ✓ | | | | | | | | | | | ✓ | | | | | | | ✓ | | | | | | ✓ |
| | 3.4 提升居家安全意识的能力 | 遇紧急情况时，能使用紧急服务(如火灾) | ✓ | | | | ✓ | | | | | | | | | | | | | | | | | | | | | | ✓ | | | | | ✓ | ✓ |
| 四、学科智能领域 | 4.1 提升阅读能力 | 能阅读报刊并分享标题、主要内容(至少1次/周) | | | ✓ | | | | | | | | | | | | | | | | | | | | | | ✓ | | ✓ | | | | | | ✓ |
| | | 能自己阅读图文书刊报纸杂志10分钟 | ✓ | | | | | | | | | | | | | | | | | | | | | | | ✓ | | | ✓ | | | | | | ✓ |
| | | 能用1—2句话对故事/新闻发表自己的看法 | | | | ✓ | | | | | | | | | | | | | | | | | | | | | | | | | | | ✓ | | ✓ |
| | | 增加认读日常生活物品词汇(至少5个) | | | | | | ✓ | | | | | | ✓ | | | | | | | | | | | | | | | | | | | | | ✓ |
| | | 能分享报纸/简讯的主要内容 | | | | | ✓ | | | | | | | | | | | | | | | | | | | ✓ | | | ✓ | | | | ✓ | | ✓ |
| | 4.2 增加词汇的量 | 会认读常用的词汇(至少15个，如简单表单词汇：姓名) | | | | | | | ✓ | | | | | ✓ | | | | | | | | | | | | ✓ | | | ✓ | | | | | | ✓ |
| | 4.3 提示基本概念的理解能力 | 能理解能多自己的个人资料(出生年月，身份证号码等) | ✓ | | | | | | | | | | | ✓ | | | | | | | | ✓ | | | | | | | ✓ | | | | | | ✓ |
| | 4.4 建立基本物概念 | 能配对水壶和杯子，衣服和裤子 | | | | | | | | | | | ✓ | | | | | | | | | | | | | | | | ✓ | | | ✓ | | | ✓ |
| | 4.5 提升组词、短文书写能力 | 能根据提供的字/主题组词(至少30个) | | | ✓ | | | | | | | | | | | | | | | | | | | | | | | | ✓ | | | | | | ✓ |
| | | 能用至少3个句子写周记/日记 | ✓ | ✓ | ✓ | | ✓ | | | | | | | | | | | | | | | | | | | | | | ✓ | | | | | | ✓ |

续 表

| | 长期目标 | 短期目标 | 生 | 坚 | 飞 | 彦 | 苏 | 峰 | 鹏 | 孙 | 健 | 桐 | 音 | 桐 | 运动保健 | 唱游律动 | 绘画手工 | 知动 | 康复 | 情障 | 语训 | 性教育 | 烹任 | 购物 | 社区活动 | 学和晨点 | 晨点 | 大课间 | 课间 | 午餐 | 午休 | 午点 | 回顾 | 整理放学 | 主题3:运动会 |
|---|---|---|---|---|---|---|---|---|---|---|---|---|---|---|---|---|---|---|---|---|---|---|---|---|---|---|---|---|---|---|---|---|---|---|---|
| 四、学科智能领域 | 4.5 提升组词、短文书写能力 | 会看图写出一段话描述(至少3句话) | | ✓ | | | ✓ | | | | | | | | | | | | | | | | | | | | | | | | | | ✓ | | ✓ |
| | | 能用常用的词汇书写请假条 | ✓ | | | | | | | | | | | | | | | | | | | | | | | ✓ | | | ✓ | | | | ✓ | | ✓ |
| | | 能按正确的笔画描写自己的名字 | | | | | | ✓ | | | | | | | | | | | | | | | | | | | | | ✓ | | | | | | ✓ |
| | 4.6 提升数的概念、计算运用能力 | 运用加减法解决生活中的问题(应用题、同伴互动调整) | ✓ | ✓ | | | | | | | | | | ✓ | | | | | | | | | ✓ | ✓ | | | | | ✓ | | | | | | ✓ |
| | | 能做20以内简单的加减法应用题 | | | | ✓ | | | | | | | | | | | | | | | | | ✓ | ✓ | | | | | | | | | | | ✓ |
| | 4.7 提升使用金钱购物的能力 | 能独立进行整元找赎 | | | ✓ | | | | | | | | | | | | | | | | | | ✓ | ✓ | | | | | ✓ | | | | | | ✓ |
| | | 能进行20元以内带小数点的钱币找赎(如:10.5元,11.8元) | ✓ | ✓ | ✓ | | ✓ | | | | | | | | | | | | | | | | ✓ | ✓ | | | | | | | | | | | ✓ |
| | | 记录购物价格及作20元以内总额计算 | ✓ | | | | | | | | | | | | | | | | | | | | ✓ | ✓ | | | | | | | | | | | ✓ |
| | | 能做到整元找赎(10元以内) | | | | ✓ | | | | | | | | | | | | | | | | | ✓ | ✓ | | | | | ✓ | | | | | | ✓ |
| | | 会作预算金额与实际付款的大小比较(10元以内) | | | | | | ✓ | | | | | | | | | | | | | | | ✓ | ✓ | | | | | | | | | | | ✓ |
| | | 会使用5元/1元组合购买商品(15元以内,如饮料、盐等) | | | | | | | ✓ | | | | | ✓ | | | | | | | | | ✓ | ✓ | | | | | | | | | | | ✓ |
| | | 能点数找赎(15元以内) | | | | | | | ✓ | | | | | ✓ | | | | | | | | | ✓ | ✓ | | | | | | | | | | | ✓ |
| | | 购物后会付钱和拿回找的钱币 | | | | | | | | ✓ | | | | | | | | | | | | | ✓ | ✓ | | | | | | | | | | | ✓ |
| | | 能妥善保管自己的钱币 | | | | | | | | | ✓ | | | | | | | | | | | | ✓ | ✓ | | | | | | | ✓ | | | | ✓ |
| | | 会判断食品类商品是否过期(保质期在6个月内) | | | | | | | | | | | | | | | | | | | | | | | | | | | | | | | | | ✓ |

续 表

| | 长期目标 | 短期目标 | 生 | 坚 | 飞 | 彦 | 苏 | 峰 | 鹏 | 孙 | 健 | 桐 | 音 | 桐 | 运动保健 | 唱游律动 | 绘画手工 | 知动 | 康复 | 情障 | 语训 | 性教育 | 烹任 | 购物 | 社区活动 | 学和晨点 | 晨点 | 大课间 | 课间 | 午餐 | 午休 | 午点 | 回顾 | 整理放学 | 主题3:运动会 |
|---|---|---|---|---|---|---|---|---|---|---|---|---|---|---|---|---|---|---|---|---|---|---|---|---|---|---|---|---|---|---|---|---|---|---|---|
| 四、学科智能领域 | 4.7 提升使用金钱购物的能力 | 增加用电器视觉字理解的量(至少3个,如电源、煮汤) | | | | | | | √ | | | | | √ | | | | | | | | | | | √ | | | | √ | | | | | | √ |
| | | 增加购物场所标志理解的量(至少3个,如生活用品区、肉菜区) | | | | | | | √ | | | | | √ | | | | | | | | | | | | | | | | | | | | | √ |
| | 4.8 提升对时间的认知能力 | 能进行钟点时间的简单计算(如:2个小时后是几点) | | | | | √ | | | | | | | | | | | | | | | | | √ | | | | | √ | | | | | | √ |
| | | 能做加减法的实际运用(如购物预算、找赎) | | √ | | | | | | | | | | | | | | | | | | | | √ | | | | | √ | | | | | | √ |
| | | 能理解简单的加/减法应用题 | | | | | √ | | | | | | | | | | | | | | | | | | | | | | | | | | | | √ |
| | 4.9 提升应用文阅读与书写能力 | 能看简单表单(如个人档案表、体检表) | | √ | | | | | | | | | | | | | | | | | | √ | | | | | √ | | √ | | | | | | √ |
| | | 能填写简单表单(如个人简介、招聘登记表) | | | | | | | | | | | | | | | | | | | | | | | | | | | | | | | | | √ |
| 五、语言沟通领域 | 5.1 提升用语言/文字表达能力 | 能用有量词、形容词的句子写日记/进行表达 | | | √ | | | | | | | | | | | | | | | | | √ | | | | | | | √ | | | | | | √ |
| | | 能对他人和事物发表意见 | | | √ | | | | | | | | | √ | | | | | | | | | | | | | | | | | | | √ | | √ |
| | 5.2 提升沟通技巧和礼仪 | 与人沟通时,能注意言行举止 | | √ | | | √ | | | | | | | | | | | | | | | √ | | | | | | | √ | | | | | | √ |
| | | 能与人沟通时,若有听不懂时,要求对方解说 | √ | | | | | | | | | | | | | | | | | | | √ | | | | | | | | | | | √ | | √ |
| | | 与人交往时,有合宜的沟通礼仪 | | | | √ | | | | | | | | √ | | | | | | | | √ | | | | | | | | | | | √ | | √ |
| | | 与人沟通时能保持一臂的距离 | | | | | | √ | | | | | | √ | | | | | | | | √ | | | | | | | √ | | | | | | √ |

**续表**

| | 长期目标 | 短期目标 | 生 | 坚 | 飞 | 彦 | 苏 | 峰 | 鹏 | 孙 | 健 | 桐 | 音 | 桐 | 运动保健 | 唱游律动 | 绘画手工 | 知动 | 康复 | 情障 | 语训 | 性教育 | 烹任 | 购物 | 社区活动 | 学和晨点 | 晨点 | 大课间 | 课间 | 午餐 | 午休 | 午点 | 回顾 | 整理放学 | 主题3：运动会 |
|---|---|---|---|---|---|---|---|---|---|---|---|---|---|---|---|---|---|---|---|---|---|---|---|---|---|---|---|---|---|---|---|---|---|---|---|
| 五、语言沟通领域 | 5.3 增加多渠道的沟通方式 | 能使用图片/手势表达需求 | | | | | | | | | | | √ | | | | | | | | | | | | | | √ | | | | | | | | √ |
| | 5.4 增加语言前的基本能力 | 增强配合能力 | | | | | | | | | | | √ | | √ | | | | | | | | | | | | | | √ | | | | | | √ |
| 六、社会适应 | 6.1 增进主动互动能力 | 会主动要求协助，并主动表达谢意 | | | | | | | | | √ | | | | | | | | | | | √ | | √ | | √ | | | √ | | | | | | √ |
| | | 会邀请同学/家人一起进行活动（如玩飞行棋、打篮球） | | | | | | | | | | | | | | | | | | | | | | | | | | | | | | | | | √ |
| | 6.2 会使用快餐店 | 会打电话订餐（至少3个步骤） | | | √ | | | | | | | | | | | | | | | | | | √ | | | | | | √ | | | | | | √ |
| 七、休闲领域 | 7.1 增加休闲技能 | 增强2种以球类技能（如羽毛球、篮球等） | | √ | | | √ | √ | √ | | | | | √ | √ | | | | | | | | | | √ | | | √ | | | | | | | √ |
| | | 会参与人际交往的休闲活动（跳舞） | √ | | | | | | | | | | | | | | | | | | | | | | | √ | | | √ | | | | | | √ |
| | | 增加唱K的歌曲数量（至少2首） | | | | | √ | | | | √ | | | | | √ | | | | | | | | | | | | | √ | | | | | | √ |
| | | 能在2米内把足球踢进龙门 | | | | | | | | | | | | √ | | | | | | | | | | | | | | | | | | | | | √ |
| | 7.2 会规划自己的休闲活动 | 会邀请伙伴/主动参与人际交往的休闲活动（棋类、爬山等） | √ | | √ | | | | | | | | | √ | | | | | | | | | | | | √ | | | √ | | | | | | √ |
| | | 能合理安排休闲活动 | | | | | | | √ | | | | | | | | | | | | | | | | | √ | | | √ | | | | | | √ |
| | 7.3 建立参加社区服务能力 | 会参加一定的社区或学校服务活动（如义工、代购） | √ | √ | | | | | | | | | | | | | | | | | | | | | √ | | | | | | | | | | √ |

# 附件：4－2 班级学期教学计划表

## 广州市越秀区启智学校(2015学年度上学期)学期教学计划表

九年级(2)班　教师：梁秀连、林佩瑜、杨秋红

| 周次 | 一 | 二 | 三 | 四 | 五 | 六 | 七 | 八 | 九 | 十 | 十一 | 十二 | 十三 | 十四 | 十五 | 十六 | 十七 | 十八 | 十九 | 二十 | 二十一 |
|---|---|---|---|---|---|---|---|---|---|---|---|---|---|---|---|---|---|---|---|---|---|
| 日期 | 9/1—9/5 | 9/6—9/12 | 9/13—9/19 | 9/20—9/26 | 9/27—10/3 | 10/4—10/10 | 10/11—10/17 | 10/18—10/24 | 10/25—10/31 | 11/1—11/7 | 11/8—11/14 | 11/15—11/21 | 11/22—11/28 | 11/29—12/5 | 12/6—12/12 | 12/13—12/19 | 12/20—12/26 | 12/27—1/2 | 1/3—1/9 | 1/10—1/16 | 1/17—1/23 |
| 单元主题 | 假期生活分享 | | 中秋迎月亲子晚会 | | | | | | | 烹饪小能手 | | | | 我参与、我服务、我运动 | | | | | 欢乐过春节 | | EP检核会议 |
| 小主题 | 1. 分享假期趣事(一)<br>2. 分享居家生活(二) | | 1. 我是歌手(三)<br>2. 美食摊位齐动手(四)<br>3. 回顾迎月晚会(五、六)<br>4. 绘本故事分享(七)<br>5. 神话故事分享(八、九) | | | | | | | 1. 厨室收拾小能手(十)<br>2. 购物预算小能手(十一)<br>3. 烹饪美食小能手(十二)<br>4. 清洁小能手(十三) | | | | 1. 认识工作人员(十四)<br>2. 工作人员培训(十五)<br>3. 工作人员面试会(十六)<br>4. 出场仪式排练(十七)<br>5. 运动会齐参与(十八) | | | | | 1. 春节装饰布置(十九)<br>2. 我会自我保护——防走失、安全(二十) | | |
| 社区活动 | | | 烈士陵园 | | 文化公园看花灯 | 购买、糖水食材 | 制作糖水 | 越秀公园 | 便利店充值 | 水果店买水果 | 市场买肉、菜 | 胜佳超市 | 杂货店买米、食油等 | | 胜佳超市购买文具 | 广东省人民体育场 | 白云山 | | | 一德路购买新春装饰品 | 中华广场 |
| 重要活动 | 9—1 开学典礼<br>9—3 纪念抗战胜利75周年<br>9—10 教师节 | | 9—25 学校迎月晚会<br>9—27 中秋<br>10—1至7 国庆放假 | | | | | | | 11—27至28 学校运动会 | | | | 12—22 冬至<br>12—27 校庆开放日<br>1—1 元旦 | | | | | 1—22 散学礼 | | |

## 附件：4－3 班级主题树

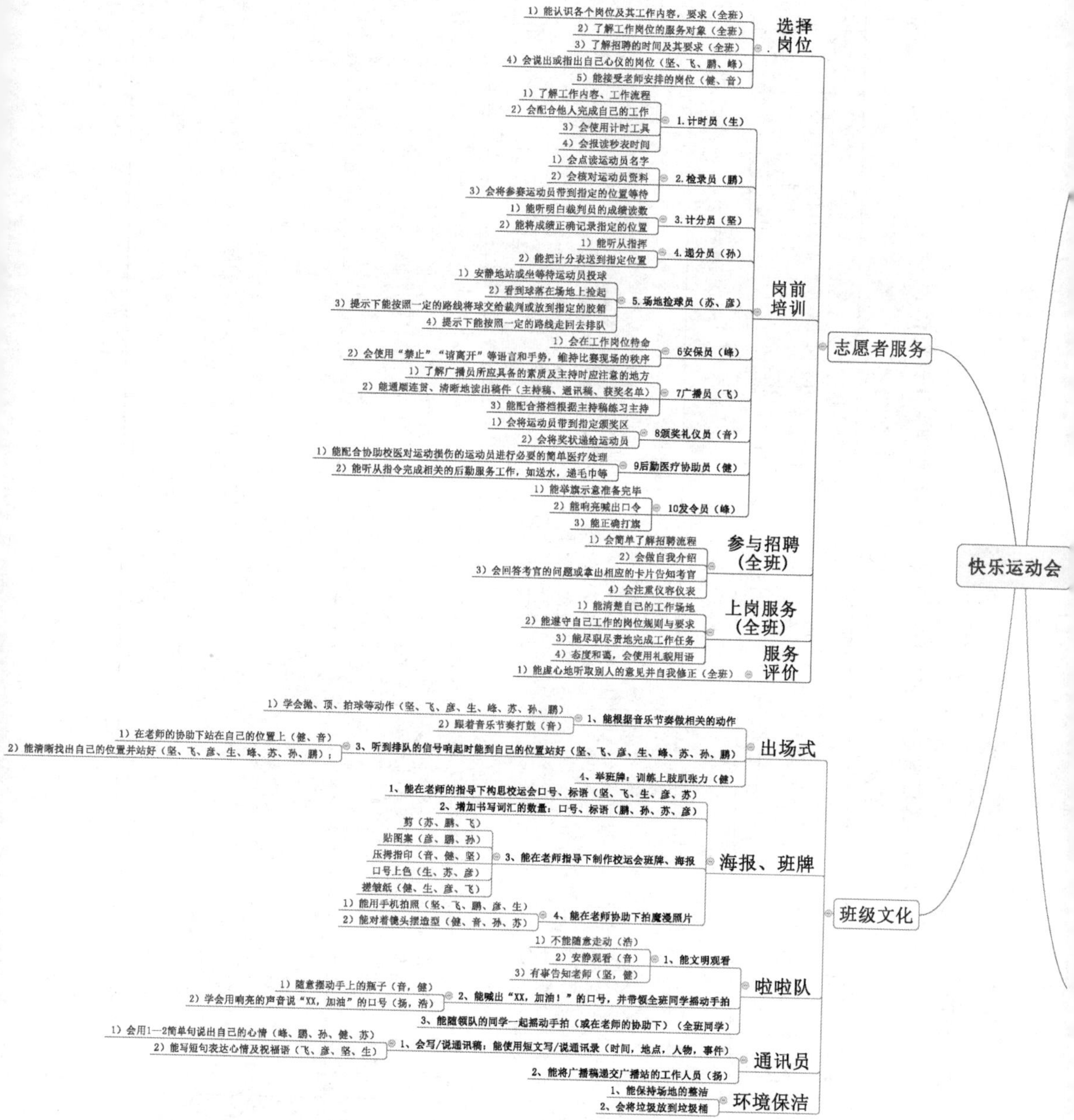
快乐运动会
志愿者服务
选择岗位
1）能认识各个岗位及其工作内容，要求（全班）
2）了解工作岗位的服务对象（全班）
3）了解招聘的时间及其要求（全班）
4）会说出或指出自己心仪的岗位（坚、飞、鹏、峰）
5）能接受老师安排的岗位（健、音）
岗前培训
1.计时员（生）
1）了解工作内容、工作流程
2）会配合他人完成自己的工作
3）会使用计时工具
4）会报读秒表时间
2.检录员（鹏）
1）会点读运动员名字
2）会核对运动员资料
3）会将参赛运动员带到指定的位置等待
3.计分员（坚）
1）能听明白裁判员的成绩读数
2）能将成绩正确记录指定的位置
4.递分员（孙）
1）能听从指挥
2）能把计分表送到指定位置
5.场地捡球员（苏、彦）
1）安静地站或坐等待运动员投球
2）看到球落在场地上捡起
3）提示下能按照一定的路线将球交给裁判或放到指定的胶箱
4）提示下能按照一定的路线走回去排队
6安保员（峰）
1）会在工作岗位待命
2）会使用“禁止”“请离开”等语言和手势，维持比赛现场的秩序
7广播员（飞）
1）了解广播员所应具备的素质及主持时应注意的地方
2）能通顺连贯、清晰地读出稿件（主持稿、通讯稿、获奖名单）
3）能配合搭档根据主持稿练习主持
8颁奖礼仪员（音）
1）会将运动员带到指定颁奖区
2）会将奖状递给运动员
9后勤医疗协助员（健）
1）能配合协助校医对运动损伤的运动员进行必要的简单医疗处理
2）能听从指令完成相关的后勤服务工作，如送水，递毛巾等
10发令员（峰）
1）能举旗示意准备完毕
2）能响亮喊出口令
3）能正确打旗
参与招聘（全班）
1）会简单了解招聘流程
2）会做自我介绍
3）会回答考官的问题或拿出相应的卡片告知考官
4）会注重仪容仪表
上岗服务（全班）
1）能清楚自己的工作场地
2）能遵守自己工作的岗位规则与要求
3）能尽职尽责地完成工作任务
4）态度和蔼，会使用礼貌用语
服务评价
1）能虚心地听取别人的意见并自我修正（全班）
班级文化
出场式
1、能根据音乐节奏做相关的动作
1）学会抛、顶、拍球等动作（坚、飞、彦、生、峰、苏、孙、鹏）
2）跟着音乐节奏打鼓（音）
3、听到排队的信号响起时能到自己的位置站好（坚、飞、彦、生、峰、苏、孙、鹏）
1）在老师的协助下站在自己的位置上（健、音）
2）能清晰找出自己的位置并站好（坚、飞、彦、生、峰、苏、孙、鹏）；
4、举班牌：训练上肢肌张力（健）
海报、班牌
1、能在老师的指导下构思校运会口号、标语（坚、飞、生、彦、苏）
2、增加书写词汇的数量：口号、标语（鹏、孙、苏、彦）
3、能在老师指导下制作校运会班牌、海报
剪（苏、鹏、飞）
贴图案（彦、鹏、孙）
压拇指印（音、健、坚）
口号上色（生、苏、彦）
搓皱纸（健、生、彦、飞）
4、能在老师协助下拍魔漫照片
1）能用手机拍照（坚、飞、鹏、彦、生）
2）能对着镜头摆造型（健、音、孙、苏）
啦啦队
1、能文明观看
1）不能随意走动（浩）
2）安静观看（音）
3）有事告知老师（坚，健）
2、能喊出“XX，加油！”的口号，并带领全班同学摇动手拍
1）随意摇动手上的瓶子（音，健）
2）学会用响亮的声音说“XX，加油”的口号（扬，浩）
3、能随领队的同学一起摇动手拍（或在老师的协助下）（全班同学）
通讯员
1、会写/说通讯稿：能使用短文写/说通讯录（时间，地点，人物，事件）
1）会用1—2简单句说出自己的心情（峰、鹏、孙、健、苏）
2）能写短句表达心情及祝福语（飞、彦、坚、生）
2、能将广播稿递交广播站的工作人员（扬）
环境保洁
1、能保持场地的整洁
2、会将垃圾放到垃圾桶

- 认识比赛项目和规则
  - 跑步
    - 1、增加书写词汇“跑步”（飞、坚、彦、生）
    - 2、能描写词汇1）会认“检录处”的名称（苏、峰、鹏、孙）
  - 跳远
    - 1、增加书写词汇（飞、坚、彦、生）
    - 2、能描写词汇“跳远”（苏、峰、鹏、孙）
  - 足球
    - 1、增加书写名词词汇（飞、坚、彦、生）
    - 2、增加书写动词词汇（飞、坚、彦、生）
    - 3、能描写词汇“足球”（苏、峰、鹏、孙）
    - 4、能以图图配对、图片与实物配对的形式认识“足球”
  - 篮球
    - 1、增加书写名词词汇“篮球”（飞、坚、彦、生）
    - 2、增加书写动词词汇“投”“拍”“传”（飞、坚、彦、生）
    - 3、能描写词汇“篮球”（苏、峰、鹏、孙）
    - 4、能以图图配对、图片与实物配对的形式认识“篮球”（音，健）
  - 轮滑
    - 1、增加描写词汇“轮滑”（孙）

- 场地
  - 赛区
    - 1、篮球投篮区 — 1）增加书写词汇：篮球架（飞、坚、彦、生）
    - 2、篮球、足球运球区 — 2）增加名词词汇：起点、终点（苏、峰、鹏、孙）
    - 3、足球射门区 — 3）能增加书写词汇：球门（飞、坚、彦、生）
    - 4、对墙传球区 — 4）能增加图形概念（圆形）（音，健，孙，）
    - 5、立定跳远区 — 5）能增加名词词汇：沙坑（鹏、孙、健）
    - 6、轮滑比赛区 — 6）能增加名词词汇：起点、终点（鹏、孙、健）
  - 工作区
    - 1检录处
      - 1）会认“检录处”的名称（峰、鹏、孙）
      - 2）会读“检录处”的名称（苏、鹏）
      - 3）会写“检录处”的名称（飞、坚、彦、生）
      - 4）会表达“检录处”的名称（飞、彦、坚、生、苏、健）
      - 5）会指出“检录处”的图片（音）
    - 2医疗处
      - 1）会认“医疗处”的名称（峰、鹏、孙）
      - 2）会读“医疗处”的名称（苏、鹏）
      - 3）会写“医疗处”的名称（飞、坚、彦、生）
      - 4）会表达“医疗处”的名称（飞、彦、坚、生、苏、健）
    - 3安全通道
      - 1）会认“安全通道”的名称（峰、鹏、孙）
      - 2）会读“安全通道”的名称（苏、鹏）
      - 3）会写“安全通道”的名称（飞、坚、彦、生）
      - 4）会表达“安全通道”的名称（飞、彦、坚、生、苏、健）
    - 4领奖台
      - 1）会认“领奖台”的名称（峰、鹏、孙）
      - 2）会读“领奖台”的名称（苏、鹏）
      - 3）会写“领奖台”的名称（飞、坚、彦、生）
      - 4）会表达“领奖台”的名称（飞、彦、坚、生、苏、健）
    - 5工作人员通道
      - 1）会认“工作人员通道”的名称（峰、鹏、孙）
      - 2）会读“工作人员通道”的名称（苏、鹏）
      - 3）会写“工作人员通道”的名称（飞、坚、彦、生）
      - 4）会表达“工作人员通道”的名称（飞、彦、坚、生、苏、健）
    - 6广播站
      - 1）会认“广播站”的名称（峰、鹏、孙）
      - 2）会读“广播站”的名称（苏、鹏）
      - 3）会写“广播站”的名称（飞、坚、彦、生）
      - 4）会表达“广播站”的名称（飞、彦、坚、生、苏、健）
  - 观众区（全班）
    - 1）会认“观众区”的名称（峰、鹏、孙）
    - 2）会读“观众区”的名称（苏、鹏）
    - 3）会写“观众区”的名称（飞、坚、彦、生）
    - 4）会表达“观众区”的名称（飞、彦、坚、生、苏、健）

- 认识角色
  - 工作人员
    - 1裁判员（黄色马甲）：发令员、计分员、计时员、检录员
      - 1）认读裁判员等岗位名称（坚、生、飞、彦）；认读要报名的岗位名称（苏、鹏、健、孙）
      - 2）会分辨工作人员服装（苏、彦、坚、飞、生、峰）；
      - 3）能以图图配对的方式认识前线工作人员（鹏、健）；
      - 4）能增加颜色的概念（黄）（音、孙）
    - 2后勤员（红色马甲）：场地整理员、场地捡球员、安保员、广播员、颁奖礼仪、后期医疗员、递分员（*黄色）
      - 1）认读广播等岗位名称（坚、生、飞、彦）：认读要报名的岗位名（苏、鹏、健、孙）
      - 2）会分辨工作人员着装（苏、彦、坚、飞、生、峰）；
      - 3）能以图图配对的方式认识后勤工作人员（鹏、健）；
      - 4）能增加颜色的概念（黄、红）（音、孙）
  - 观众
    - 1、遵守观众礼仪
    - 2、公共卫生
    - 3、文明用语
  - 运动员
    - 1、能听到广播
    - 2、能在比赛前做热身运动
    - 3、遵守比赛规则

## 附件：5－1　班级目标汇总表

| 长目标 | 短目标 | 炜 | 伍 | 彤 | 邵 | 枫 | 邓 | 梁 | 舜 | 锐 | 韦 | 晋 | 妍 | 展 | 祺 | 早餐组 | 家政组 | 手工组 | 清洁组 | 工会活动 | 上班打卡 | 晨点 | 体锻 | 工作间小息 | 午餐 | 午休 | 整理 | 回顾 | 打卡下班 | 主题2：运动会 |
|---|---|---|---|---|---|---|---|---|---|---|---|---|---|---|---|---|---|---|---|---|---|---|---|---|---|---|---|---|---|---|
| A2　准时——每天在规定的时间内准时上下班，于工作中之休息时段（如：喝茶、如厕、午休）后，均能依规定准时返回工作岗位。 | A2—5　能依时完成限时性工作。 | √ | √ | √ | √ | √ | | | √ | | √ | | √ | √ | | √ | | √ | √ | | √ | √ | √ | | | | | | | √ |
| | A34—3　能以适当的方法，有效地请求协助。 | √ | | √ | | √ | √ | √ | | √ | | √ | | | √ | √ | √ | √ | √ | | | | | | | | √ | | | √ |
| | A2—3　工作期间能不中途开溜。 | | √ | | √ | | √ | √ | √ | | | | √ | √ | | √ | √ | √ | √ | | | | | | | | | | | √ |
| A3　有始有终——对于交付的工作命令能努力完成，不会中途退缩、放弃不做、虎头蛇尾等。 | A3—3　如遇状况无法达成，能妥为交代，不会任其拖延。 | √ | √ | | √ | √ | √ | √ | √ | √ | √ | √ | √ | √ | √ | √ | √ | √ | √ | | | | √ | | | | | | | √ |
| A4　按时完工——能准时完成具有时限的工作，能努力维持工作进度，不随意拖延。 | A4—1　能经常按时完成所交付的工作。 | | | | √ | | √ | √ | √ | √ | | √ | | | | √ | √ | √ | √ | | | √ | | | | | | | | √ |
| | A4—2　能努力维持所安排的工作进度，不会借故随意拖延。 | √ | √ | √ | | √ | | | | | √ | | √ | √ | √ | √ | √ | √ | √ | | | | | | | | √ | | | √ |
| | A5—4　能小心使用工具。 | √ | √ | √ | √ | √ | √ | √ | √ | √ | √ | √ | | √ | √ | √ | √ | √ | √ | | | | | √ | | √ | | | | √ |
| | A6—6　在工作中每告一段落，能主动进行小收拾，以维持工作场所之整洁。 | | | √ | | | √ | √ | | √ | √ | √ | √ | | √ | √ | √ | √ | √ | √ | | | | | | | | | √ | √ |

续 表

| 长目标 | 短目标 | 炜 | 伍 | 彤 | 邵 | 枫 | 邓 | 梁 | 舜 | 锐 | 韦 | 晋 | 妍 | 展 | 祺 | 早餐组 | 家政组 | 手工组 | 清洁组 | 工会活动 | 上班打卡 | 晨点 | 体锻 | 工作间小息 | 午餐 | 午休 | 整理 | 回顾 | 打卡下班 | 主题2:运动会 |
|---|---|---|---|---|---|---|---|---|---|---|---|---|---|---|---|---|---|---|---|---|---|---|---|---|---|---|---|---|---|---|
| | A14—8 能尽力完成任务。 | ✓ | ✓ | | | ✓ | ✓ | ✓ | | ✓ | ✓ | | | | | ✓ | ✓ | ✓ | ✓ | ✓ | | | | | | | | | ✓ | ✓ |
| A3 有始有终——对于交付的工作命令能努力完成,不会中途退缩、放弃不做、虎头蛇尾等。 | A3—2 对所交付的事情,不必提醒,就能有始有终努力完成。 | | | | ✓ | | ✓ | ✓ | | | | ✓ | | ✓ | | ✓ | ✓ | ✓ | ✓ | ✓ | | ✓ | | | | | ✓ | | ✓ | ✓ |
| | A2—2 工作中之休息时段过后,能准时返回工作岗位。 | | ✓ | ✓ | | ✓ | ✓ | ✓ | ✓ | | | | | ✓ | | ✓ | ✓ | ✓ | ✓ | | ✓ | ✓ | | | | | | | | ✓ |
| | A3—3 如遇状况无法达成,能妥为交代,不会任其拖延。 | | | ✓ | | ✓ | ✓ | | | | ✓ | | ✓ | | | ✓ | ✓ | ✓ | ✓ | * | | | ✓ | | | | | | | ✓ |
| | A4—2 能努力维持所安排的工作进度,不会借故随意拖延。 | | | | | | ✓ | ✓ | ✓ | ✓ | | ✓ | ✓ | ✓ | | ✓ | ✓ | ✓ | ✓ | | | | | ✓ | | | | | | ✓ |
| A22 具有一定程度的注意力,能专注地完成工作,不易受理或其他刺激之干扰 | A22—3 工作进行中,能专心工作不喋喋不休。 | | | | | | | ✓ | ✓ | | | ✓ | ✓ | | ✓ | ✓ | ✓ | ✓ | ✓ | | | | | ✓ | | ✓ | | | | ✓ |
| | A22—6 能固守工作岗位,不随意离去。 | | ✓ | | | | | | ✓ | | | | | ✓ | | ✓ | ✓ | ✓ | ✓ | | ✓ | | | | | | | | ✓ | ✓ |
| A27 挫折忍受力——当工作失败、不顺利或人际关系上不如意时,不会立即有灰心、沮丧、退缩、闹脾气、攻击等(负向反应)。 | A27—1 当工作失败或不顺利时,仍能保持正常性反应。 | | | | | | ✓ | | | | | | | | | ✓ | ✓ | ✓ | ✓ | | | | | ✓ | | ✓ | | | | ✓ |

续 表

| 长目标 | 短目标 | 炜 | 伍 | 彤 | 邵 | 枫 | 邓 | 梁 | 舜 | 锐 | 韦 | 晋 | 妍 | 展 | 祺 | 早餐组 | 家政组 | 手工组 | 清洁组 | 工会活动 | 上班打卡 | 晨点 | 体锻 | 工作间小息 | 午餐 | 午休 | 整理 | 回顾 | 打卡下班 | 主题2:运动会 |
|---|---|---|---|---|---|---|---|---|---|---|---|---|---|---|---|---|---|---|---|---|---|---|---|---|---|---|---|---|---|---|
| B35 协调能力——手眼脚协调——视觉与手部操作(单手、双手)及脚部运动(单脚、双脚)同时配合的能力。 | B35—2 能手眼脚协调地徒手工作(如搬货)。 | | | | √ | | √ | √ | √ | √ | | | | √ | | √ | √ | √ | √ | | | | √ | | | | √ | | | √ |
| B14 体力负担——举——以手将物体举高或放低。 | B14—1 能将(15千克)重的物品由地面举到腰部高度。 | | | | | | √ | √ | √ | | | | | | | √ | √ | √ | | | | | | | | | √ | | | √ |
| | B14—5 能将(15千克)重的物品由地面高度举至头部高度。 | | | | | | √ | √ | √ | | | | | | | √ | | √ | | | | | | | | | √ | | | √ |
| B36 记住指示——记忆他人口述的指示,并能正确复诵或完成。 | B36—4 能依指示收拾物品。 | | | | | | | √ | | | | | | | | √ | √ | √ | √ | √ | | | | | | | √ | | | √ |
| | B36—5 能依指示操作物品。 | | √ | | | | | | | | | | | √ | | √ | √ | √ | √ | √ | | | | | | | √ | | | √ |
| | B36—8 能依指示遵守相关规定。 | | | √ | | | | | | | | | | | √ | √ | √ | √ | √ | | | | | | | | √ | | | √ |
| B59 应变——对于意料之外(正常的工作程序以外)的人、事、物能做出适当的因应措施。 | B59—1 能依工作需求自行取用材料。 | | | √ | √ | | | √ | | | | | | | | √ | √ | √ | √ | | | | | | | | | | | √ |
| | B59—2 能依工作需求自行取用工具。 | √ | | | √ | | | √ | | √ | | | | | | √ | √ | √ | √ | | | | | | | | | | | √ |

续 表

| 长目标 | 短目标 | 炜 | 伍 | 彤 | 邵 | 枫 | 邓 | 梁 | 舜 | 锐 | 韦 | 晋 | 妍 | 展 | 祺 | 早餐组 | 家政组 | 手工组 | 清洁组 | 工会活动 | 上班打卡 | 晨点 | 体锻 | 工作间小息 | 午餐 | 午休 | 整理 | 回顾 | 打卡下班 | 主题2:运动会 |
|---|---|---|---|---|---|---|---|---|---|---|---|---|---|---|---|---|---|---|---|---|---|---|---|---|---|---|---|---|---|---|
| B24 视觉 | B24—1 能注意看工作台面的物品。 |  | √ | √ |  |  | √ |  |  |  |  |  |  |  |  | √ | √ | √ | √ |  |  |  |  |  |  |  |  |  |  | √ |
|  | B24—3 能注意看别人指给他看的物品。 |  |  |  |  |  |  |  |  |  |  |  | √ |  | √ | √ | √ | √ | √ |  |  |  |  |  |  |  |  |  |  | √ |
| B33 协调能力——手眼协调——视觉与手部(单手、双手)协调操作的能力,如穿袜子、搬动物品等。 | B33—3 能手眼协调地穿物品。 | √ |  |  |  |  |  |  |  |  |  |  | √ |  |  | √ | √ | √ | √ |  |  |  |  |  |  |  |  |  |  | √ |
| B33 手眼协调——视觉与手部(单手、双手)协调操作的能力 | B33—1 能做手眼协调地挪动物品。 |  |  |  | √ |  |  |  | √ |  |  |  |  |  |  | √ | √ | √ | √ |  |  |  |  |  |  |  |  |  |  | √ |
|  | B33—4 能手眼协调地扭转物品。 |  |  | √ |  |  | √ |  | √ |  |  |  |  |  |  | √ | √ | √ | √ |  |  |  |  |  |  |  |  |  |  | √ |
|  | B33—5 能手眼协调地捆绑物品。 |  |  |  |  |  |  |  |  |  |  | √ |  |  |  | √ | √ | √ | √ |  |  |  |  |  |  |  |  |  |  | √ |
|  | B33—6 能手眼协调地剪贴物品。 |  | √ |  |  |  |  |  |  |  |  |  |  |  | √ | √ | √ | √ | √ |  |  |  |  |  |  |  |  |  |  | √ |
|  | B33—9 能手眼协调地洗刷物品。 |  |  |  | √ |  |  | √ |  |  |  |  |  |  |  | √ | √ | √ | √ |  |  |  |  |  |  |  |  |  |  |  |

续 表

| 长目标 | 短目标 | 炜 | 伍 | 彤 | 邵 | 枫 | 邓 | 梁 | 舜 | 锐 | 韦 | 晋 | 妍 | 展 | 祺 | 早餐组 | 家政组 | 手工组 | 清洁组 | 工会活动 | 上班打卡 | 晨点 | 体锻 | 工作间小息 | 午餐 | 午休 | 整理 | 回顾 | 打卡下班 | 主题2:运动会 |
|---|---|---|---|---|---|---|---|---|---|---|---|---|---|---|---|---|---|---|---|---|---|---|---|---|---|---|---|---|---|---|
| B53 工作程度——反复动作——对于同一个动作可以反复运作一段相当时间。 | B53—1 能自己反复1—2个动作完成工作。 | √ | | | | | | | | √ | | | | | | √ | √ | √ | √ | | | | | | | | | | | √ |
| | B53—2 能与同伴配合、反复1—2个动作完成工作。 | | | √ | | | √ | | | | | | | | | √ | √ | √ | √ | √ | | | | | | | | | | √ |
| B49 基本计算能力——因工作需要所必须具备之简单计算能力，如加减乘除等之计算或金钱之换算等。 | B49—2 会计算几个数量之总和(用计算器)。 | | | | | | √ | √ | | | | √ | | | | √ | √ | | | | | | | | | | | | | √ |
| | B49—3 会计算几个数量之差(用计算器)。 | | | | | | √ | √ | | | | √ | | | | √ | √ | | | | | | | | | | | | | √ |
| C10 身心保健——能以适当可行的方式(如定时定量、运动、休息与睡眠、娱乐……)保持身心之健康。 | C10—3 会在日常生活中实行生理保健(营养、卫生、运动、休闲、有规律的、日常生活、去除不良生活习惯等)。 | | | | √ | | | | | | √ | | √ | | √ | √ | √ | √ | √ | √ | | | | | | | | | | √ |
| | C10—6 会避免身体器官受伤。 | √ | √ | | | √ | | | | | √ | | | √ | | √ | √ | √ | √ | √ | | | | | | | | | | √ |
| C14 安排活动——能依天气、地点、参与者年龄、节令、费用等因素来计划短时间或假日的活动。 | C14—1 会作自我休闲活动的计划(考虑自我年龄、费用、顾及天气、节令、地点等因素)。 | | | | | √ | | | √ | | | √ | | | | | | | | √ | | | | | | | | | | √ |
| | C14—2 会作家庭休闲活动计划。 | | | | | √ | √ | | | √ | √ | | | | | | | | | √ | | | | | | | | | | √ |

续 表

| 长 目 标 | 短 目 标 | 炜 | 伍 | 彤 | 邵 | 枫 | 邓 | 梁 | 舜 | 锐 | 韦 | 晋 | 妍 | 展 | 祺 | 早餐组 | 家政组 | 手工组 | 清洁组 | 工会活动 | 上班打卡 | 晨点 | 体锻 | 工作间小息 | 午餐 | 午休 | 整理 | 回顾 | 打卡下班 | 主题2:运动会 |
|---|---|---|---|---|---|---|---|---|---|---|---|---|---|---|---|---|---|---|---|---|---|---|---|---|---|---|---|---|---|---|
| | C12—4 会根据自己的需要选择休闲资源(根据自己的兴趣、时间、心情等)。 | | | √ | | | | | | √ | √ | | | √ | | | | | | √ | | | | | | | | | | √ |
| C13 能够积极参与社区性或大团体的休闲活动。 | C13—4 具参与社区休闲活动的能力(如会唱歌、跳舞、球类运动、气功、太极拳等)。 | √ | | | √ | | | | | | √ | | | | √ | | | | | √ | | | | | | | | | | √ |
| C16 购物与消费——购物场所——能自行前往适当的商店购买所需的物品(如到杂货店或超市买盐、酱油等)。 | C16—1 能在他人帮助下到指定的购物品处。 | √ | | √ | √ | | | √ | √ | | | | | | | √ | √ | | | √ | | | | | | | | | | √ |
| C17 选购物品——能根据购物要点(如新鲜卫生、价格合理、经济能力……)确实选购所需的物品。 | C17—3 能够从质量和价格两个方面选择恰当物品。 | | | | | | √ | | √ | √ | | √ | | | | √ | √ | | | √ | | | | | | | | | | √ |

续 表

| 长目标 | 短目标 | 炜 | 伍 | 彤 | 邵 | 枫 | 邓 | 梁 | 舜 | 锐 | 韦 | 晋 | 妍 | 展 | 祺 | 早餐组 | 家政组 | 手工组 | 清洁组 | 工会活动 | 上班打卡 | 晨点 | 体锻 | 工作间小息 | 午餐 | 午休 | 整理 | 回顾 | 打卡下班 | 主题2：运动会 |
|---|---|---|---|---|---|---|---|---|---|---|---|---|---|---|---|---|---|---|---|---|---|---|---|---|---|---|---|---|---|---|
| C27 时间意识与运用——时间观念——能够正确地认读、使用钟表及日、月历并具有基本的时间概念(如时辰、日、月、节令……) | C27—1 能使用钟。 | | | | | √ | √ | √ | | | | √ | | | | √ | √ | √ | √ | √ | | | | | | | | | | √ |
| | C27—4 能使用月历。 | | | | √ | √ | √ | √ | | | | √ | | | | √ | √ | √ | √ | √ | | | | | | | | | | √ |
| C18 购物手续——能依照完整的购物手续(如列清单、备妥钱、看标价、比价排队、付款……等)购买到所需物品。 | C18—1 能够付出等额款项。 | | | | | | √ | √ | | √ | √ | √ | | √ | | √ | √ | | | √ | | | | | | | | | | √ |
| C19 家居礼仪——在家居生活中，能自动表现出适当的礼节(如轻声细语、衣着得体……)。 | C19—6 能有礼貌的待客。 | | √ | √ | √ | √ | | | √ | | | | | | √ | √ | √ | | | √ | | | | | | | | | | √ |
| C14 安排活动——能依天气、地点、参与者年龄、节令、费用等因素来计划短时间或假日的活动。 | C14—1 会作自我休闲活动的计划(考虑自我年龄、费用、顾及天气、节令、地点等因素)。 | | | | | √ | | | | | | | | | | | | | | √ | | | | | | | | | | √ |
| | C14—2 会作家庭休闲活动计划。 | | | | | | √ | √ | √ | √ | √ | √ | | √ | | | | | | √ | | | | | | | | | | √ |

## 附件：5－2　班级学期教学计划表

### 广州市越秀区启智学校 2015 学年度上学期校运会教学计划表（职三 2 班）

<table>
<tr><td>周　次</td><td>七</td><td>八</td><td>九</td><td>十</td><td>十一</td><td>十二</td><td>十三</td><td>十四</td><td>十五</td><td>十六</td><td>十七</td><td>十八</td><td>十九</td></tr>
<tr><td>日　期</td><td>10 月<br>16 日</td><td>10 月<br>23 日</td><td>10 月<br>30 日</td><td>11 月<br>6 日</td><td>11 月<br>13 日</td><td>11 月<br>20 日</td><td>11 月<br>27 日</td><td>12 月<br>4 日</td><td>12 月<br>11 日</td><td>12 月<br>18 日</td><td>12 月<br>25 日</td><td>12 月<br>28 日</td><td>12 月<br>31 日</td></tr>
<tr><td>主题名称</td><td colspan="13">我运动，我快乐</td></tr>
<tr><td>小主题</td><td colspan="13">1. 校运会预热（七）<br>2. 我们爱运动（八）<br>3. 运动会的商机（九）<br>4. 我是市场调查员（十）<br>5. 广而告之（十一）<br>6. 我是精明采购员（十二）<br>7. 我去商城做采购（十三）<br>8. 商铺设计（十四）<br>9. 售卖商品我最棒（十五）<br>10. 为自己加油（十六）<br>11. 闪亮登场（十七）<br>12. 闪亮登场（十八）<br>13. 精彩分享会（十九）</td></tr>
<tr><td>社区活动</td><td></td><td>社区<br>运动区</td><td></td><td>学校附近<br>批发市场</td><td>大南路广<br>告制作街</td><td></td><td>起义路小<br>商品街</td><td></td><td></td><td></td><td></td><td></td><td></td></tr>
<tr><td>重要活动</td><td colspan="13">12—22　冬至<br>12—27　校庆开放日<br>12—28　学校运动会<br>1—1　元旦</td></tr>
</table>

## 附件：5－3　班级主题树

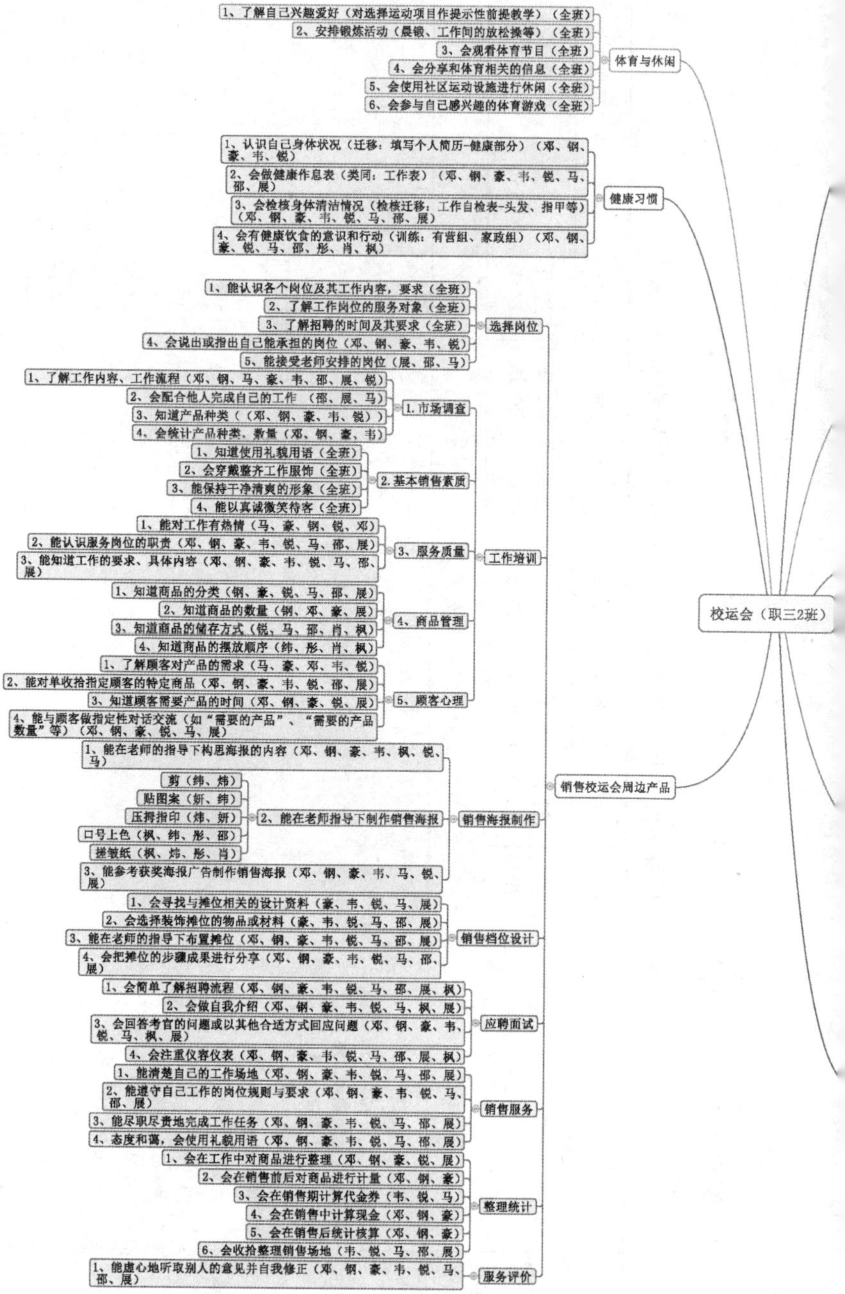
校运会（职三2班）
体育与休闲
1、了解自己兴趣爱好（对选择运动项目作提示性前提教学）（全班）
2、安排锻炼活动（晨锻、工作间的放松操等）（全班）
3、会观看体育节目（全班）
4、会分享和体育相关的信息（全班）
5、会使用社区运动设施进行休闲（全班）
6、会参与自己感兴趣的体育游戏（全班）
健康习惯
1、认识自己身体状况（迁移：填写个人简历-健康部分）（邓、钢、豪、韦、锐）
2、会做健康作息表（类同：工作表）（邓、钢、豪、韦、锐、马、邵、展）
3、会检核身体清洁情况（检核迁移：工作自检表-头发、指甲等）（邓、钢、豪、韦、锐、马、邵、展）
4、会有健康饮食的意识和行动（训练：有营组、家政组）（邓、钢、豪、锐、马、邵、彤、肖、枫）
销售校运会周边产品
选择岗位
1、能认识各个岗位及其工作内容，要求（全班）
2、了解工作岗位的服务对象（全班）
3、了解招聘的时间及其要求（全班）
4、会说出或指出自己能承担的岗位（邓、钢、豪、韦、锐）
5、能接受老师安排的岗位（展、邵、马）
工作培训
1. 市场调查
1、了解工作内容、工作流程（邓、钢、马、豪、韦、邵、展、锐）
2、会配合他人完成自己的工作　（邵、展、马）
3、知道产品种类（（邓、钢、豪、韦、锐））
4、会统计产品种类、数量（邓、钢、豪、韦）
2. 基本销售素质
1、知道使用礼貌用语（全班）
2、会穿戴整齐工作服饰（全班）
3、能保持干净清爽的形象（全班）
4、能以真诚微笑待客（全班）
3、服务质量
1、能对工作有热情（马、豪、钢、锐、邓）
2、能认识服务岗位的职责（邓、钢、豪、韦、锐、马、邵、展）
3、能知道工作的要求、具体内容（邓、钢、豪、韦、锐、马、邵、展）
4、商品管理
1、知道商品的分类（钢、豪、锐、马、邵、展）
2、知道商品的数量（钢、邓、豪、展）
3、知道商品的储存方式（锐、马、邵、肖、枫）
4、知道商品的摆放顺序（纬、彤、肖、枫）
5、顾客心理
1、了解顾客对产品的需求（马、豪、邓、韦、锐）
2、能对单收拾指定顾客的特定商品（邓、钢、豪、韦、锐、邵、展）
3、知道顾客需要产品的时间（邓、钢、豪、锐、展）
4、能与顾客做指定性对话交流（如“需要的产品”、“需要的产品数量”等）（邓、钢、豪、锐、马、展）
销售海报制作
1、能在老师的指导下构思海报的内容（邓、钢、豪、韦、枫、锐、马）
2、能在老师指导下制作销售海报
剪（纬、炜）
贴图案（妍、纬）
压拇指印（炜、妍）
口号上色（枫、纬、彤、邵）
搓皱纸（枫、炜、彤、肖）
3、能参考获奖海报广告制作销售海报（邓、钢、豪、韦、马、锐、展）
销售档位设计
1、会寻找与摊位相关的设计资料（豪、韦、锐、马、展）
2、会选择装饰摊位的物品或材料（豪、韦、锐、马、邵、展）
3、能在老师的指导下布置摊位（邓、钢、豪、韦、锐、马、邵、展）
4、会把摊位的步骤成果进行分享（邓、钢、豪、韦、锐、马、邵、展）
应聘面试
1、会简单了解招聘流程（邓、钢、豪、韦、锐、马、邵、展、枫）
2、会做自我介绍（邓、钢、豪、韦、锐、马、枫、展）
3、会回答考官的问题或以其他合适方式回应问题（邓、钢、豪、韦、锐、马、枫、展）
4、会注重仪容仪表（邓、钢、豪、韦、锐、马、邵、展、枫）
销售服务
1、能清楚自己的工作场地（邓、钢、豪、韦、锐、马、邵、展）
2、能遵守自己工作的岗位规则与要求（邓、钢、豪、韦、锐、马、邵、展）
3、能尽职尽责地完成工作任务（邓、钢、豪、韦、锐、马、邵、展）
4、态度和蔼，会使用礼貌用语（邓、钢、豪、韦、锐、马、邵、展）
整理统计
1、会在工作中对商品进行整理（邓、钢、豪、锐、展）
2、会在销售前后对商品进行计量（邓、钢、豪）
3、会在销售期计算代金券（韦、锐、马）
4、会在销售中计算现金（邓、钢、豪）
5、会在销售后统计核算（邓、钢、豪）
6、会收拾整理销售场地（韦、锐、马、邵、展）
服务评价
1、能虚心地听取别人的意见并自我修正（邓、钢、豪、韦、锐、马、邵、展）

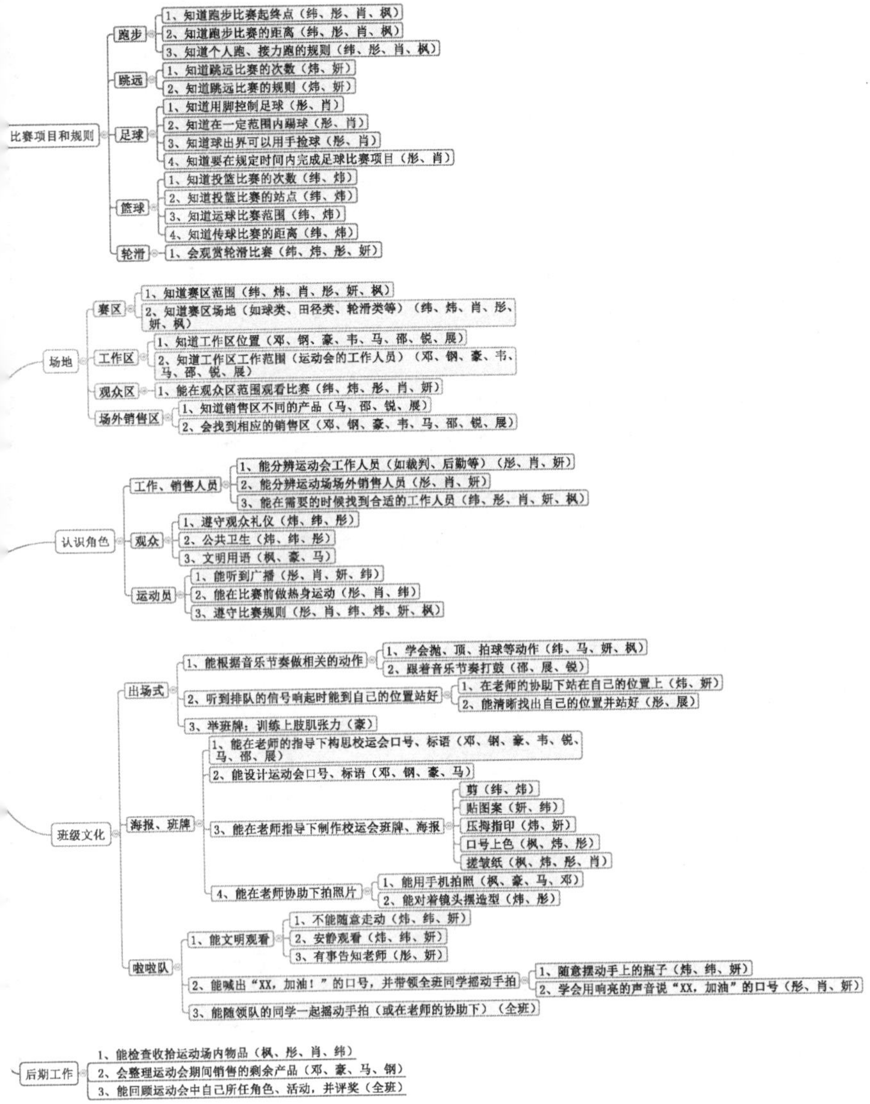
比赛项目和规则
跑步
1、知道跑步比赛起终点（纬、彤、肖、枫）
2、知道跑步比赛的距离（纬、彤、肖、枫）
3、知道个人跑、接力跑的规则（纬、彤、肖、枫）
跳远
1、知道跳远比赛的次数（炜、妍）
2、知道跳远比赛的规则（炜、妍）
足球
1、知道用脚控制足球（彤、肖）
2、知道在一定范围内踢球（彤、肖）
3、知道球出界可以用手捡球（彤、肖）
4、知道要在规定时间内完成足球比赛项目（彤、肖）
篮球
1、知道投篮比赛的次数（纬、炜）
2、知道投篮比赛的站点（纬、炜）
3、知道运球比赛范围（纬、炜）
4、知道传球比赛的距离（纬、炜）
轮滑
1、会观赏轮滑比赛（纬、炜、彤、妍）
场地
赛区
1、知道赛区范围（纬、炜、肖、彤、妍、枫）
2、知道赛区场地（如球类、田径类、轮滑类等）（纬、炜、肖、彤、妍、枫）
工作区
1、知道工作区位置（邓、钢、豪、韦、马、邵、锐、展）
2、知道工作区工作范围（运动会的工作人员）（邓、钢、豪、韦、马、邵、锐、展）
观众区
1、能在观众区范围观看比赛（纬、炜、彤、肖、妍）
场外销售区
1、知道销售区不同的产品（马、邵、锐、展）
2、会找到相应的销售区（邓、钢、豪、韦、马、邵、锐、展）
认识角色
工作、销售人员
1、能分辨运动会工作人员（如裁判、后勤等）（彤、肖、妍）
2、能分辨运动场场外销售人员（彤、肖、妍）
3、能在需要的时候找到合适的工作人员（纬、彤、肖、妍、枫）
观众
1、遵守观众礼仪（炜、纬、彤）
2、公共卫生（炜、纬、彤）
3、文明用语（枫、豪、马）
运动员
1、能听到广播（彤、肖、妍、纬）
2、能在比赛前做热身运动（彤、肖、纬）
3、遵守比赛规则（彤、肖、纬、炜、妍、枫）
班级文化
出场式
1、能根据音乐节奏做相关的动作
1、学会抛、顶、拍球等动作（纬、马、妍、枫）
2、跟着音乐节奏打鼓（邵、展、锐）
2、听到排队的信号响起时能到自己的位置站好
1、在老师的协助下站在自己的位置上（炜、妍）
2、能清晰找出自己的位置并站好（彤、展）
3、举班牌：训练上肢肌张力（豪）
海报、班牌
1、能在老师的指导下构思校运会口号、标语（邓、钢、豪、韦、锐、马、邵、展）
2、能设计运动会口号、标语（邓、钢、豪、马）
3、能在老师指导下制作校运会班牌、海报
剪（纬、炜）
贴图案（妍、纬）
压拇指印（炜、妍）
口号上色（枫、炜、彤）
搓皱纸（枫、炜、彤、肖）
4、能在老师协助下拍照片
1、能用手机拍照（枫、豪、马、邓）
2、能对着镜头摆造型（炜、彤）
啦啦队
1、能文明观看
1、不能随意走动（炜、纬、妍）
2、安静观看（炜、纬、妍）
3、有事告知老师（彤、妍）
2、能喊出“XX，加油！”的口号，并带领全班同学摇动手拍
1、随意摆动手上的瓶子（炜、纬、妍）
2、学会用响亮的声音说“XX，加油”的口号（彤、肖、妍）
3、能随领队的同学一起摇动手拍（或在老师的协助下）（全班）
后期工作
1、能检查收拾运动场内物品（枫、彤、肖、纬）
2、会整理运动会期间销售的剩余产品（邓、豪、马、钢）
3、能回顾运动会中自己所任角色、活动，并评奖（全班）